横浜市小学校
算数教育研究会 編著

数学的に考える資質・能力を育成する算数の授業

Before After で分かる！

東洋館出版社

はじめに

　横浜市小学校算数教育研究会は，横浜市の公立小学校教員，1万名を超える中の350名程度が会員として参加している任意団体である会の発足は，1950年になるので，2019年現在で70年目を迎える。横浜市では，どの教科・領域の研究会も毎月第1水曜日を市研の日とし，それぞれが学校等を会場にして研究会を開いている。それとは別に，市内にある18の区ごとに，第2水曜日を教科，第3水曜日を領域として研究会を行っている。全教員が参加しているわけではないが，毎月，3回の研究会があり，任意で参加している教員は，それぞれ授業力向上，教師力向上に向けて熱心に取り組んでいる。

　本書のもとになっている研究は，2016年度に齊藤一弥先生（元横浜市立六浦南小学校長・現島根県立大学教授）が，本研究会第27代会長になられたときから始まっている。この頃，齊藤先生は，平成29年告示の学習指導要領算数編に関わる関係で，本研究会の研究主題を『数学的に考える資質・能力を育成する算数科学習』とし，研究を導いていただいた。

　研究の経緯については，後述するとして，私たちの算数授業は，型に依存してこなかっただろうか。「課題把握」「自力解決」「練り上げ」「適用・発展」といった学習過程とそれぞれに割く時間まで決めて，板書も決められたとおりに配置して授業が進められる。板書に示される課題やまとめは，本当に子供のものになっていたのか。学力の三要素である「知識及び技能」「思考力・判断力・表現力その他の能力」「主体的に学習に取り組む態度」をバランスよく育成する授業になっていたのか。自分たちの授業をもう一度見つめ直す作業から始める必要があった。

　本書では，事例をBeforeとAfterという形で示したが，研究はまだまだスタートしたばかりである。ぜひ，多くの方々からご批判・ご批正をいただき，さらに研究を深めたいと考えている。

　なお，今回の出版については，特別寄稿をいただいた文部科学省教育課程調査官・笠井健一先生，筑波大学教授・清水美憲先生，横浜国立大学教授・池田敏和先生，島根県立大学教授・齊藤一弥先生には，長きにわたり，多くのご示唆ご指導を賜りました。特に齊藤先生には，本書の方向性，構成等についてもご指導をいただきました。また，東洋館出版社の畑中潤氏には，期待の声，励ましと出版に関わる様々なアドバイスをいただきました。研究会を代表して，ここにお礼申し上げます。

令和元年10月
横浜市小学校算数教育研究会第28代会長
小林　広昭

目次

はじめに ……………………………………………………………………………… 1

第1章

資質・能力を育成する授業　特別寄稿

教科目標（柱書）が目指す算数の深い学びとは？　笠井 健一　………………… 6

「資質・能力」と数学的な見方・考え方との関係をどう捉えるか？　清水 美憲 … 10

資質・能力ベイスの単元をいかに描くか　池田 敏和　………………………… 14

数学的な見方・考え方を働かせた数学的活動をいかに描くか　齊藤 一弥 ……… 18

第2章

資質・能力ベイスの授業へ ―授業をこう変えた Before － After―

私たちの研究のあゆみ ………………………………………………………… 24

研究の概要 ……………………………………………………………………… 26

本書の見方 ……………………………………………………………………… 27

事例

第1学年

A（数と計算）領域　「おおきいかず」………………………………………28

B（図形）領域　「かたちづくり」…………………………………………34

C（測定）領域　「どちらが おおい」………………………………………40

D（データの活用）領域　「わかりやすく せいりしよう」………………46

第2学年

A（数と計算）領域 「分数」 ……………………………………………………… 52

B（図形）領域 「長方形と正方形」 …………………………………………… 58

C（測定）領域 「長さのたんい」 ……………………………………………… 64

D（データの活用）領域 「グラフとひょう」 ……………………………… 70

第3学年

A（数と計算）領域 「わり算」 ………………………………………………… 76

B（図形）領域 「円と球」 ……………………………………………………… 82

C（測定）領域 「重さのたんいとはかり方」 ……………………………… 88

D（データの活用）領域 「ぼうグラフとひょう」 ………………………… 94

第4学年

A（数と計算）領域 「小数のかけ算とわり算」 …………………………… 100

B（図形）領域 「直方体と立方体」 ………………………………………… 106

C（測定）領域 「簡単な場合についての割合」 …………………………… 112

D（データの活用）領域 「資料の整理」 …………………………………… 118

第5学年

A（数と計算）領域 「整数の性質」 ………………………………………… 124

B（図形）領域 「四角形と三角形の面積」 ………………………………… 130

C（測定）領域 「割合」 ……………………………………………………… 136

D（データの活用）領域 「帯グラフと円グラフ」 ……………………… 142

第6学年

A（数と計算）領域 「分数のわり算」 ……………………………………… 148

B（図形）領域　「拡大図と縮図」 ……………………………………………… 154

C（測定）領域　「比」 ……………………………………………………………… 160

D（データの活用）領域　「データの調べ方」 ………………………………… 166

第3章
挑戦 ―前進し続ける研究会へ―

2年「かけ算」 ………………………………………………………………………… 174

3年「分数」 …………………………………………………………………………… 178

6年「比と比の値」 …………………………………………………………………… 182

ミニシンポジウム

　（清水美憲・池田敏和・蒔苗直道　コーディネーター：齊藤一弥） ……………… 187

あとがき ……………………………………………………………………………… 192

執筆・編集等協力者 ………………………………………………………………… 194

第1章

資質・能力を育成する授業
特別寄稿

特別寄稿

教科目標（柱書）が目指す算数の深い学びとは？

笠井 健一

　第5学年の小数の除法の学習である。「リボンを0.8m買ったときの代金が240円でした。このリボン1m分の代金はいくらですか。」という問題に対して，240÷0.8と式を立てた後，「計算の仕方を考えよう」とめあてを設定する場面である。

　個人で解決しているとき，学級の三分の二に当たる子供が，Aのように考えて，答えは3円だとした。また3名はBのように考えて答えは300円だとした。中には，240÷8 ＝ 30と整数を小数に直した式は書いているが，そこで止まっている子供もいる。

A　240÷0.8

　　　　↓×10

240÷ 8　　　＝30

わる数を10倍したので，
10で割って答えは3円です。

B　240÷0.8

　　　　↓×10↓×10

2400÷ 8　　　＝300

わられる数とわる数を10倍しても商は
変わらないので，答えは300円です。

　AとBそれぞれの考えが発表され，子供たちがそれぞれの考えが今まで学習してきた考え方を使っていることを理解していく。その中で，Aのような，小数を10倍して整数の計算として計算し，その答えを10で割ってもとの小数の計算の答えを出す考え方は，0.6÷3や240×0.8の計算の仕方を考える際など，今までにも何度も出てきた考え方であることを確認する。

　これまでは方法は違っても答えが同じになっていた。答えは同じになるはずなのに今回は違う。どうしてだろう。と子供たちは戸惑っている。

　そこで教師は「どちらの答えが正しいのだろうか」と問いを焦点化した。

　人数的に多数派である3円が優勢である。Bの考えを出した子供も，整数の時は除法に関して成り立つ性質は学習しているが，小数のときに使うことに関しては未習なので，自分たちが間違っているのではないかと不安そうにしている。

　数や式の世界での考え方に基づいて考えたのではうまくいかない場合は，具体の場面に戻ることが大切だ。

　そこで教師は次のように問いかけた。「問題では1mの代金を聞いています。3円と300円。どちらが問題の答えにあっているのだろうか。」

　すると子供たちは「もともと0.8mが240円なのに，1mが3円になるはずがない」と気付いた。3円は間違いのようだという雰囲気の中でも「だからといって300円が正しいわけではない」と主張している子供がいる。

　このとき「300×0.8をすると240円になる」と発言する子供が出てきた。「どういうことですか？」と聞くと「1mが300円だとすると，0.8m分を求める式は300×0.8になって，計算するとぴったり240円になる」と言う。

けれども「だからといって，本当にわり算の性質を用いて計算していいのか分からない」と子供たちはまだ納得できないようだ。

そこで教師は，「Aの考えにある「240÷8」という式と，Bの考えにある「2400÷8という式は実際に何を求めていることになっているのか，場面を具体的に図に表して考えてみよう」と問いかけた。

まず，Aの240÷8である。教師はCのような図を示した。すると子供たちはDのように考えて，「8でわることは，8等分することだから，240÷8の答えの30は，0.1mが30円ということだ」ということに気付いていった。

そして「ということは，30を10で割るのではなく，10倍しないと1m分が求められない」と続いた。

次は2400÷8である。教師はEのような図を示した。すると子供たちは，Fのように考えて，8m分が2400円なので，8等分すると，1mが300円になることに気付いていった。

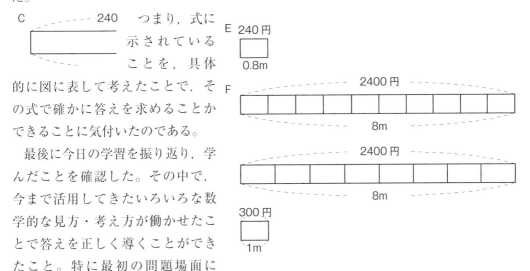

つまり，式に示されていることを，具体的に図に表して考えたことで，その式で確かに答えを求めることができることに気付いたのである。

最後に今日の学習を振り返り，学んだことを確認した。その中で，今まで活用してきたいろいろな数学的な見方・考え方が働かせたことで答えを正しく導くことができたこと。特に最初の問題場面に戻って図に表しながら考えることが大切であったことなどを確認した。

算数科の目標には次のように示されている。

数学的な見方・考え方を働かせ，数学的活動を通して，数学的に考える資質・能力を次のとおり育成することを目指す。

（1）数量や図形などについての基礎的・基本的な概念や性質などを理解するとともに，日常の事象を数理的に処理する技能を身に付けるようにする。

（2）日常の事象を数理的に捉え見通しをもち筋道を立てて考察する力，基礎的・基本的な数量や図形の性質などを見いだし統合的・発展的に考察する力，数学的な表現を用いて事象を簡潔・明瞭・的確に表したり目的に応じて柔軟に表したりする力を養う。

（3）数学的活動の楽しさや数学のよさに気付き，学習を振り返ってよりよく問題解

決しようとする態度，算数で学んだことを生活や学習に活用しようとする態度を養う。

　はじめに「数学的な見方・考え方を働かせ，数学的活動を通して」とあるが，これは（1）から（3）に示されている数学的に考える資質・能力の育成を目指すための算数・数学の学習指導の基本的な考え方を述べたものである。

　「数学的に考える資質・能力」とは，算数科の教科目標に示された三つの柱で整理された算数・数学教育で育成を目指す力のことである。

　数学的に考える資質・能力の育成に当たっては，算数科の特質に応じた見方・考え方が重要な役割を果たす。算数の学習において，数学的な見方・考え方を働かせながら，知識及び技能を習得したり，習得した知識及び技能を活用して課題を探究したりすることにより，生きて働く知識の習得が図られ，技能の習熟にもつながるとともに，日常の事象の課題を解決するための思考力，判断力，表現力等が育成される。

　そして，数学的に考える資質・能力が育成されることで，数学的な見方・考え方も更に成長していくと考えられる。

　「数学的な見方・考え方」については，これまでの学習指導要領の中で，教科目標に位置付けられたり，評価の観点名として用いられたりしてきた。今回，小学校算数科において育成を目指す資質・能力の三つの柱を明確化したことにより，「数学的な見方・考え方」は，算数の学習において，どのような視点で物事を捉え，どのような考え方で思考をしていくのかという，物事の特徴や本質を捉える視点や，思考の進め方や方向性を意味することとなった。算数科における「数学的な見方・考え方」は，「事象を，数量や図形及びそれらの関係などに着目して捉え，根拠を基に筋道を立てて考え，統合的・発展的に考えること」として整理することができる。

　また「数学的活動」とは，事象を数理的に捉えて，算数の問題を見いだし，問題を自立的，協働的に解決する過程を遂行することである。数学的活動においては，単に問題を解決することのみならず，問題解決の過程や結果を振り返って，得られた結果を捉え直したり，新たな問題を見いだしたりして，統合的・発展的に考察を進めていくことが大切である。この活動の様々な局面で，数学的な見方・考え方が働き，その過程を通して数学的に考える資質・能力の育成を図ることができる。

　本事例は第5学年の小数の乗法・除法の学習である。この内容は小学校学習指導要領では次のように示されている。

（3）小数の乗法及び除法に関わる数学的活動を通して，次の事項を身に付けることができるよう指導する。
　ア　次のような知識及び技能を身に付けること。
　（ア）乗数や除数が小数である場合の小数の乗法及び除法の意味について理解すること。

（イ）小数の乗法及び除法の計算ができること。また，余りの大きさについて理解すること。

（ウ）小数の乗法及び除法についても整数の場合と同じ関係や法則が成り立つことを理解すること。

イ　次のような思考力，判断力，表現力等を身に付けること。

（ア）乗法及び除法の意味に着目し，乗数や除数が小数である場合まで数の範囲を広げて乗法及び除法の意味を捉え直すとともに，それらの計算の仕方を考えたり，それらを日常生活に生かしたりすること。

　本事例で育成を目指す資質・能力は，イの思考力・判断力・表現力等にある「除数が小数である場合の除法の計算の仕方を考えること」である。

　子供たちは，小数の除法の計算の仕方を考えることができるようになるために，数学的な見方・考え方を働かせて，数学的活動である問題解決活動を遂行としていく。

　さて，このときの「深い学び」とは何だろうか。学習指導要領の「第3　指導計画の作成と内容の取扱い」の「指導計画作成上の配慮事項」の（1）に，「主体的・対話的で深い学びの実現に向けた授業改善」として，次のように示している。

（1）単元など内容や時間のまとまりを見通して，その中で育む資質・能力の育成に向けて，数学的活動を通して，児童の主体的・対話的で深い学びの実現を図るようにすること。その際，数学的な見方・考え方を働かせながら，日常の事象を数理的に捉え，算数の問題を見いだし，問題を自立的，協働的に解決し，学習の過程を振り返り，概念を形成するなどの学習の充実を図ること。

　この事項は，算数科の指導計画の作成に当たり，児童の主体的・対話的で深い学びの実現を目指した授業改善を進めることとし，算数科の特質に応じて，効果的な学習が展開できるように配慮すべき内容を示したものである。

　算数科の指導に当たっては，（1）「知識及び技能」が習得されること，（2）「思考力，判断力，表現力等」を育成すること，（3）「学びに向かう力，人間性等」を涵養することが偏りなく実現されるよう，単元など内容や時間のまとまりを見通しながら，主体的・対話的で深い学びの実現に向けた授業改善を行うことが重要である。

　算数科においては，日常の事象や数学の事象について，数学的な見方・考え方を働かせ，数学的活動を通して，問題を解決するよりよい方法を見いだしたり，意味の理解を深めたり，概念を形成したりするなど，新たな知識・技能を見いだしたり，それらと既習の知識と統合したりして思考や態度が変容する「深い学び」を実現することが求められる。

　本事例では，単に既習の考え方を当てはめて答えを出しただけの子供たちが，図を基にその意味を理解したことで，計算の仕方について深い学びを実現することができたと考えられる。

特別寄稿

「資質・能力」と数学的な見方・考え方との関係をどう捉えるか？

筑波大学　清水　美憲

1　算数科の目標の理解のために

　この小論の表題となっている問いに対する答えは，実は単純である。それは，算数科の目標の読み方次第で決まるのである。

　実際，算数科の新しい教科目標は，「数学的な見方・考え方を働かせ，数学的活動を通して，次のような数学的に考える資質・能力を育成することを目指す」という統括的な目標の下，「知識及び技能」に関する目標，「思考力，判断力，表現力等」に関する目標，「学びに向かう力，人間性等」に関する目標が示されている。また，各学年の目標も，この「三つの柱」に基づいて整理されている。

　したがって，「数学的な見方・考え方を働かせ」が，数学的に考える資質・能力（以下「資質・能力」）の全体にかかると読めば，「資質・能力」の育成にとって，数学的な見方・考え方の働きが前提となっていることがわかる。この意味では，数学的な見方・考え方が，「資質・能力」の育成にとっての必要条件とみなされている。それでは，その「逆」は成り立つのか。

　このように，「三つの柱」で整理された算数科の目標では，それぞれの柱で示された事項全体の育成を目指すことが，数学的に考える資質・能力を育成することなのであり，数学的な見方・考え方の働きは，このそれぞれの柱に寄与するものを考えることができる。しかしながら，数学的な見方・考え方は，数学に考える思考の認知的側面，すなわち「思考力，判断力，表現力等」に直接関わるようにも思われる。実際，例えば，第5学年の「平面図形の性質」の内容で，「思考力，判断力，表現力等」については，「図形を構成する要素及び図形間の関係に着目し，構成の仕方を考察したり，図形の性質を見いだし，その性質を筋道を立てて考え説明したりすること」とあり，これが数学的な見方・考え方そのものであるようにもみえてくる。

　このように，「資質・能力」と数学的な見方・考え方との関係をどうとらえるかについては，数学的な見方・考え方にとっての「資質・能力」の位置，数学的な見方・考え方と三つの柱それぞれとの関係等について，若干の議論の余地がある。以下では，算数科の目標のよりよい理解のために，両者の関係について再考してみたい。

2　「育成を目指す資質・能力」の明確化

　学習指導要領の改訂に当たっては，新しい教育課程の検討の過程で，児童が未来を切り拓くために必要な資質・能力を育成するという観点から，学校教育のあり方，各教科の目標や指導内容が見直された。特に，教育課程全体を通して育成を目指す資質・能力を，ア「何を理解しているか，何ができるか（生きて働く「知識・技能」の習得）」，イ「理解していること・できることをどう使うか（未知の状況にも対応できる「思考力・判断力・表現力等」の育成）」，ウ「どのように社会・世界と関わり，よりよい人生を送るか（学びを

人生や社会に生かそうとする「学びに向かう力・人間性等」の涵養）」の三つの柱に整理するとともに，各教科等の目標や内容についても，この三つの柱に基づく再整理を図るよう提言がなされた（中央教育審議会，2016）。

　算数科においては，この「三つの柱」について，子ども達が，数量や図形などについての基礎的・基本的な知識及び技能を確実に習得し，これらを活用して問題を解決するために必要な数学的な思考力，判断力，表現力等を身につけて，数学のよさに気付き，算数と日常生活との関連についての理解を深め，算数を主体的に生活や学習に生かそうとしたり，問題解決の過程や結果を評価・改善しようとしたりするようになることを目指している。ここに挙げられた事項全体を育成することが，数学的に考える資質・能力を育成することなのであり，目標における「数学的な見方・考え方の働き」は，このそれぞれに寄与するものと考えることができる。

　算数科の指導で育成が期待されるこのような資質・能力は，子供たちが実際に行う数学的活動の過程に位置づけてとらえ直すと一層明確になる。新学習指導要領では，数学的活動を，「事象を数理的に捉えて，算数の問題を見いだし，問題を自立的，協働的に解決する過程を遂行すること」と規定し（文部科学省，2017），この活動のプロセスを「算数・数学の問題発見・解決の過程」として示している。また，この活動のそのそれぞれの局面で必要となる資質・能力を示している。

　この数学的活動では，「日常生活や社会の事象」や「数学の事象」から出発し，問題を見いだし，単に問題を解決するのみならず，問題解決の結果や過程を振り返って，得られた結果を捉え直したり，新たな問題を見いだしたりして，統合的・発展的に考察を進めていくことが想定されている。このプロセスにこそ，数学教育の立場から見た教育的な意義があり，数学的に考える資質・能力の育成の鍵を握っている。

3　数学的な見方・考え方の働き

　新しい学習指導要領では，教科等の目標において各教科等における「見方・考え方」を具体的に明らかにして，それを授業改善に生かすという立場から，教科等の意義が改めて問い直された。中央教育審議会の「答申」では，この「見方・考え方」への焦点化の意図が次のように述べられている（中央教育審議会，2016）。

　「学習指導要領においては，長年，見方や考え方といった用語が用いられてきているが，その内容については必ずしも具体的に説明されてはこなかった。今回の改訂においては，これまで述べたような観点から各教科等における「見方・考え方」とはどういったものかを改めて明らかにし，それを軸とした授業改善の取組を活性化しようとするものである。」（p.34）

　この各教科等における「見方・考え方」については，社会に開かれた教育課程の理念に基づいて，「各教科の担当以外の関係者にとっても分かりやすいもの」にすることが必要であるとされた。各教科等の学習を通して，どのような資質・能力を育成することができるか，そしてその際，教科の特質を反映したどのような見方・考え方が働くかを，わかり

やすく示そうとしたのである。

　数学的に考える資質・能力を子ども達が身につける上で重要な働きをするのが，「数学的な見方・考え方」である。中央教育審議会の「答申」では，「数学的な見方・考え方」が「事象を数量や図形及びそれらの関係などに着目して捉え，論理的，統合的・発展的に考えること」と整理された。

　算数科の学習では，数学的な見方・考え方を働かせるなかで新しい知識や技能がよりよく習得され，習得した知識・技能を活用して探究することにより，それらが生きて働くものとなる。また，そのようにして「使えるようになっている」知識や技能を用いて，日常生活や算数の場面の複雑な事象をより深く考察したり，その過程や結果を数学的に表現したりできるようになる。さらに，数学的な見方・考え方を身につけて社会や世界に深く関わっていくことで数学のよさを知り，学ぶに向かう力や人間性も涵養される。

　数学的な見方・考え方の働きによって子ども達の理解が進むと，新しい展望が拓かれ，算数の内容を少し高い立場からみられるようになっていく。辺や角，対角線とそれらの関係等，図形を捉える観点が豊かになれば，一つの図形をいろいろな立場から多面的に考察することができる。例えば，正方形をひし形とみることができるようになるし，点対称な図形とみることもできるようになる。こうして，図形の「仲間」（集合）やそれらの関係もみえてきて，知識を体系的に整理しておこうという精神が発揮される。その根底にあるのは，考察の範囲を少しずつ広げて新しい知見を得る一方で，知識を全体として整合的にわかりやすく整理しておきたいといった数学の精神である。

　この意味では，「数学的な見方・考え方」は，学習者に対して，数学的な展望や立場，見通し等を与える数学的な「パースペクティブ（Perspectives）」としての役割をもっていると理解しておくことが大切である。辞書的に「Perspectives」とは，１）「考え方，見方」，２）「釣り合いの取れた見方」，３）「遠近（画）法」，４）遠景の見通し，展望，などを意味する（『新英和中辞典』，研究社，1995）。数学的な見方・考え方は，学習者に（そしてわれわれにも），物事を考える際に一定の数学的な立場からのものの見方や立場，展望を与える一方で，その見方・考え方自体が数学的活動の中で働いて成長していくものと捉えておくことが大切である。

　このように，数学的な見方・考え方は，「資質・能力」の三つの柱の第二「思考力，判断力，表現力等」にのみ関わるものでなく，三つの柱の全てに働くものであると捉えることが大切であり，学習指導においても，この点に留意する必要がある。

　算数科の学習では，「数学的な見方・考え方」を働かせるなかで新しい知識や技能がよりよく習得され，習得した知識・技能を活用して探究することにより，それらが生きて働くものとなる。また，そのようにして「使えるようになっている」知識や技能を用いて，日常生活や算数の場面の複雑な事象をより深く考察したり，その過程や結果を数学的に表現したりできるようになる。さらに，「数学的な見方・考え方」を身につけて社会や世界に深く関わっていくことで数学のよさを知り，学ぶに向かう力や人間性も涵養される。このような一連の学習過程を通して，「数学的な見方・考え方」がさらに豊かで確かなものとなっていくのである。

4　数学的な見方・考え方の働きからみた価値の明確化

　数学的な見方・考え方の働きに着目して「資質・能力」の育成を目指す算数科の実践上の課題は，数学的な見方・考え方の働きとその成長を，各学年の具体的な教科内容と学年間の教科内容のつながりに即して検討し，授業改善の観点として指導計画に明示的に位置づけていくことである。その際，個々の教材に即して「数学的な見方・考え方」を分析し，例えば，数の構成・表現や計算の工夫，量の単位と測定の過程，図形の構成要素やそれらの関係，数量間の関係等に着目して事象を捉え，論理的，統合的・発展的に考えることを大切にしながら，数学的に価値ある問いを問う場面を吟味して教材を準備することが重要である。

　この意味では，算数科の新学習指導要領が求める授業では，これまでも大切にされてきた算数科の陶冶的価値を，数学的活動のプロセスで具体化し，子どもの数学的な見方・考え方とその成長に目を向けて，資質・能力の育成を目指すものであるといえる。

　数学的に価値ある問いは，数学という学問・教科が大切とする規範に支えられている。具体的にはより簡潔に表現するとどうなるか，もっと明瞭に伝えるにはどうすべきか，さらに的確に伝えるためにどんな工夫ができるか，これからも使えそうな（発展の可能性の高い）方法はどれだろうか，といった問いである。これらの問いの背後には，思考や行為を改善し続けようとする姿勢がある。

　算数科では，育成すべき資質・能力の第三の柱「学びに向かう力や人間性等」を中核にして「学びの習慣」を育まなければならない。そのためには，従来から「数学的な考え方」の育成を目標に展開してきた授業を，その授業を通して育成を目指す資質・能力という観点から見直すことが大切である。

　特に算数の授業で育てたい資質・能力には，問題に取り組む姿勢，思考の習慣に関わるものがある。例えば，粘り強くじっくり考える姿勢，答えが出たら終わりではなく，その「わけ」を大切にしようとする姿勢などである。また，問題の答えが得られたら，問題の仕組みに目を向けて，問題の条件を変えてみようとする姿勢も大切である。

　一応答えが得られたら振り返ってみて確かめること，別の解き方を考えてみること，そしてできれば，より簡単な方法，わかりやすい方法を探してみることなど，問題解決者としての資質に関わる姿勢も大切である。問題が解けたら次にどんなことがわかるかと，発展的に考えようとする姿勢が大切である。このような姿勢と相まって，「数学らしさ」の規範に支えられた価値ある問いを問う児童の姿がみられるような授業を構想し，教材の吟味や発問の工夫を行うことが求められる。

【引用・参考文献】

文部科学省（2017）『小学校学習指導要領解説　算数編』，日本文教出版．

中島健三（1981）『算数・数学教育と数学的な考え方—その進展のための考察』，金子書房．

清水美憲（2018）「子ども達の数学展望台は視界良好か—働き育つ『数学的な見方・考え方』の役割—」，算数授業研究，vol.115，算数授業論究 XII，4 - 7，東洋館出版社．

中央教育審議会（2016.12.21）『幼稚園，小学校，中学校，高等学校及び特別支援学校の学習指導要領等の改善及び必要な方策等について（答申）』．

特別寄稿

資質・能力ベイスの単元をいかに描くか

横浜国立大学　池田　敏和

1．資質・能力ベイスの授業づくり，単元づくりとは

　三つの資質・能力については，思考力・判断力・表現力等の育成，知識・技能の習得を通して，学びに向かう力・人間性等の涵養へとつなげていくことが重要な論点になっている。涵養という言葉が意味するように，思考力・判断力・表現力の育成，知識・技能の習得をする中で，水が自然に染み込むように，無理をしないでゆっくりと学びに向かう力・人間性等を養い育てることになる。その際，思考力・判断力・表現力の育成，知識・技能の習得が，いかに学びに向かう力・人間性等につながっていくのかを見据えた指導が肝要となる。ただ知っていても，それを活用できなければ，宝の持ち腐れである。算数の学習においても，知識・技能は活用できてこそ意味をもつ。そして，このような知識・技能は，教師からの伝達だけで身に付くものではない。活用する力とは，ある未知の問題場面に自分の知っている何かを工夫して適用できる力であり，適用するものとしては，これまでの学習を通して獲得した知識・技能がそれにあたる。ここでいう知識・技能とは，どのように考えればうまく問題が解決できるのかと言った方法知も含めて考える必要がある。

　そこで，授業づくり，単元づくりにおいては，困難に遭遇する場面を設定し，その困難を乗り越えることで，新たな知識・技能のよさに迫れるような展開をつくっていく必要がある。目を向けるべき点は，知識・技能を文脈と切り離して単独で教えたり，ドリル等で同じことを単純に繰り返すことで定着させたりするのではなく，子供たちに新たな知識・技能の有用性を感得する場面を設定すること，そして，その知識・技能が適用できる場面と適用できない場面とを見分けられるような繰り返し学習を行っていくことが期待されるわけである。どのような場面であれば，この知識が活用できるのかを明確化しようとする態度を養うとともに，適用可能な場面と適用できない場面を熟知した知識・技能の獲得へと深めていく必要がある。この点が「生きて働く知識・技能」という言葉が強調される所以である。

　そして，学びに向かう力に関しては，粘り強く考えることの価値が分かるような場面を授業の中で適宜設けていく必要がある。分からない問題でもあきらめずに試行錯誤できる子を育てるには，うまくいかなかったときに，何回でも検討・修正し，そして正解へと至る経験が必要である。そのような経験を何回かすれば，たとえ分からなくても，試行錯誤を繰り返せば，うまくいくかもしれないと思えるからである。そして，試行錯誤を繰り返す中で，どのような場面であれば，どのような見方・考え方が有効に働くのか，どのような知識・技能が活用できるのかを徐々に明確化していけるような授業づくり，単元づくりが肝要である。このような経験の積み重ねを通して，その子の中に粘り強く取り組もうとする態度が芽生えてくることになる。

　このように考えたとき，子供たちが直観的に類推した素朴な考えは，常にうまくいくとは限らないということに目を向けていきたい。子供の素朴な考えというのは，何らかの先

行経験や既習内容から引き出される初発の考えであり，不完全な考えであったり，間違いであったりすることが多々ある。しかし，その不完全さを，どのように捉えていくかが重要な論点となる。不完全な考えは，そのままダメだと捨て去ってしまえば，失敗として終わってしまう。しかし，それを「たたき台」として捉えれば，すなわち，今後の思考を深めていくための契機として捉えれば，「たたき台」はよりよい考えを引き出すための格好の素材となる。何をどのように類推したかを明確化するとともに，その類推でよいかどうかを振り返ることが肝要である。自分のつくった「たたき台」を振り返り生かしていくこと，また，友達の素朴な考えであれば，その考えが生まれてきた理由をくみ取ってあげるとともに，改善の余地が見いだせないか，どのように修正していけばよいかを一緒に考えていける機会となる。そして，このような活動が，前述の通り，適用可能な場面と適用できない場面を熟知した知識・技能の獲得へと深めていくことになる。

2．算数科における子供の問いをベイスにしたカリキュラム・マネジメント

　資質・能力ベイスのカリキュラムを考えたとき，子供の問題発見を軸とした授業づくり，単元づくりが基本である。その際，問題発見を簡単には育成できない卓越した能力として捉えるのではなく，子供の素朴な問いの延長線上にあるものとして解釈していく必要がある。ここで言う子供の素朴な問いというのは，「先生，忘れちゃったよ。全く手がつかないよ」「何を言っているのかチンプンカンプン」といったお手上げ状態の問いから，「どうしてこのやり方だとダメなの？」「こういう場合はどうするの？」といった具合に，次の一歩を示唆する問いまでを含めて考えている。このような子供の問いは，躓きと捉えるのではなく，「なぜそう思ったのか」を振り返ることで，問題発見へとつながっていくと考えるからである。これまでの授業では，問題が提示された後でそれと関連する既習を引き出し，既習と未習の明確化を行うことが強調されてきた。既習と未習との対比は，新たな問題を解決する上でその糸口を暗示してくれるからである。しかし，この問題提示は，子供が今日学習する問題を発見するという流れではなく，あくまで教師が問題を提示していることになる。教師と子供のやりとりから，子供が問題発見を実感できるような展開を考えていく必要がある。

　誰もが新たな学習問題を既習と同じように解決できるなら，カリキュラム・マネジメントということで，次の学習問題へとスキップさせればよい。そして，新たな学習問題に困難を感じてくれたとき，それを取り上げ共有していくことで，子供の問題発見へとつなげることができる。子供たちが，直観的に，これまでの先行経験や既習内容との間に違和感を覚え，それを明確化しようとする行為の中に，問題発見の過程を見いだすことができる。

　また，問題解決が一旦終わった後に，解決過程を振り返ってみることが大切である。どのような見方・考え方が有効であったのか，どのようなことを学習したのか整理・整頓する活動である。そこでは，新たに学習した内容が既習とどのように関わるのかが論点になる。子供たちが，直観的に，これまでの先行経験や既習内容との間に既視感を覚え，それを明確化しようとする行為の中に，問題発見の過程を見いだすことができる。学習した内容と関連しそうな既習内容が見いだされ，両者を対比することを通して，「既習と何が違うのだろうか」「既習と同じように考えられないだろうか」といった統合的な考えに支え

15

られた問題発見へとつなげていくことができる。

　さらに，ある問題が解決されたとき，「何か問題はないだろうか」「他の場合でも言えないだろうか」といった疑問が持てるようになれば，その子の中に，新たな問いを見いだす力が徐々に育ってきたと解釈できる。適宜，「次はどうする」といった発問等により，子供の新たな問いを見いだす力が育っているかどうかを形成的に評価していきたい。このような疑問は，次の時間に解決していく問題として，授業と授業をつなげていく橋渡し役となる。ただし，明らかにされた問題は，次の時間の導入問題になる場合もあれば，「棚上げ問題」として，後の単元や学年で取り扱うことのできる問題になる場合もある。その際は，棚上げ問題として明確にして価値づけすることで，問題を見いだしていくことの大切さを知るとともに，今の段階では解決できない問題があることを知ることになる。さらに，多くの問題が設定されたならば，問題間の関係を探り整理していく活動を授業の中で取り扱っていくことになる。「問題をいかに解決するか」という論点から，「問題と問題はいかに関わっているか，どの問題から解決していくか」等を考える授業へと発展していくことになる。

３．資質・能力ベイスの具体的な単元づくりに向けて

　例えば，３年生の筆算の加減の単元を取り上げたとき，「３位数＋３位数の筆算」「３位数―３位数の筆算」「四位数を含む筆算」の指導内容が約10時間扱いで取り扱われている。従来の流れでは，スモールステップの原理を中心におき，予想される子供のつまずきを特定し，そのつまずきを一歩一歩克服していくような単元計画が組まれることになる。そこでは，たし算では，繰り上がりがあるかないか，ある場合は何回あるか，引き算では繰り下がりがあるかないか，ある場合は何回あるかによって，緻密に単元計画が組まれることになる。子供のつまずきそうな点を理解し，そこでの留意点を理解しておく上で，モデルとなる大切な指導計画である。しかし，どのクラスの子供に対しても，同じ指導計画でよいかどうかは一考を要する。前述の通り，授業づくりでは既習と未習の明確化が基本原理にあるため，子供が本当に問いをもつかどうかに関わらず，計画された通りに，１時間１時間，本時のめあてが明確にされ，そのめあてのもとに計画された10時間が取り扱われることになる。ややもすると，理解できていない子供が多数いるにも関わらず，もう一度振り返り確かなものにすることのないまま，計画通りに授業が進められていく危険性もある。クラスが異なれば，子供のもつ問いも異なるわけである。自分のクラスに応じたカリキュラム・マネジメントが必要となるわけである。

　資質・能力ベイスの単元づくりを考えたとき，このようなモデルとしての単元づくりは，どのようにアレンジされるべきであろうか。子供の素朴な問い，振り返り，子供の統合的・発展的な問いを軸に，単元づくりを見直していく必要がある。すなわち，そのクラスの実態に応じて，子供の問いを生かした単元づくりへと変更していかなればならない。子供が繰り返し困難性を感じる内容は重点化して２時間扱いとしたり，逆に，子供が困難性をあまり感じない内容であればスキップして扱い，他の学習内容の中に埋め込んで指導したりすることが必要である。

　このような考えを基にしたとき，一つの案として，既習が活用できるかどうかを確かめ

る活動の中で，未習の問題をいくつか挿入しておき，教師側で未習と考えている内容が，子供にとっても確かに未習の内容として捉えられるのかどうかを確かめるような展開を考えていくことができる。例えば，3桁の数から3桁の数を引く繰り下がりが1回だけあるひき算を終えた後で，図1のような練習問題を提示したとしよう。左の問題と真ん中の問題が既習で，3問目に，2回の繰り下がりのある問題を潜ませておくわけである。誰もが3問目も既習と同じように解決できると思い解決に挑むわけであるが，そこで何らかの困難性を実感するかどうかをみとるわけである。そして，その問題に困難に感じる子供がいたところで，その点を明確化し共有することで，子供の問題発見に伴う授業の立ち上げとしていくわけである。例えば，子供が図2のように取り組んだとしよう。

$$724 \qquad 643 \qquad 402 \qquad\qquad 402 \qquad 402$$
$$-257 \qquad -258 \qquad -175 \qquad\qquad -175 \qquad -175$$

図1　練習問題　　　　　　　　　　　　図2　子供の違和感

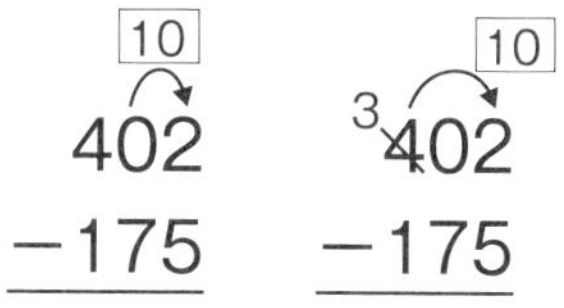

　図2の二つのやり方には，既習内容の活用の仕方に「問題」が見え隠れしている。これでよいか迷っているようであればしめたもので，何に迷っているかを明確にしていくことで，問題を見いだす行為が行われることになる。「十の位の0から一の位に10を繰り下げることはできるのか」「百の位から一の位に10を繰り下げることはできるのか」といった具合に，迷っている点を明確にすることで，問題を見いだす活動から始まる授業展開が可能になる。また，3問目も困難を感じることなくスラスラ解けるようであれば，カリキュラム・マネジメントということで，2回の繰り下がりのあるひき算はスキップさせ，次の学習問題に取り組ませることを考えていくことになる。

　問題を見いだす行為は，直観的になされることが多いことに目を向ける必要がある。子供たちは，直観的に，これまでの先行経験や既習内容との間に違和感・既視感を覚えるわけである。しかし，それをそのままにしておけば，問題を見いだすことにはつながらない。何に違和感・既視感を覚えたのかを明確にしていこうとすることが肝要である。授業の中では，違和感・既視感を感じることがすばらしいことであること，そして，それをそのままにしないで明確化していくことが，問題を見いだしていく上で重要であることを指導していく必要がある。

4．資質・能力ベイスの単元づくりに向けての今後の課題

　上記のように資質・能力ベイスの単元づくりについて述べてきたが，このような単元づくりを行っていくためには，子供の素朴な問いの見取りと育んでいきたい数学的な見方・考え方の関連性についての考察が必須要件となる。子供の素朴な考えの中に，どのような可能性を見いだすことができるか，これが教材研究，授業づくり，単元づくりにおいて重要となってくるわけである。そして，スモールステップを中心とした指導系列を基本に置きながら，大胆なカリキュラム・マネジメントを行っていく必要がある。子供の実態に応じた柔軟で斬新な単元づくりが期待される。

特別寄稿

数学的な見方・考え方を働かせた数学的活動をいかに描くか

島根県立大学　齊藤　一弥

1　数学的な見方・考え方を重視する背景

　見方・考え方とは，全ての教科において新しい知識・技能を，既にもっている知識・技能と結び付けながら社会の中で生きて働くものとして習得したり，思考力・判断力・表現力等を豊かなものとしたり，学びを生活に活かしたりするために重要なものであって，三つの柱の資質・能力の育成に欠かせないものである。また，この見方・考え方が，習得・活用・探究という学びの過程の中で働くことによって，三つの柱の資質・能力がさらに伸ばされたり新たな資質・能力が育まれたりして，それによって見方・考え方が更に豊かなものに成長していくという互恵的な関係にもなっている。

　新学習指導要領において，数学的な見方・考え方とは，「事象を，数量や図形及びそれらの関係などに着目して捉え，論理的，統合的・発展的に考えること」と示されるとともに，資質・能力を身に付けていくために子供たちが数学的な見方・考え方を働かせて数学的活動に取り組むことが重要であるとされた。

　数学的な見方とは，算数・数学で身に付ける知識・技能等を統合及び包括する鍵となる概念であり，また，数学的な考え方とは，算数・数学ならではの認識や思考，表現の方法のことである。算数・数学の学習等で身に付けた経験群が意味する抽象的な概念や方法が整理されたものが数学的な見方・考え方であり，これらを働かせることによって深い学びが期待する算数・数学らしい問題解決～数学的活動～を進めることが可能になる。三つの柱の資質・能力を学びのゴールとすれば，数学的な見方・考え方はそこに向かう学びを推し進めていく役割を担っており，学びをデザインしていく上で大切な視点とも言える。このことは，数学的な見方・考え方がこれまでの算数・数学の指導観を問い直し子供主体の学びの実現を目指すための視点であるとともに，資質・能力ベイスで質の高い算数・数学を創造するための基盤となるものであることを示している。

2　数学的活動の質的充実

　では，子供が数学的な見方・考え方を働かせて質の高い数学的活動を推し進めていくにはどうあるべきであろうか。

（1）資質・能力ベイスの学びのゴールの確認

　算数・数学の学習過程や指導方法を，資質・能力ベイスで描き直す必要がある。問題解決の学習過程や指導方法が一定の枠に閉ざされてしまい，日々の授業づくりが狭い意味での授業の方法や技術の改善に終始していたのでは，内容ベイスから資質・能力ベイスへの転換は難しい。特定の学習過程や指導方法の「型」に縛られた状況であるとすれば，そこ

18　第1章　資質・能力を育成する授業

から脱することも必要になる。

　資質・能力ベイスの授業づくりでまずはじめに確認したいことは，学習のゴールを見直すことである。ゴールが変わるということは，問題解決の質的転換が期待されていることを意味する。数学的な見方・考え方を働かせながら，知識・技能を習得したり，習得した知識・技能を活用して探究したりすることにより，知識の習得やその構造化を図り，技能の習熟・熟達にもつなげながら，より広い領域や複雑な事象をもとに思考・判断・表現できる力を育成することが期待される。これが資質・能力ベイスの授業づくりが目指すゴールであり，今後は，内容（コンテンツ）か，資質・能力（コンピテンシー）かの二極的な対立や比較を超えて，新しい教育が目指そうとしている方向を，子供に育成すべき資質・能力で整理することが大切である。

　これまでの内容ベイスの授業では，何を知っているか，または何ができるが学習のゴールとしてのまとめを位置付けることが多かった。しかし，資質・能力ベイスの授業においては，数学的な見方・考え方をどのように働かせて問題解決に取り組んだのか，それがどのように成長したのか，さらに学びの結果として新たにできるようになったのかなど，授業を終えて身に付いた力〜算数を学び賢くなったこと〜を明らかにしていくことが求められている。

　このように授業のゴールを変えるためには，授業の入口での課題やめあての見直しや思考対象の見極め，さらには思考プロセスなどの再検討を必要としているわけで，このことは教材解釈の転換の必要も求めてくる。また，これまで授業の終末時のみに行われているいわゆる「まとめ」が，必要に応じて問題解決の過程において明示的に繰り返して行われることも想定されるなど，学びのプロセスを問い直すことが必要になると言えるであろう。

　内容の習得を最優先の課題とした学習過程ではなく，事象を算数の価値（見方）から捉えて問題を見いだし，問題を算数・数学らしい認知・表現方法（考え方）によって自立的，協働的に解決し，解決過程を振り返って概念を形成したり体系化したりする過程といった問題解決の過程を丁寧に進めていくことが大切になる。

（2）問題解決の質を支える学びの文脈の生起

　問題解決の過程を用意しただけでは，資質・能力を育成する学びはスタートしないことはこれまでの実践が物語っている。問題解決の過程において，子供が主体的・対話的で深い学びを営むためには，学習過程を主体的に学び進むための文脈が極めて大きな意味をもっており，教師はその開発に向けて文脈を描く基盤となる教材研究に力を注ぐ必要がある。

　文脈を描くに当たっては，次の点に留意したい。

オーセンティックな学習の場の用意

　まず一つ目は，子供にとってオーセンティック（真正）な学習の場を用意することである。

　日常事象の課題解決に算数を活かす展開および算数の内容を統合的・発展的に創る展開

19

のいずれにおいても，学習がオーセンティックであることは子供自らが算数の価値に出合い，それを納得することを可能にする。

　算数・数学を学ぶことの価値を実感するには，子供の学びと日常生活や学習での経験とを関係付けて問題解決の必要性や切実性を担保することが大切であるが，同時に数学的な見方・考え方を授業の中でいかに取り扱うかが鍵になる。それは，単なる興味・関心だけで授業を構成しても，教科が大切にすべき指導の価値を伝えるという役割を果たすことにならないからである。そこに，教科ならではの学びとなっているかどうかの境目がある。教科指導は先人先達の文化遺産の継承という大切な役割を担っており，この文化の中には，多くの知恵が含まれており，それらを獲得することでよりよい生活を営んだり様々な課題解決をスムースに行ったりすることを可能にしている。算数・数学指導を通してこの知恵を伝えていくには，知恵の中身である資質・能力をいかに身に付けさせるのか，そしてその知恵が生まれてきたプロセス経験させるためにどのような文脈で授業を描いていくのかという授業づくりの基本に立ち返り，授業改善を推し進めることが必要になる。

問題解決のプロセスと能力の関係の確認

　次に二つ目として，算数・数学らしい問題解決のプロセスを能力の視点から見直すことである。

　今回の学習指導要領の改訂の方向を示した答申では「算数・数学の学習過程のイメージ」が提示された。これは資質・能力ベイスでの授業づくりの方向性を示すもので，算数・数学が本来求めている問題解決の過程を改めて確認することが大切であることを意味している。

　それには，算数・数学の問題発見・解決の過程が示されている。これは「数学的に考える力（「日常事象の考察に算数・数学を生かすこと」「算数・数学の世界で事象を考察すること」「論理的に考えること」)」を育成するプロセスと対応するものであるが，このプロセスを辿る過程でそこに示された資質・能力の育成を目指ししていくことが数学的活動であり，これからの授業づくりではその実現を目指すことが期待されている。今回，算数科の学習過程と育成する資質・能力との関係を明確にするために，数学的活動を，数学的に問題解決する過程（事象を数理的に捉え，数学の問題を見いだし，問題を自立的，協働的に解決し，解決過程を振り返って概念を形成したり体系化したりする過程）を遂行することと規定したわけであるが，これによって算数で育成する資質・能力を育むための学習活動そのものを示すという立場を明確にしたわけである。

明示的指導による文脈の生起

　さらに三つ目として，数学的な見方・考え方に関心をもち，それに積極的に関わっていけるような文脈を用意し，それを明示的に指導することである。

　見方・考え方を働かせるとは，表面上異なった対象への関わり方，アプローチの仕方，そしてそれらを支えるそれぞれのアイデアの裏側に共通するものの存在に気付きながら学

ぶことであり，その結果として，子供は個々の事実や知識を統合・包括する概念や教科ならではの認識や表現の方法などに関心をもつとともに，一段抽象度の高い概念や思考を獲得していくわけである。見方・考え方を基軸に据えて，これまでの学びの在り様を見つめ直していくことが求められている。

　算数・数学の学びに置き換えれば，算数・数学の知識や技能を統合・包括する概念や算数・数学ならではの認識や表現の方法を踏まえるということであり，それによって子供が，アイデアの裏側に共通する概念や性質の存在に気付き，それを数学らしく表現・処理しながら学び進むことができるようになることである。

　このような学びを実現するためには，日常の授業において子供が数学的な見方・考え方を働かせて数学的活動を進めていく経験を積ませることが大切になる。つまり，数学的な見方・考え方を働かせていく文脈を子供とともに生起していくことが求められる。場合によっては，教師が「範」を示して，それを子供に「なぞらせる」ことから始めてもよいであろう。このような場を設定して，子供に数学的な見方・考え方の働かせ方を学ばせるようにすることも大切であろう。「子供は何も教えなくてもどんどん学べる」と誤って無責任に自力解決の場に放り出してはいないだろうか。子供は自らの経験に支えられてのみ学び進むわけだから，自分自身の数学的な見方・考え方いかに働かせたらよいのかを，実際の問題解決の過程の中で実感していけるように教師は明示的に指導することが必要になる。

　その一方で，授業の中で学びの文脈をうまく描き続けるためには，子供の学びの状況と教師の指導とをいかに折り合いをつけていくことも重要な鍵になる。教師が算数・数学で指導したい内容やその方法が子供の実態や状況に適合していなければ，子供は算数・数学の学びから離れていく。また，子供の興味・関心や実態や状況が優先され過ぎて算数・数学の指導内容が軽視されたり質的に劣ったりしていたら，算数・数学の学びの価値が怪しいものになる。程よく両者が折り合える状況を探りながら，授業をコントロールしてくことが大切になる。

　算数・数学の学びの文脈を描くためには，丁寧な教材分析による身に付ける資質・能力の分析とその獲得へ向けた数学的な見方・考え方を基盤にした展開イメージすることが不可欠であるが，それと同時に，子供の実態を踏まえて学びのゴールまでいかにコントロールしていくかという教師の力量も問われている。授業とは予定調和的に子供をゴールまで引きずっていくのではなく，子供自らがゴールまで学び進んでいけるようにともに学びの文脈を生起し続けることである。そのためには，形式的な問題解決の過程に拘泥することなく，算数・数学指導の本質を見極め，育成すべき資質・能力を明確にした上で，数学らしい問題解決の過程を明示的に指導すること可能にする文脈の生成が期待されており，次代の学びを創る教師にはそれを推し進めることが授業力として求められている。

21

第2章

資質・能力ベイスの授業へ
ー授業をこう変えた Before ー After ー

　本章では，横浜市小学校算数教育研究会が，これまでの内容ベイスでの授業から，資質・能力ベイスでの授業への授業改善のプロセスを示します。

　Before では，これまでの実践を資質・能力の分析の視点から，数学的な見方・考え方及びその成長の視点からどのように授業を捉え直したのか。さらに，「ゴール」の姿をどのように設定し直したのか，子供が生起する数学的に価値ある「問い」をどのように設定し直したのか改善の方向性を示しています。

　After では，実際の授業について，本時の流れにおける子供の表れをもとに分析し，本実践の価値を示しています。

　資質・能力ベイスの授業へアップデートすることは，「この授業はこのように行う」というように実践を知識として得ることではありません。授業改善をどのように進めていったらよいのか，そのプロセスを捉えることで，どの単元，どの授業においても置き換えて考えられる，汎用性の高い授業改善の力が，今求められています。

私たちの研究のあゆみ

（言うは易し、行うは難し　されど…）

Innovationn −革新−

　2016年に横浜市小学校算数教育研究会（以下　市算研）が掲げたキャッチフレーズがこの項のタイトルである。まさに，この年は，市算研の組織，研究の内容・進め方が大きく変わった年である。

　前年までの市算研の活動は，毎月第一水曜日に行われ，年間11回の活動だった。この年より，夏季休業中に市算研授業づくり夏季セミナーを役員が提案する形で開催した。さらに，2月は，各部会の1年の振り返りだったが，冬季セミナーとして形を変え，部会長だけでなく，役員，講師の校長，指導主事，さらには，文科省の学力調査官にもご登壇いただき，次年度の研究の方向性について論議した。

　この年の研究会は，齊藤会長をはじめ，大学の先生方，文科省の調査官の先生方にもたびたびおいでいただき，新しい学習指導要領の目指す方向について話を聞くことができた。私たちは，その話の内容を受けとめるのが精一杯で，それを授業という具体で表現するには，まだまだの段階であった。月1回の研究会では消化できず，研究会の2週間前に役員会を開き，次の研究会の提案について，齊藤先生から指導を受けながら，提案の質を高めようとしていた。さらに，部会の助言者である校長たちも管理職学習会を開催し，これからの算数教育の方向性を学ぼうとしていた。

Advance　−前進−

　齊藤会長の後は荷が重かったが，2017年度より会長を引き継いだ。

　この年によく話題になったのは，「型の拘泥からの脱却」「本単元における資質・能力とは」「資質・能力を育成するための文脈をどうえがくか」「まとめから授業をデザインする」である。7月には，学習指導要領算数編解説も出版され，研究のよりどころとなるものができたが，その内容を具体的な授業場面や子供の姿で語るには，みなで論議する必要があった。

　この年，新算研の全国大会を横浜で受けることになり，そのための準備に本当に多くの時間を費やすことになった。

　ただ，大会の事前説明会で大学の先生方から講義を受けたり，提案授業者の指導案検討を行ったりすることで，目指す授業像が少しずつ明らかになっていった。

　前年同様，毎月の研究会の2週間前に役員会（前年より，役員だけでなく，各部会長も参加するようになった）を開き，提案内容や授業研究会の指導案についての検討を行った。

　この頃より，繰り返し話し合いをもつことで共通理解も図られ，研究の内容についても理解を深めることができるようになったと感じた。

　この年に実感したのは，算数についての話をする機会を増やすことが研究の深化につながるということである。若手の会員は，SNS等も活用して，相談する機会を増やしていった。

　もう一つ，授業について話す際には，子供の言葉，行動で語ることである。資質・能力は，難しい言葉で表現されている。それを具体の子供の姿で語ることでより目指す子供像，授業像が明らかになってくる。

Collaboration- 協働 -

　2018年は，今までの部会構成を低・中・高の3部会から1年から6年までの各学年部会に変更した。研究が薄まってしまうのではないかとの声も聞かれたが，今こそ，学習指導要領実施に向けて，その理念と目指す授業像をより多くの人たちと考えて，創り出していくことが，真の意味での協働と考えた。

　そのため，この年の役員会は，役員，13名，各学年部会長副部会長18名，授業づくり講座の部会長副部会長3名の参加で夕方18時より始めて，20時過ぎまで検討が続いた。会終了後も部会ごとに集まって，次回の研究会の提案修正や運営について話し合っていた。さらに，その前週には，「みんなで算数を考える会」という研究会を自由参加で開催し，提案の検討を行った。

　この年は，「まとめ」という言葉が，今までの知識・技能のまとめから脱却できない面もあった。学習活動の中には，子供たちが獲得する資質・能力が，または，見方・考え方がいくつも出てくることがある。また，一律に獲得されるとも限らない。そう考えると，授業後の子供たちの学びを，複数の「ゴール」として想定した授業づくりが必要なのではないかと考えるようになった。板書には，結果として「まとめ」をするのではなく，子供たちが気付いた様々な見方・考え方が，残され，そのプロセスから学ぶことが望ましいと考えた。

　この3年間，特別寄稿をいただいた4人の先生方から繰り返し講義，ご指導をいただいた。その繰り返しがプロセスとして，私たちの見方・考え方を成長させていただいた。さらに，働き方改革が叫ばれる中，多くの仲間と多くの時間，算数について語り合った。そして，それを実現する熱が，この研究会には，あったと考える。協働しながら，常々感じたのは，「言うは易し，行うは難し」されど，「仲間がいれば，何とかなる」である。今後も授業について語り合う時間は大切にしていきたい。

研究の概要

数学的に考える資質・能力を育成する算数科学習

育成すべき資質・能力の明確化
（新学習指導要領及び同解説の分析）

資質・能力の系統と指導への位置付け
（数学的な見方・考え方の具体）

主体的・対話的で深い学びの実現
（数学的活動の組織化）

学びの連続
（幼・保・中との連携）

これまでの研究から

資質・能力ベイスの授業への転換へ

ゴールに着目し子供の問いを位置付ける，ゴールから逆設計する授業デザイン

- 型に拘泥した問題解決を見直し，子供が学び進む問題発見解決を描くこと。
- 育成を目指す資質・能力を子供の具体の姿で解釈すること。これまでの「まとめ」を見直し，授業のゴールでの子供の姿を捉え直すこと。
- 「問い」について，「子供」が問いをもつこと。本質に迫る数学的に価値あるものであること。
- 数学的な見方・考え方を働かせ成長させる子供の具体の姿を捉えること。見方・考え方でつなぐこと（系統）。

数学的な見方・考え方が成長する数学的活動の組織

研究の視点

- 算数科で育成する資質・能力の明確化
- 数学的な見方・考え方の成長を捉える
- 数学的活動を組織

- 教材の価値を明らかにし，子供が教材にどのように関わり，見方・考え方を働かせ成長させていく具体の姿について。
- 数学的な見方・考え方を働かせ成長させる板書の視覚化・構造化について。
- 着眼点から問いへの子供の思考の流れを捉えること，数学的な見方・考え方のつながりを生かすことについて。
- 数学的活動を組織する。子供が「問い」続けるデザイン（学びの過程の質的な高まり），切実感・必要感のあるコンテクストの生起について。

教材の価値，算数の役割を見極める
子供が自らの学びのプロセスで，数学の価値やよさを実感し，自ら粘り強く学び進もうとしたり，生活の中で活かし使おうとしたりする態度を育成する。

数学的活動を組織する

リフレクションの質を高める
資質・能力の視点で授業を分析的に捉え，授業改善の方向性を具体で共有することにより，自分の授業づくりをアップデートする。

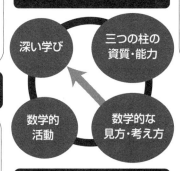

真正な学びの文脈
子供にとって切実感や必要感のある文脈を描き，数学的活動の質を高める。「数学的な見方・考え方」を働かせ成長させながら，自立的，協働的に算数らしい問題発見解決を目指す。

資質・能力の具体

子供をエビデンスで語る
教師にとって都合のよいところだけ切り取られていないか。一人一人に確かな学び，資質・能力が育成されたか，子供の真の姿で語り合う。

本書の見方

授業改善のプロセス

1ページ目

資質・能力の
分析・解釈
見方・考え方
の系統の整理

2ページ目

見方・考え方
が成長する
単元デザイン

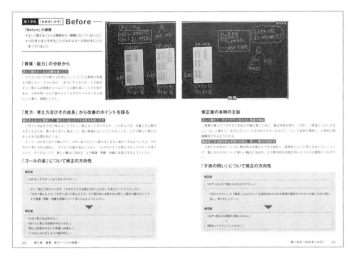

3・4ページ目

Before

改善前の板書
課題と改善の方向性

5・6ページ目

After

改善後の板書
本時展開
本実践の価値

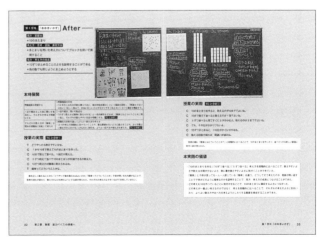

教材分析と単元計画

第1学年「おおきいかず」

1 本単元における資質・能力の分析

生きて働く「知識・技能」

ア（オ）2位数の表し方について理解すること。
　（キ）数を，十を単位としてみること。
　（ク）具体物をまとめて数えたり等分したりして整理し，表すこと。

> 　2位数については，10のまとまりの個数と端数という数え方をもとにして表現されていることを理解し，数の構成についての感覚を豊かにする。十を単位とした数の見方とは，数の中に10のまとまりを見つけたり，10の何個分かで何十になるとみたりするような見方である。10ずつのまとまりを作って数えることで十進位取り記数法の仕組みを理解する基礎となるようにする。

未知の状況にも対応できる「思考力・判断力・表現力等」

イ（ア）数のまとまりに着目し，数の大きさの比べ方や数え方を考え，それらを日常生活に生かすこと。

> 　10のまとまりをつくると後から数え直す手間も少なくて済み，かつ数字や言葉で表現する際にも容易であるよさに気付くようにする。簡単な場合についての3位数のものを数える際には，10のまとまりの個数が多くなるので10のまとまりをさらに10ずつまとめようと考えを進められるようにする。具体物を数える活動に取り組み，正しく数えるだけでなく，その活動の中でよりよい数え方を考えていくようにすることで数のまとまりに着目することのよさに気付くようにする。

学びを人生や社会に生かそうとする「学びに向かう力・人間性等」

・数量や図形に親しみ，算数で学んだことのよさや楽しさを感じながら学ぶ態度。

> 　ものの個数や人数などを比べたり数えたりするなどし，日常生活や学校生活の場面と算数の学習をつなげ，よりよい比べ方や数え方を考えていこうとする態度の育成を目指す。数の大小や順序などを知り，数のまとまりに着目しながら数の範囲を広げ，生活の中で数を使うよさを感じ，数についての感覚を豊かにしていく。

2 数学的な見方・考え方の系統

〈2年〉

数のまとまりや仕組みに着目

大きな数の大きさの比べ方や数え方を考えたり，日常生活に生かしたりする

〈本単元〉

数のまとまりに着目

数の大きさの比べ方や数え方を考えたり，それらを日常生活に生かしたりする

〈幼児期〉

日常生活の中で必要性を感じて人数や事物を数えたり，量を比べたりする

28　第2章　資質・能力ベイスの授業へ

3　単元の主張

　10のまとまりに着目して，数を正しく数えたり，数えたものを分かりやすく表したりする。また，単元を通して具体物を数える活動に取り組み，よりよい数え方や比べ方を考えていく。

まとまりに着目するよさ

　自分で適当な大きさのまとまりを作って数えたものを整理して表すことで，10のまとまりに着目するよさに気付き，十を単位として数の大きさをみることができるようにする。

段階的な比較

　同じ10のまとまりをつくっていても，それぞれの数え方のよさを価値付けていくようにする。2つの考えを比べることで，数え間違わないように数えることや，より手際よい数え方を工夫することのよさに気付き，よりよい比べ方や数え方を考えていこうとする態度を育成する。

4　単元計画

時	学習活動の概要	目指す子供の姿
1〜6	○2位数の数え方，構成の仕方，唱え方，読み方，書き表し方【本時】 ○2位数の表し方の考察 ○2位数の多面的な見方	・日常や生活科の学習場面をもとに，具体物を数える活動を通して，10のまとまりに着目した数の見方を養い，10ずつ数えるよさに気付く。 ・正確に数える活動を通して，2ずつ，5ずつ，10ずつなど数のまとまりに着目することのよさに気付いたり，10のまとまりを作って10が幾つと1が幾つと捉えたりする。 ・20までの数の書き表し方の仕組みをもとに，2位数の書き表し方を考える。
7〜10	○3位数の唱え方，読み方，書き表し方 ○3位数の多面的な見方	・2位数のときの考え方に基づき，3位数の唱え方，書き表し方も同じであると考える。 ・100のまとまりを作り，100が幾つと10が幾つと1が幾つと捉える。 ・位の数字に着目し，数の大きさを比べたり，よりよい数え方を考えたりする。
11〜14	○数の系列 ○十を単位とした計算 ○身の回りにあるものの数に基づく2位数の理解	・数直線（かずのせん）や数表を用いて，数の位置や順序，大小を考える。 ・十を単位として数を見ることで1桁の計算として考える。 ・身の回りにあるものの数を10のまとまりに着目して数えればよいことに気付き，数え方を説明する。

見方・考え方が成長する単元デザイン

　単元の導入では，日常や生活科の学習から数を数えたり，数の大小を比べたりする活動を設け，数を正しく数えたり，分かりやすく表したりすることの必要性を感じさせ，数のまとまりに着目して数を表せるようにしていく。その中で，どのように数えたり比べたりしたらよいかという子供の問いを取り上げる。自分なりの分かりやすい数え方は無自覚なものであるので，それぞれの数え方がどのような数のまとまりに着目しているのか自覚化できるようにする。また，どうして「数えやすい」「すぐ分かる」のか言語化することで，数のまとまりに着目することのよさに気付けるようにする。

　対象となる数が大きくなると，数え間違えないようにしたいという必要感が出てくる。そこで，10のまとまりを作ると後から数え直す手間も少なくて済み，かつ数字や言葉で表現する際にも容易であるよさに気付くことができる。また，簡単な場合についての3位数のものを数える際には，10のまとまりをさらに10ずつまとめようと発展的に考え，見方・考え方を成長させることにつなげる。

　日常生活には，数が至るところで使用されている。数のまとまりに着目して解決し，効率的になったり豊かになったりするよさを実感できるようにする。

第1学年「おおきいかず」　29

第1学年 「おおきいかず」 Before

「Before」の課題
- ◆正しく数えることに必要感をもつ展開になっていないこと
- ◆10のまとまりを作ることのみのよさへの気付きにとどまっていること

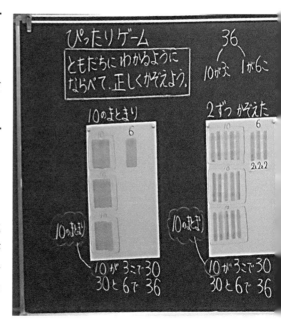

「資質・能力」の分析から

正しく数えたくなる文脈を描くこと

よりよい比べ方や数え方を考えていこうとする態度の育成を目指したい。そのために、「本当にそうなのか」と子供が正しく数える必要感をもてるような文脈を描くことが大切である。子供が問いをもち続けるような学びのプロセスを大切にした導入、展開にしたい。

「見方・考え方及びその成長」から改善のポイントを探る

数のまとまりに着目して、数えたり比べたりする考えを見いだす

1対1に対応をさせて唱えることで正しく数えることができるが、この単元では、対象となる数が大きくなるため、数のまとまりに着目して、数え間違わないようにすることや、より手際よい数え方を工夫する必要が出てくる。

そこで、10のまとまりで囲んだり、10ずつ並べたりして数のまとまりに着目できるようにする。それぞれの考え方を言語化し、そのよさを振り返るとともに、「なぜそのような数え方をしたのか」を考えていく。そうすることで、新しい観点に気付き、より簡潔・明瞭・的確に表現できるようにしたい。

「ゴールの姿」について修正の方向性

修正前

「10のまとまりをつくると分かりやすい。」

- 正しく数えて終わりにせず、「なぜそのような数え方をしたのか」を考えていくようにしたい。
- 「10ずつ数えるよさ」「10ずつ並べて数えるよさ」など数学的に表現された新しい観点に触れることで、より簡潔・明瞭・的確な表現について考えられるようにしたい。

▼

修正案

「10まで数えれば分かる。」
「並べると数える回数が少なくなる。」
「数える回数が少ないと間違いが減る。」
「十の位と10のまとまりの数が同じ。」

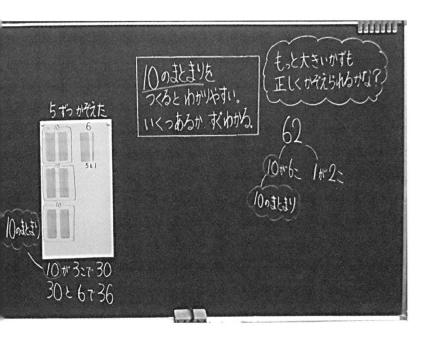

修正後の本時の主旨

正しく数えて，分かりやすく伝えたい意欲の喚起

　授業の導入で「6年生にお礼の手紙を書くために，紙は何枚必要か」と問い，「間違えてはいけない」「正しく数えて，本当に正しいことを分かりやすく伝えたい」という意欲を喚起し，主体的に問題解決できるようにする。

無自覚である数学的な表現の言語化，新しい観点の気付き

　子供たちが気付いていない数学的な表現のよさを言語化し，段階的に2つの考えを比べていくことで，数え方のよさについて新しい観点に気付き，より数学的な表現を用いようとする態度につなげたい。

「子供の問い」について修正の方向性

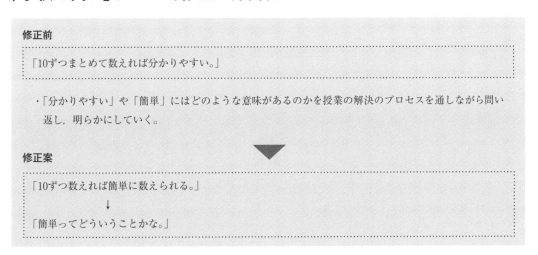

第1学年「おおきいかず」

第1学年 「おおきいかず」 After ——

見方：着眼点
◆10のまとまり

考え方：思考・認知，表現方法
◆まとまりを用いた考え方についてブロックを用いて表現すること

見方・考え方の成長
◆10ずつまとめることのよさを説明することができる
◆他の数でも同じようにまとめようとする

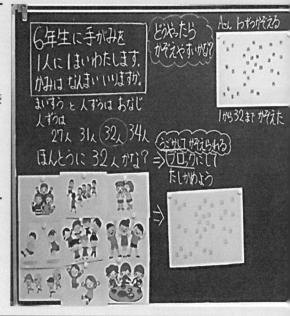

本時展開

問題場面を把握する	○問題場面の共有 ・「6年生にお礼の手紙を書くために，紙は何枚必要か」という場面を設定し，「間違えてはいけない」「正しく数えて，本当に正しいことを分かりやすく伝えたい」という意欲を喚起する。
一応の解決をした後に問いを焦点化し，それぞれの考えを明確にする	○一応の解決，問いの焦点化 ・「10ずつ数えれば簡単に数えられる」と一応の解決をするが，「簡単とはどういうことか」問い返し，それぞれの数えやすい方法を明確にする。 TCと分析①
それぞれの数え方の「簡単」な理由を段階的に比較して考える	○段階的な比較を通してよりよい数え方を考える ・2つの考えを段階的に比べていくことで，数え間違わないように数えることや，より手際よい数え方を工夫することのよさに気付き，よりよい比べ方や数え方を考える。 TCと分析②

授業の実際　TCと分析①

T　どうやったら数えやすいかな。
C　1から10まで数えて10のまとまりを作った。
C　10まで数えて並べた。1回だけ数えた。
C　5ずつ数えて並べて10のまとまりが何個できるか数えた。
C　10ずつ数えれば簡単に数えられるね。
T　簡単ってどういうことかな。

　数を正しく数えることから「どうやって数を数えればよいのか」「簡単ってどういうことか」子供が問いをもち続けることで，思考の流れが変わり，数え方のよさを考えようとする姿が見られた。それぞれの考えのよさをつなげて共有していきたい。

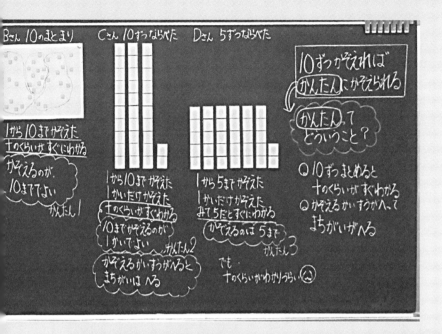

授業の実際　TCと分析②

C　10のまとまりを作ると，数えるのが10まででよいね。

C　10まで数えて並べると数えるのが1回でよいね。

C　5ずつ並べると見てすぐに5が分かるよ。数えるのは5まででよいね。

C　でも，十の位が分かりづらいよ。

C　10ずつまとめると，十の位がすぐに分かるね。

C　数える回数が減れば，間違いが減るね。

発言の順に「簡単とはどういうことか？」と段階的に比べることで，10のまとまりを作ったり，並べたりする新しい価値に気付く姿が見られた。

本実践の価値

・「10のまとまりを作る」「10ずつ並べる」「5ずつ並べる」考え方を段階的に比べることで，数えやすいよさや数える手間が少ないよさ，数に置き換えやすいよさに気付くことができていた。

・「簡単」と子供が言っても一人一人感じている「簡単」は違う。どうしてそう考えたのか，教師が問い返すことで子供がどのように簡単なのかを説明することで，見方・考え方の成長につなげることができた。

・どの考えも10を作っていることに気付かせることで，10のまとまりに着目するよさにつながった。

・どの考えが一番よい考えなのかではなく，考えを段階的に比べることで，それぞれの考えのよさに気付いたり，よりよい数え方や比べ方を考えようとしたりする態度を育成することができた。

第1学年「おおきいかず」

教材分析と単元計画

第1学年「かたちづくり」

1 本単元における資質・能力の分析

生きて働く「知識・技能」

ア（ア）ものの形を認め，形の特徴を知ること。

（イ）具体物を用いて形を作ったり分解したりすること。

> ものの形を認めるとは，ものを弁別する際に色や大きさ，向きなどを捨象して，ものの形のみに着目して捉えることである。身の回りの具体物から形を見いだし，それを色板などで表したり，色板などで作ったものから具体物を想像したりという活動を通して形の特徴を捉えられるようにする。

未知の状況にも対応できる「思考力・判断力・表現力等」

イ（ア）ものの形に着目し，身の回りにあるものの特徴を捉えること。

> ものの形に着目し，身の回りにあるものの特徴を捉えるようにする。さんかくやしかくなどの形が身の回りのどのようなところで用いられているか見つけ，どうしてその形が用いられているかを考えたり，形の構成の仕方について考えたりする。

学びを人生や社会に生かそうとする「学びに向かう力・人間性等」

・数量や図形に親しみ，算数で学んだことのよさや楽しさを感じながら学ぶ態度。

> 自分で観点を決めて分類し，整理することで感覚的に捉えていた雑多なものや事象を分かりやすくする態度を育成する。また，物事に対する自分の見方や考え方を捉え直し，根拠を明確なものにしていこうとする姿勢や，自分の観察したことや考えたことを共通な言葉や操作などを通して，的確に相手に伝える態度を育てる。

2 数学的な見方・考え方の系統

〈幼児期〉

形の概形に着目

具体的なものを形の組み合わせで表したり，形を具体的なものに見立てたりする

〈本単元〉

ものの形の特徴に着目

ものの形の概形や機能に着目して，その特徴について考察する

・形の特徴

〈2年〉

図形の構成要素に着目

・さんかく，しかくと捉えていた形の辺に着目し，直線で囲まれているかそうでないかで弁別する
・角の形に着目し，直角が含まれているかどうかで弁別する

・三角形，四角形，正方形，長方形，直角三角形
・箱の形

34　第2章　資質・能力ベイスの授業へ

3　単元の主張

　具体物からさんかくやしかくの形を見いだして色板などで表したり，色板などで作られた形から具体物を見いだしたりする活動を通して，色や大きさ，向きなどを捨象し，形の特徴を捉えられるようにする。

色や大きさ，向きを捨象する

　色板などで作ったさんかくやしかくを見比べる中で，同じものや違うものについて考える。赤の色板で作られたしかくと，青の色板で作られたしかくを見ると，同じしかくであると捉えない子も多い。また，□と◇など，向きが変わるとしかくと捉えない子も多い。そのような色や大きさ，向きなどを捨象して，ものの形に着目できるようにする。

具体物と抽象化した形とを行き来する

　具体物から形を見いだす活動と，色板などで作った抽象化された形とを見比べ，行き来する中で，形への理解を深められるようにする。

4　単元計画

時	学習活動の概要	目指す子供の姿
1	○色板を使った形あそび	・直角二等辺三角形の色板を使い，具体物から見いだした形を作る活動をする。
2	○色板を使ってできた形についての考察【本時】	・直角二等辺三角形の色板を使い，色や向きなどを捨象していく中で，共通の魚を作って観察する。さんかくとしかくの色板を使い，同じ形を多様に作る。
3	○観察や操作を通して図形の構成，分解の素地の育成	・前時に作った形や新たに作った形を元の直角二等辺三角形に着目して観察し，それらがどのような組み合わせか，どの向きで色板を置き換えたかを考え，元の色板をずらす，回す，裏返すなどの操作を通して行う。
4・5	○移動操作を通しての様々な形づくり	・基本の形に着目し，そこから自分の作りたい形にする方法を考えたり，色板を使って調べたりし，移動操作を言葉で表す。（操作を言語化し，説明できるようにする。） ・移動操作の中には何回か繰り返しの操作をしてできる場合と，1回の操作でできる場合があることを捉え，いろいろな動かし方をするよりも簡単にできる場合があることに気付こうにする。
6	○数学的活動を通しての図形感覚の涵養	・格子の点と点を結び，さんかくやしかくを作る。 ・身の回りから，いろいろな形を見つける。 ・折り紙を折ったり切ったりして「さんかく」にする。

見方・考え方が成長する単元デザイン

　単元を通して，具体物から形を見いだす，できた形から具体物を思い浮かべるという，具体物と抽象化された形とを行き来するという活動を通して学習を進められるようにする。また，色や向きなどを捨象して形のみに着目することに関しても，繰り返し確認していくようにする。単元を通して学習がつながり，第1時での活動で働かせた見方・考え方をそれ以降でも生かせるようにする。そのために，はじめに向きや大きさが変わることがあるもの，さんかくとしかくで構成されているもの，ずらす，回すなどの操作をすることで，形は変わらないが向きが変わることがあるものなどを取り上げる。

　導入では具体物から色板を使い自由に形を作る。具体物のどこの部分についてどの形を見いだしたのか，確認するようにする。第2時では，その中から子供が作った魚の形を取り上げる。魚の画像を観察し，どんな形が見いだせるか考える。そして，魚の向きを変えることや，同じ形で違う大きさの形が作れないかについて考える。ここでの経験をこの先の図形の構成要素に着目したり，構成の仕方を考察したりすることとつなげながら，図形の見方・考え方の成長の素地を培うものになるようにする。

　自由度の高い活動から，場面や条件を狭めて見方・考え方を焦点化して共有し，この先の学習で自由に図形を見られるようにすることを意識して単元をデザインする。

第1学年「かたちづくり」　35

第1学年 「かたちづくり」 Before

「Before」の課題
- ピンク一色で色の捨象ができないこと
- 課題が明確でないため，色板遊びで終わってしまう心配があること

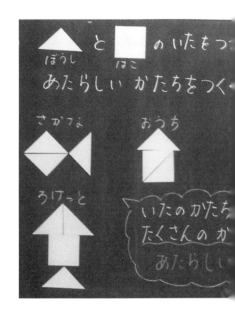

「資質・能力」の分析から

色板遊びで終わらないようにする

いろいろなものを自由に作ることで，楽しいが遊びで終わってしまうことが心配される。大切なのは，具体物がどんな形でできているかとその中に形を見いだしたり，作った形からどんなことが言えるかを考えたりすることである。子供たちが共通の話題で話し合える材を設定することが大切である。

「見方・考え方及びその成長」から改善のポイントを探る

ものの概形に着目し，形を見いだす

本時で大切なのは，色や大きさ，向きが変わっても，形そのものは同じであることに気付いたり，具体物を見てそれがどのような形でできているか，概形を捉えて形を見いだしたり，色板で作った形が本当に元の具体物と同じになっていると言えるのか考えたりする。

色や向きを捨象するために，たくさんの色の色板を使ったり，いろいろな向きになる材を使ったりする。また，具体物から形を見いだすことができるように，具体物や，その写真などを見ながら活動することができるようにする。また，さんかくの色板が複数集まると，大きなさんかくになったりしかくになったりすることに気付くことができるようにする。

「ゴールの姿」について修正の方向性

修正前

「さんかくとさんかくでしかく。しかくとしかくでながしかく」

- 「さんかくとさんかくでしかく」だけでなく，「さんかく2枚で大きなさんかく」や，「枚数を増やすことでもっと大きなさんかくやしかくができる」ことにも気付かせたい。
- 色や大きさ，向きなどを，丁寧に捨象していきたい。

修正案

「色や向き，大きさが違っても，さんかくはさんかく，しかくはしかく。」
「さんかく2枚で大きなさんかくやしかくができる。枚数を増やすともっと大きなさんかくやしかくもできる。」
「さんかくってすごい！」

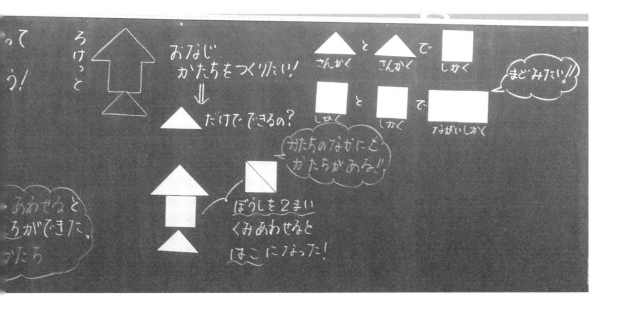

修正後の本時の主旨

具体物から形を見いだす

　具体物の概形から形を見いだして、色板で作れるよう、画像を用意する。その際、クラスみんなが共通の話題で話し合えるように、「いろいろなものを作ろう」ではなく、一つのものを作るようにする。

さんかくが増えることで大きなさんかくやしかくが構成できることに気付かせる

　「さんかくとさんかくでしかく」だけでなく、「さんかくとさんかくで大きなさんかく」や、「さんかく4枚でもしかくができる」「さんかく4枚でもっと大きなさんかくもできる」など、作った形の構成に気付くことができるようにする。

「子供の問い」について修正の方向性

修正前

「さんかくの色板で、どんな形ができるかな。」

・自分がイメージするものの形を作るのではなく、具体物から見いだした形を作るようにする。
・みんなで同じ形を作ることで、共通の話題で話し合えるようにしたい。
・枚数を増やすことで、さんかくやしかくを大きくできることに気付けるようにしたい。

▼

修正案

子供の問いでつないでいく。
「この魚はどんな形でできているかな。この魚を作れるかな。」
「何枚あったら作れるかな。」
「この魚の大人を作れるかな。」

第1学年「かたちづくり」

第1学年 「かたちづくり」 After

見方：着眼点
◆ 具体物の概形や作った形の特徴

考え方：思考・認知，表現方法
◆ 形を同じと捉えること
◆ どのようにして作ったのか，できたのかを説明すること

見方・考え方の成長
◆ 色板の組み合わせで，同じ形を違う方法で作ったり，大きさを変えたりすることができる

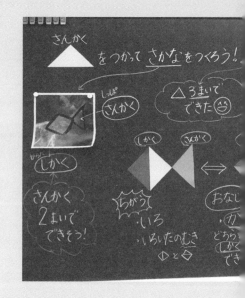

本時展開

問題場面を把握する	○問題場面を丁寧に共有する ・魚を作るという場面を捉える。 ・魚の画像を観察し，体がしかく，しっぽがさんかくであることを確認する。 ○問いの焦点化 ・さんかくとしかくを，さんかくの色板で作ることを確認する。 **TCと分析①**
色板で実際に作ってみる	○見通しをもち，実際に作る ・「1枚でできる？」「2枚では？」「3枚でできそう！」と見通しをもたせる。 ・3枚で魚を作り，作った形を並べて色や向きなどを捨象する。 ○大きな魚を作る ・3枚の魚と同じ種類の大人の魚を作ろうと投げかけ，色板の枚数を増やして大きなさんかくやしかくを作る。 **TCと分析②**
縮図のよさに気付き，日常事象への活用につなげる	○作った魚を見合い，同じ魚（同じ形）と言えるかなどを話し合う ・どの魚もさんかくとしかくでできているかを確認する。 ・色や大きさ，向きなどを捨象して考えるようにする。 ・さんかくの色板が複数集まることで，大きなさんかくやしかくができることが分かる。

授業の実際 **TCと分析①**

T このお魚，どんな形かな？
C しっぽはさんかくだ。
T 体はどんな形と言えるかな？
C ダイヤの形だ！
C 角が4つあるからしかくだよ。
C 向きを変えるとしかくだ！

　頭の中にイメージしたものを作るのではなく，実物や画像をよく観察し，そこから形を見いだし，それを作るようにする。自分たちが見いだした形を三角形の色板でどのようにしたら作ることができるか考えるようにする。また，何人かが作ったものを見比べ，色や向きが違っても形で見ると同じと言えることを確認していく。

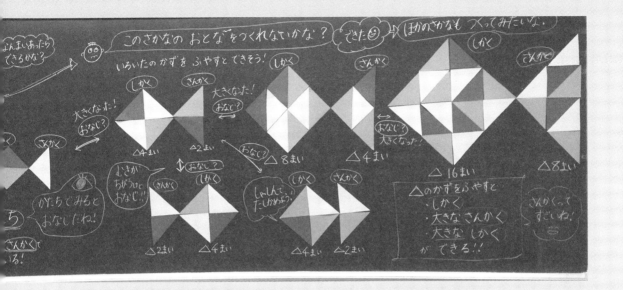

授業の実際　TCと分析②

T　3枚で魚が作れたね。この魚の大人を作れないかな？
C　色板の枚数を増やせば作れるよ。
C　作ってみたい。
T　何枚あったらできそう？
C　大きいさんかくは2枚でできると思う。
C　しかくはさっき2枚でできたから、2枚より多く必要だ。
T　じゃあ、3枚あれば大きなしかくができるかな？
C　3枚じゃ無理。4枚ならできる。
C　もっとたくさんでもっと大きな魚もできるよ。

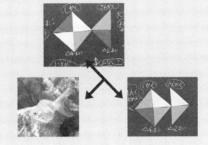

　枚数を増やして大きな魚を作ることで、さんかく2枚で大きなさんかくやしかく、4枚で大きなしかくができることに気付くことができるようにする。どんどん枚数を増やして気付きを深めたい。また、元の形と見比べて、本当に同じ種類の魚になっているか、元の画像の魚かの確認も大切である。

本実践の価値

- 1年生の図形の学習では、ものの形を認めること、色や大きさ、向き、材質等を捨象すること、身の回りのものを作ったり、作ったものから形を見いだすことが大切である。本実践では頭の中でイメージしたものではなく、具体物やその画像から形を見いだし、それを作っているため、形を共有できている。
- 1年生にとって、色や向きなどを捨象していくのはとても難しいでことである。そこで、単元を通して繰り返し確認していきたい。「同じ」とみることはもちろん、「違う」と言っている子供の話もよく聞き、「違う」にも寄り添いながら授業を進めたい。
- 作った形は元の具体物と見比べ、同じか確認するようにする。具体に戻ることで誰もが納得する学びをつくることも大切である。
- 単元の中で大切な見方・考え方を繰り返し経験する単元デザイン、さらに図形の見方・考え方の成長を長期的に見つめ、図形の構成に着目すること、さらにずっと先の合同や拡大図・縮図の素地を培っているところに価値がある。

第1学年「かたちづくり」

教材分析と単元計画

第１学年「どちらが おおい」

1 本単元における資質・能力の分析

生きて働く「知識・技能」

ア（ア）長さ，広さ，かさなどの量を，具体的な操作によって直接比べたり，他のものを用いて比べたりすること。

　（イ）身の回りにあるものの大きさを単位として，その幾つ分かで大きさを比べること。

> 「かさ（嵩）」とは，ものの大きさの分量（体積）であることを理解できるようにする。直接比較や間接比較を行ったり，身の回りにあるものの大きさの単位として数値化したりする活動を通して，量についての理解を深めていくようにする。

未知の状況にも対応できる「思考力・判断力・表現力等」

イ（ア）身の回りのものの特徴に着目し，量の大きさの比べ方を見いだすこと。

> 　身の回りのものの特徴に着目するには，比べたい量を明確にする必要がある。次に，比較する目的を理解し，その目的に応じて効率よく，直接比較したり，数値化して比較したりする。さらに比較の過程では，比べ方について問いを見いだしたり，試行錯誤したりする。そして，長さでの比較や測定と同じように，広さやかさについても，直接比較，間接比較，任意単位による測定という比べ方ができることについて気付くことができるようにする。また，身の回りには，様々な場面にかさがあることを知り，その量の大きさの比べ方を見いだせるようにしていく。

学びを人生や社会に生かそうとする「学びに向かう力・人間性等」

・数量や図形に親しみ，算数で学んだことのよさや楽しさを感じながら学ぶ態度。

> 　具体物を操作しながら量に関わりをもつようにする。学習したことを日常生活に積極的に活用することで算数への関心を高め，算数を主体的に学ぶ態度の育成につなげる。また，様々な具体物について大きさを調べたり，確かめたりする活動を積極的に取り入れて，量の大きさについての感覚を豊かにしたり，身の回りのものの大きさの比べ方を見いだしたりする態度を養う。

2 数学的な見方・考え方の系統

〈１年〉

ものの特徴に着目（長さ）

量の大きさの比べ方を考えたり，任意単位を用いた測定の仕方を考えたりする

・長さの比較（直接・間接）
・量と測定についての理解

〈本単元〉

ものの特徴に着目（かさ）

量の大きさの比べ方を考えたり，任意単位を用いた測定の仕方を考えたりする

・かさの比較（直接・間接）
・量と測定についての理解

〈２年〉

ものの特徴に着目

適切な単位を用いて量を表す方法を考えたり，測定の意味を考えたりする

・かさの単位
・測定の意味の理解
・適切な単位の選択

40　　第２章　資質・能力ベイスの授業へ

3　単元の主張

　日常生活を取り扱う場面は，就学前に幼稚園や保育園等において様々な生活体験を通して，学んできていて1年生の学習とも関連している。今回の実践では，『日常生活や社会の事象を数理的に捉え，数学的に表現・処理し，問題を解決し，解決過程を振り返り得られた結果の意味を考察する』という問題解決の過程を取り扱う。

子供の生活経験や日常生活と結び付ける

　幼稚園・保育園等でもかさをはじめとした大きさ比べが生活の中で自然と行われている。

> 幼稚園教育要領，幼保連携型認定こども園　教育・保育要領
> 　環境：周囲の様々な環境に好奇心や探究心をもって関わり，それらを生活に取り入れていこう
> 　　　　とする力を養う。
> 　1　ねらい　（3）身近な事象を見たり，考えたり，扱ったりする中で，物の性質や数量，文
> 　　　　　　　　　字などに対する感覚を豊かにする。
> 　2　内容　　（9）日常生活の中で数量や図形などに関心をもつ。

　生活経験や遊びを通して，数量や図形などにたくさん触れ，興味・関心を高めたり，具体的な操作を行ったりすることで生活知を深めている。このことは算数の学習の素地にもなっている。この学んだ生活知を1年生の学習を通して，学習知としていく。

比べられないという問いをもち，比べられない理由を明らかにする

　新学習指導要領では，比較の方法のみではなく，比較の過程を大切にすることが盛り込まれている。子供が「この方法で比べることができるのかな」とか「この方法ではできない」などの疑問をもちながら問題解決を行っていけるようにする。

4　単元計画

時	学習活動の概要	目指す子供の姿
1	○かさの直接比較	・2つのかごのどちらにたくさんのおもちゃが入るかを確かめることができる。 ・虫かごに入る水の量を確かめる活動を行い，水の体積の保存性について理解する。
2	○長さの比較や測定の方法をもとにした水のかさの直接比較や間接比較	・2つの容器のどちらが多く水が入るか，長さの比較の方法をもとに，比較する方法を考えて調べて，根拠を明らかにして判断する。
3	○水のかさの任意単位による測定	・AはBよりどれだけ多く水が入るのかを考えることを通して，任意単位を用いて数値化する必要性を感じて測定し，判断の根拠を明らかにして表現する。
4	○測定の方法の選択を通した体積の感覚を豊かにする【本時】	・身の回りにあるものの体積の比較や任意単位による測定について，場面や目的に応じた方法を考えたり選択したりすることを通して，体積の測定についての豊かな感覚を身に付ける。

見方・考え方が成長する単元デザイン

　単元の導入として，どちらのかごの中にたくさんおもちゃが入るのかということを扱う。実際にかごの中におもちゃを入れて確かめる子供もいると考えられるが，子供から「一方のかごの中にもう一方のかごが入るよ」という発言を取り上げ，直接比較の導入を行う。次に虫かご等を用いて，同じようにどちらにたくさん水が入るかを問う。先ほどと同様に一方の虫かごにもう一方を入れることも考えられるが，水というものの特徴に着目することによって，水を媒介物にして比べてもよいことに気付くようにする。このように日常生活と結び付けた学びにしていく。様々な場面にかさがあることに気付けるようにするとともに，身の回りのものの特徴に着目して，その特徴に応じて比べ方を考えていく力を育てる。

第1学年「どちらが おおい」　　41

第1学年 「どちらが おおい」 Before

「Before」の課題
◆子供が，比較の方法に問いを見いだしていないこと
◆かさの学習が，水のかさの学習だけで閉じてしまっていること

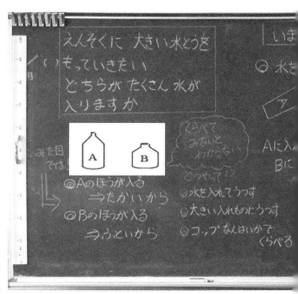

「資質・能力」の分析から

活動から，問いを生み出す

これまでの実践では，水のかさの比較を通じて，直接比較，間接比較，任意単位による測定を学習してきた。しかし，身の回りにある様々なかさに着目したり，これまでの生活経験と学習がうまく結び付いたりしていない。そこで，様々なかさを水と同じように比較できるようにしていきたい。

「見方・考え方及びその成長」から改善のポイントを探る

比べられないという問いをもち，比べられない理由を明らかにする

本時では，水のかさの比較で行った学習を，比較対象を砂にして行う。まず，砂山の大きさを問うことにより，大きいとはどういうことなのかを学級で共通理解する。そして，水の比較のときに行ったことを砂の比較でも行う。このときに，底面積が大きい容器に移したときに，底面積が大きすぎると高さで比べられないことや，容器（任意単位）を小さくしすぎると数が多くなりすぎて不便だということを感じられるようにする。このような活動を通して，なぜ比べられないのかを子供の言葉で明らかにできるようにする。また，どのような方法が簡単に比べることができるのかを確認して比べ方のよさを焦点化していく。

「ゴールの姿」について修正の方向性

> **修正前**
>
> 「水のかさは，別の容器に移して比べると，どちらが大きいか比べることができる。」

・既習の学びと同じだと気付けるようにしたい。
・比べ方やよさや，問題点を通して，よりよい比べ方があることに気付くことができるようにしたい。
・学んだことを生活に生かしていけるような態度を育成したい。

> **修正案**
>
> 「砂のかさの比べ方も，水のかさと同じだったよ。」
> 「比べる容器が，大きすぎても比べづらいし，小さすぎても大変なんだな。」
> 「今度何かを比べるときには，何を使って比べたらよいかを考えてからやろう。」

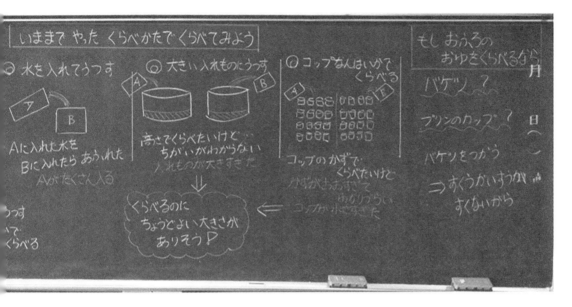

修正後の本時の趣旨

日常生活との結び付きを活かした学習展開の必要性を再確認する

　日常生活の様々な場面においても「かさ」は子供の身近にある。そこで，様々な「かさ」を水と同じように比べることができるように扱うことで，日頃意識していなかったものも「かさ」として比較をすることができるようにする。そして，日常生活と算数を結び付けていく。

比べ方の比較を行うことで，より効率よく比較する方法を明確にする

　水のかさのみでなく，砂のかさを用いることで，ただ比べるのではなく，「この方法で比べられるのか」「この方法の方が簡単ではないか」と自ら目的意識をもてるような場面を設定する。このような場面を設定することで，目的に応じて比較する必要性が生まれ，その中からより効率よく比較する方法を選択できるようにする。

「子供の問い」について修正の方向性

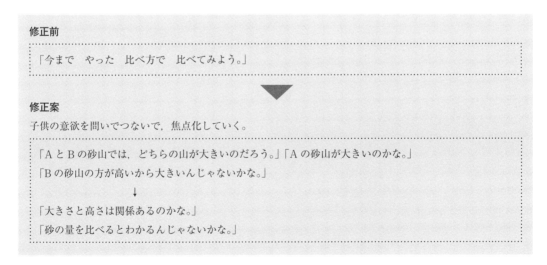

第1学年「どちらが おおい」

第1学年 「どちらが おおい」 After

見方：着眼点
◆ 身の回りにあるものの特徴

考え方：思考・認知，表現方法
◆ 目的に応じた単位で量の大きさを的確に表現したり，比べたりすること

見方・考え方の成長
◆ 身の回りのものの特徴に応じて，より効率よく比較する方法を選択して測定することができる

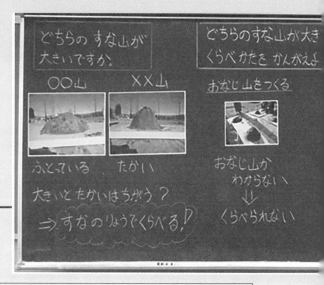

本時展開

日常事象を観察し，問いを焦点化する	○日常の遊びから思考対象の焦点化 ・これまでの遊びの経験を想起する。 ・2つの砂山の観察を通して，大きいということの確認をして，意味を共有し，焦点化していく。
比べるにために何をどのように比べればよいかを確認し，数学の舞台にのせ，実際に解決を図る	○思考対象（操作活動）の明確化 ・直接比較や，間接比較では比べることができないことを明確にする。 ・比べるために何をどのように比べればよいかを確認し，数学の舞台にのせ，実際に解決を図る。 ○測定物の特徴に着目し，グループごとに測定方法を考える ・グループごとに比較できないものがどうすれば比較可能になるか考える。 ○グループごとに見いだした方法で測定する ・媒介物を用いてかさの量を測定する。
子供の思考過程を整理	○比べ方について検討し，方法のよさ等を明らかにする ・それぞれの比べ方のよさや難しさを確認し，共有する。
比べ方の比較検討	○比べ方を比較検討することにより，よりよい比べ方を考え，日常に返していく ・既習の学びと同じ方法に気付かせていく。 ・比べ方のよさや問題点を通して，よりよい比べ方があることに気付かせていく。

授業の実際　TCと分析①

C　Aの砂山の方が太っているから大きいよ。
C　Bの砂山の方が高いから大きいのでは。
C　高い方が大きいのだから，ものさしで長さを比べればいいよ。
C　でも，「大きい」ということを比べるのだから，高いのは関係ないんじゃないかな。
C　「大きい」と「高い」は違うよね。
T　でも，「大きい」ってどうやれば比べられるのかな。
C　砂をどれくらい使っているかで比べられないかな。
C　砂だから形を変えても，大きさは変わらないね。

Aの砂山

Bの砂山

これまでの遊びを想起し，Aの砂山とBの砂山では，どちらが大きいかを比較する。子供が曖昧に捉えている大きいという捉えを確認し，意味を共有していく。砂の量を比べるという問いを焦点化していく。水と関連付けながら，砂の量も「かさ」として，測定できるようにしていく。

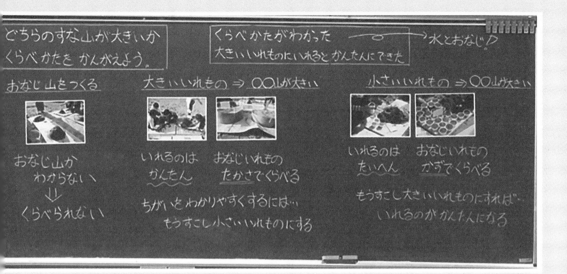

授業の実際 　TCと分析②

T　どのやり方が便利だったかな。
C　大きさを比べるだけだったら，大きい入れ物で比べるのがやりやすかったね。
C　大きすぎても高さの違いが分からないで困るけどね。
C　比べるだけだったらプリンカップでもできるけど，大変だった。
C　比べるには，大きすぎても比べづらいし，小さすぎても大変なんだなぁ。
T　比べるのにも，比べるものの大きさって関係ありそうかな。
C　あると思うよ。だって，大きすぎても比べづらいし，小さすぎても大変。

タライによる比較

カップによる測定

　自分たちの測定を振り返り，効率的な測定の方法について理解する場面。
　それぞれの測定方法を比較することで，既習の学びと関連付け，それぞれのよさや，問題点を明らかにしていく。
　場面を設定することで，目的に応じて比較する方法を検討する必要性が出てきた。また，日ごろ意識していなかった砂も，「かさ」として比較することができた。

本実践の価値

・様々な「かさ」を水と同じように比べることができるように扱うことで，日頃意識していなかったものも，「かさ」として比較をすることができるようになっていった。
・日常生活と算数が結び付き，どのように日常生活にある様々な「かさ」を比べればよいかということにもつながった。
・「この方法で比べられるかな」「この方法の方が簡単かな」と，問いを見いだす場面を設定することで，目的に応じて比較する方法を検討する必要性が出てきた。
・水のかさのみでなく，砂のかさも用いることで，身の回りのものの特徴に着目して，より効率よく子供が比較の方法を選択することができた。ものの特徴に着目して，その特徴に応じて比べ方を考えていく力を育成するには，様々な場面での比べ方を比較することの経験が必要である。

第1学年「どちらが おおい」

教材分析と単元計画

第1学年「わかりやすく せいりしよう」

1 本単元における資質・能力の分析

生きて働く「知識・技能」

ア（ア）ものの個数について，簡単な絵や図などに表したり，それらを読み取ったりすること。

> ものの個数を数えたり比べたりするとき，いくつかの種類のものについて，種類ごとに分類整理することで数えやすくなる。対象を絵などに置き換える際には，それらの大きさをそろえることや，並べる際に均等に配置することが必要であることを理解できるようにする。

未知の状況にも対応できる「思考力・判断力・表現力等」

イ（ア）データの個数に着目し，身の回りの事象の特徴を捉えること。

> 身の回りの事象に関する数について，それらをいっそう分かりやすく表すという観点から，表やグラフの基礎となる学習を行う。身の回りの事象にある数の大小関係を，絵などを用いて整理して表現し，差に着目して，集団の特徴を捉えることができるようにする。

学びを人生や社会に生かそうとする「学びに向かう力・人間性等」

・数量や図形に親しみ，算数で学んだことのよさや楽しさを感じながら学ぶ態度。

> 対象となるものを仲間に分けていくときに，見方によっては，他の分け方もあることや，見る観点によって違う分類の仕方があることに気付くようにする。整理する観点によって並べ方を変えると，同じ資料でもよく分かることが変わるということを実感し，次学年以降の学習につなげていこうとすること。

2 数学的な見方・考え方の系統

〈幼児期〉

様々なものの個数を数えたり比べたりする

・生活や遊びの中での数量や文字

〈本単元〉

データの個数に着目

身の回りの事象の特徴について捉える

・絵や図

〈2年〉

データを整理する観点に着目

身の回りの事象を表やグラフに表して考察する

・簡単な表
・簡単なグラフ

46　第2章　資質・能力ベイスの授業へ

3 単元の主張

単元を通して，身の回りの事象について関心をもち，個数に着目して簡単な絵や図などに表したり，それらを読み取ったりすることで特徴を捉えられるようにしていく。

幼児教育からのつながり

幼児期の遊びを通した総合的な学びを小学校での算数を通した学びにつなげていく。遊びや生活の中で数量を扱った経験を活かし，身の回りのものの個数について興味や関心をもつことができるようにしていく。

生活科との関連

生活科の学習と関連させながら，具体物を操作しながら数量に関わりをもつとともに算数に関心をもつ活動を行う。そのことにより，ものの個数や人数などを比べたり，数えたりすることなどの子供の日常生活や学校生活の場面と算数の学習をつなげていく。

4 単元計画

時	学習活動の概要	目指す子供の姿
1・2	生活科 ○あきにそだてるはな	・各自が育てている球根がどれだけ成長したかを観察する。 ・絵カードに成長の様子を記録する。
3・4	算数 ○絵や図を用いた数量の表現 【本時】	・育てている植物の種類や成長の様子などに着目し，整理する観点によって並べ方を変えると，同じ資料でも絵グラフが変わり，よく分かることが変わることを感得する。

見方・考え方が成長する単元デザイン

第1学年におけるデータの活用領域から，PPDAC の統計的な問題解決のプロセスを意識した単元デザインを大切にする。問題発見について「幼児期の終わりまでに育ってほしい姿」で示されている「自然との関わり・生命尊重」の姿を踏まえて，生活科の学習「あきにそだてるはな」と関連させて取り組む。ここでは，育ててみたい植物を選び，生育環境を考えて栽培に必要なものを準備したり，世話の仕方を試し，関わり方を工夫したりする。自分の育てている植物に親しみをもち，大切にしていこうとする。

子供は「先生，芽が出てきたよ」「私のはまだだな」「友達のものは花が咲いていたよ」などと，自分の植物だけではなく，友達の植物にも興味をもつ。記録した絵カードを黒板に掲示し，眺めてみることで様々な気付きが生まれる。子供は，全体の個数やそれぞれの植物の個数，花が咲いた数やまだ芽が出ていない数などに着目して，次々と話し始める。これらの気付きの中から，クラスではどんな種類の植物をどれだけ育てているのか，どれくらい育ってきているのかなど，子供から出てきた問いを取り上げて，どのようにすれば分かりやすく表すことができるのかについて考え，見方・考え方を働かせていく。

ばらばらに置かれた絵カードを整理して並べ替えると，ヒヤシンス，スイセン，チューリップ，クロッカスのどれが多いのか，少ないのかが一目で分かるようになる。また，花が咲いているもの，芽が出ているもの，まだ球根のままのものという観点で並べ替えると，クラスの植物の育ち方の傾向がよく分かるようになる。このような活動を通して，整理する観点によって並べ方を変えると，同じ資料でも絵グラフが変わり，よく分かることも変わるということを感じることができるようにする。

生活科と関連させながら統計的な問題発見解決のプロセスの流れを経験する中で，データの個数に着目し，身の回りの事象の特徴を捉えていく場面を焦点化する。そこで見方・考え方を明示的に指導していき，これからの統計学習の素地を培うものとなるようにする。

第1学年「わかりやすく せいりしよう」　47

第1学年 「わかりやすく せいりしよう」 Before

「Before」の課題
- ◆整理して並べ替えることが目的になってしまっていること
- ◆身の回りの事象について表しているだけで，特徴を捉えることまではできていないこと

「資質・能力」の分析から

観点によって並べ方を変える

　身の回りの事象を整理して表現し，どの項目がどの程度多いのかといったことを捉えることができるようにする必要がある。そのために，いくつかの観点で絵カードを並べ替える活動を行うようにする。

「見方・考え方及びその成長」から改善のポイントを探る

データの個数と整理する観点に着目して分かりやすく並べ替える

　データの個数に着目させるために，数の大小関係を意識できるようにする。また，どの花が多く育てられているのか（花の種類）だけではなく，どれだけ育っているのか（育ちの状況：つぼみ or 花）についても数に着目して絵グラフで表すことにより，それぞれの特徴について捉えられるようにする。

（育てている花の絵カード）

「ゴールの姿」について修正の方向性

修正前

「並べ替えると数が分かりやすい。」
「どの花が多いのかがよく分かるようになる。」

・何のために並べ替えるのか，並べ替えることのよさに気付くことができるようにする。
・目的に応じて並べ方を変えるということを，次学年以降の学習にもつなげていけるようにする必要がある

修正案

「同じカードでも，並べ方を変えると，いろいろなことが分かる。」
「何が知りたいかを考えて，並べ方を変えることが大切。」

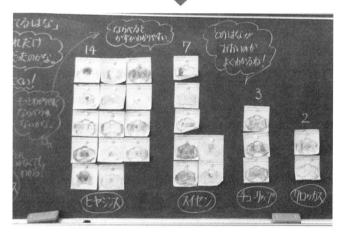

修正後の本時の主旨

データの個数と整理する観点への着目

　幼児期の経験を生かしてデータの個数に着目するというだけではなく，整理する観点へも目が向けられるようにして，次学年以降のデータの活用の学習にも生かしていけるような力を育成していく。

「子供の問い」について修正の方向性

修正前

「どの花が多いのかな。」
「どれだけ育ったのかな。」

・どの花が多いのか，どれだけ育ったのかが分かることがゴールではない。個数に着目して，身の回りのものの特徴を捉えることが必要である。
・観点を変えて並べ替えることにより，様々な特徴を捉えることができることに気付かせたい。

修正案

「どのように並べ替えたら分かりやすくなるのかな。」
「別のことを知りたいときにはどうすればよいのかな。」

第1学年「わかりやすく　せいりしよう」

第1学年 「わかりやすく せいりしよう」 After

見方：着眼点
◆ 絵カードの個数

考え方：思考・認知，表現方法
◆ クラスで育てている花の種類や育ち方などの特徴について捉えること

見方・考え方の成長
◆ 絵カードを整理する観点に着目し，花の種類や育ち方などの特徴について考えること

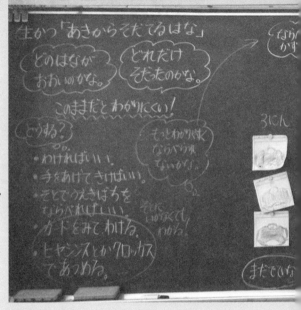

本時展開

問いを見いだし，解決のための見通しをもつ	○問いの共有 ・生活科で育てている花を観察し記録した絵カードを提示し，気付いたことや問いを共有する。 ・どの花が多いのか，どれだけ育ったのかを分かりやすく表すための方法を考える。 TCと分析① ○解決の見通し ・並べ替えれば分かりやすく表せそうだということに気付き，見通しをもつ。
絵カードの個数に着目し，絵グラフに表す	○絵カードの個数への着目 ・ヒヤシンスやクロッカスなど，種類ごとにいくつあるのかに着目して，絵カードを並べ替えていく。 ・花が咲いているかいないかなど，別の観点で並べ替えたらどうなるか考えて，実際に並べ替えてみる。 TCと分析② ○絵グラフについての考察 ・それぞれの絵グラフから分かることを発表し伝え合う。
整理して絵グラフに表すことのよさに気付く	○学習の振り返り ・絵グラフに表すと，それぞれの個数が分かりやすくなることを共有する。 ・観点を変えて並べ方を変えると，同じ絵カードから別のことが分かるということを実感し，この先の学習に活用していけるようにする。

授業の実際　TCと分析①

C　絵カードがばらばらのままだと分かりにくいよ。
T　では，どうすれば分かりやすくなるのかな。
C　何人いるか手を挙げて聞けばいい。
C　外に行って植木鉢を集めればいいよ。
C　そんなことしたら大変だよ。絵カードを動かせばいいんじゃない。
C　ヒヤシンスとかクロッカスとかで集めて並べればいいと思うよ。

> どんな種類の花が何個育てられているのか分かりやすくするためには，実際に外に行って現物を見ないとだめだという考えが多く出された。しかし，絵カードを並べ替えるというアイデアが出されると，そのよさについて子供が気付き，実際にやってみようという姿が見られた。

50　第2章　資質・能力ベイスの授業へ

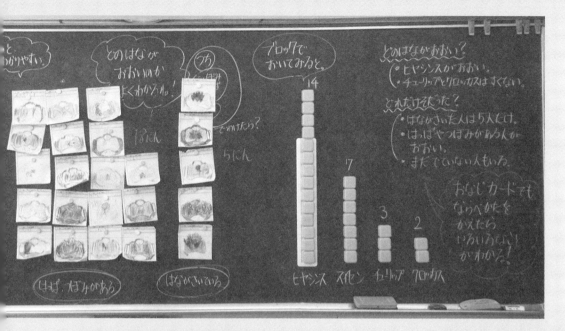

授業の実際　TCと分析②

C　花が咲いている人と咲いていない人の数を比べるにはどうしたらいいかな。
C　また絵カードを並べ替えればいいと思うよ。
C　今度は3つに分けて置いてみよう。縦にそろえて並べると見やすいよ。
C　葉っぱだけ出ている人が一番多いみたいだね。
C　さっきのヒヤシンスとかクロッカスとかは，数が分かっているから忘れないようにブロックで置いておけばいいよ。

　先ほど並べ替えた絵カードを，今回の観点に合った並べ方に直していく場面。その中で，「さっきは4つだったけれど，今度は3つに分ければいいね」「間を詰めて同じにしないとだめだよ」など，整理をする際に大切なことについてつぶやく姿が見られた。さらに，絵カードを新しい観点で並べ替えてしまったので，前の観点で並べたものがなくなってしまったという発言に対し，前のものは数が分かっているのでブロックで置き換えられるという考えも出された。これは第2学年で学習する簡単な表やグラフにつながっていく見方・考え方である。

本実践の価値

・生活科の学習と関連させることにより子供が興味をもち，日常生活や学校生活の場面と算数の学習をつなげていくことができた。子供にとって身近な問題を解決していくPPDACを描くには，他教科等と関連させる単元デザインは有効である。
・身の回りの事象に関する数の大小関係を，データを整理して表現することによって，事象の特徴について捉えようとする子供の姿につながっている。
・自分たちの問いを解決するプロセスで，子供の問いが連続していっている。見いだしたことを立ち止まって観察すると，新たな問いが生まれてくる。その小さな問いの連続をうまくつないでいる。
・データの個数へ着目するだけでなく，データを整理する観点へも関心をもたせることができ，次学年以降への学習の素地ともなった。

以下に本文を示します。

教材分析と単元計画

第2学年「分数」

1　本単元における資質・能力の分析

生きて働く「知識・技能」

ア（カ）$\frac{1}{2}$，$\frac{1}{3}$など簡単な分数について知ること。

> 　　具体物を操作することを通して，$\frac{1}{2}$，$\frac{1}{3}$のように分母が1桁程度の単位分数について，分数の意味や表し方について理解する。「a等分した大きさの一つ分は$\frac{1}{a}$と表すことができる」ことや，等分された大きさと元の大きさとの関係について理解する。

未知の状況にも対応できる「思考力・判断力・表現力等」

イ（ア）数のまとまりに着目し，大きな数の大きさの比べ方や数え方を考え，日常生活に生かすこと。

> 　　既習を活かして，様々な分数の大きさや表し方を統合的・発展的に考察していく。折り紙を「半分」にしたり，「半分の半分」にしたりして「2つに等分した大きさの一つ分が$\frac{1}{2}$」「4つに等分した大きさの一つ分が$\frac{1}{4}$」といった具体物を分割した大きさを分数で表す活動や，「あめ12個の$\frac{1}{2}$は6個」「あめ12個の$\frac{1}{3}$は4個」といった数に着目した分数の表し方を学んだことを生かして，元の大きさの数が変化するとどうなるかを，操作を通して表し方を考察していく。

学びを人生や社会に生かそうとする「学びに向かう力・人間性等」

・数量や図形に進んで関わり，数学的に表現・処理したことを振り返り，数理的な処理のよさに気付き生活や学習に活用しようとする態度。

> 　　生活の中で経験してきた「半分」をつくるという操作と分数を結び付け，整数として表すことのできなかった数量も分数を用いて表そうという態度や，様々な大きさを分数で表すことのよさを感じ，生活や学習の中で分数を使おうとする態度を目指す。

2　数学的な見方・考え方の系統

〈1年〉

数のまとまりに着目

その表し方や数の性質について考察する

・個数を数えること
・まとめて数えたり等分したりすること

〈本単元〉

分けたものの大きさに着目

ある大きさのものを2等分・3等分したものの一つ分の大きさの表し方を考える
2倍と$\frac{1}{2}$などの関係について考える

・$\frac{1}{2}$や$\frac{1}{3}$などの簡単な分数

〈3年〉

もとにする大きさに着目
もとにする数に着目

分数でも数の大きさを比べたり，計算したりできるか考えるとともに，分数を日常生活に生かす

・分数の意味と表し方
・単位分数の幾つ分
・簡単な場合の分数の加法，減法

52　第2章　資質・能力ベイスの授業へ

3 単元の主張

　分数についての理解の素地となる学習活動を行い，分数の意味を実感できるようにするとともに，日常生活で生かせるようにすることをねらう。

操作から数へ

　これまでの分数の指導では，折り紙などを半分に折ることで，$\frac{1}{2}$ や $\frac{1}{4}$ を具体的な操作を伴って理解させてきた。「折る」という操作から，「元の大きさの数」へとつなげ，これまで行ってきた具体的な操作と分数の意味との関係に気付かせていく。

乗法及び除法の素地

　数に着目することで，一方から見れば a 倍，もう一方から見れば $\frac{1}{a}$ 倍という見方ができるようにする。このような，双方向の見方を繰り返し行っていくことによって，乗法や除法の素地となる元の大きさと，その幾つ分の大きさや等分された大きさとの関係に気付くことができるようになる。

4 単元計画

時	学習活動の概要	目指す子供の姿
1	○ものを分割した大きさの表し方の考察	・元の大きさの半分の大きさや 4 つに分割した一つ分の大きさを具体的な操作をもとに確かめる。 ・ものを分割した際の大きさを，分数を用いて表すことができる。
2	○元の大きさと元の大きさの $\frac{1}{a}$ の大きさの比較	・元の大きさの $\frac{1}{a}$ の大きさから元の大きさをみると，「…の a 倍の大きさ」という見方ができることに気付く。
3・4	○もとの大きさの数に着目し「$\frac{1}{2}$」や「$\frac{1}{4}$」などの分数を考察 ○元の大きさの数に着目して「$\frac{1}{3}$」を考察【本時】	・元の大きさの数に着目することで 8 個の $\frac{1}{2}$ は 4 個であることを説明することができる。 ・もととなる大きさの数に着目し，一方から見ると 3 倍，もう一方から見ると $\frac{1}{3}$ という関係に気付くことができる。
5	○$\frac{1}{3}$ や $\frac{1}{2}$，$\frac{1}{4}$ の表現の仕方と考察	・元の大きさの数を長さに見いだして解決していくことを，統合的・発展的に考えることができる。

見方・考え方が成長する単元デザイン

　単元の導入では，具体物の操作を通して半分の大きさを $\frac{1}{2}$ ということや 4 つに分割した一つ分の大きさを $\frac{1}{4}$ という表し方を知る。さらに様々な大きさ，形（長方形・正方形）の紙を操作し $\frac{1}{2}$ をつくることで，同じ $\frac{1}{2}$ でも，もととなる大きさが異なれば，$\frac{1}{2}$ が表す大きさも変わることを説明できるようにしていく。同じように考え，$\frac{1}{8}$ についても，折り紙を折る操作を通して $\frac{1}{8}$ の意味を理解する。具体的な操作の中には，模様のある折り紙を折る活動も取り入れる。模様の数に着目して，8 個の $\frac{1}{2}$ は 4 個であることを，統合的・発展的に考えて説明できるようにする。

　さらに乗法・除法の素地を培う見方・考え方として，操作活動と関連付けながら，a 等分した大きさからもとの大きさをみると，「…の a 倍の大きさ」とみられるようにする。$\frac{1}{a}$ について，元の大きさの数に着目することで，$\frac{1}{a}$ の逆として a 倍，a 倍の逆として $\frac{1}{a}$ の大きさを相互に捉えられることに気付けるようにする。$\frac{1}{2}$，$\frac{1}{4}$ の間，$\frac{1}{3}$ に目を向け，3 倍と $\frac{1}{3}$ についても同じように考えていけるようにする。

　ものの大きさだけでなく数に着目することで，様々なものの大きさや数量を分数で表すことができるようになり，学習したことを日常生活に活用していけるようにする。

第 2 学年「分数」　53

第2学年 「分数」 # Before

「Before」の課題
◆紙を折るなどの操作だけで，同じ形にしようと $\frac{1}{3}$ をつくる子は，数に着目することが難しくなる。最初から個数を扱う材にすること

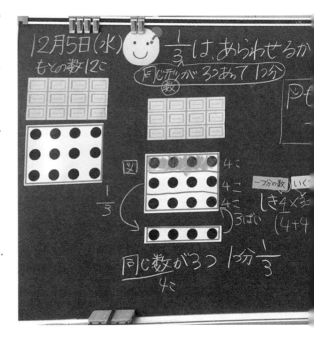

「資質・能力」の分析から

無自覚的な操作だけにとどまらない

$\frac{1}{2}$，$\frac{1}{4}$ の分数を学習する上で，紙などの具体物を半分に折ったり，その半分をまた半分に折ったりして，分数の表し方を考えるだけにとどまらず，元の大きさの数や，等しく分けた数に着目して，分数の表し方を考えられるようにしたい。

「見方・考え方及びその成長」から改善のポイントを探る

元の大きさの数，等しく分けた数に着目する

この単元では，元の大きさの数や等しく分けた数に着目することで，分数も数を分割することで表すことができることに気付いていけるようにする。単元の導入から，元の大きさと分数で表したものの大きさの2つを比較し，考察する時間をとるようにしていく。子供が考察する中で，元の大きさの数と分数で表した大きさの数に着目する発言を取り上げていくようにすることで，元の大きさの数が分かれば分数で表せるのではないかと考えられる姿を目指す。また，等しく分けた数から元の大きさの数を3倍としてみるだけでなく，見方を変えることで，元の大きさの $\frac{1}{3}$ のような見方もできるようにする。

「ゴールの姿」について修正の方向性

修正前

「元の数を同じ数ずつ分けたら $\frac{1}{3}$ を表せたよ。」

・元の大きさの数を意識するだけでなく，等しく分けた数にも着目できるようにする。
・発展的に考えていく際に，$\frac{1}{2}$，$\frac{1}{4}$ を扱うのではなく，元の大きさを変えても $\frac{1}{3}$ の大きさを表すことができることや，その大きさが変わることに気付くようにしたい。

▼

修正案

「元の数や分けた数に着目したら，$\frac{1}{3}$ を表せたよ。」
「元の大きさが変わっても，数に注目したら $\frac{1}{3}$ ってできるんだ。一方から見ると3倍，もう一方から見ると $\frac{1}{3}$ になってる。倍と分数はつながっているね。」

修正後の本時の主旨

元の大きさの数や等しく分けた数に着目しやすいような学習展開

　子供には，分数は具体物を同じ形に分けたものとして捉えている子がいる。あくまでも数に着目して分数で表すことができるように個数に着目できるようにする。子供が形ではなく，ものの数に着目し一方から見ると a 倍，もう一方から見ると $\frac{1}{a}$ とみることができるようにする。そのために，形が決まっているものを取り上げるのではなく，並べて表すものを用意する。数の関係を図に戻って考えられるように，数と図，式を並べて考えられるように板書を構造化する。

「子供の問い」について修正の方向性

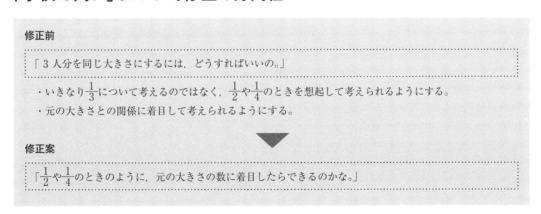

第2学年「分数」 55

第2学年 「分数」 After

見方：着眼点
- ◆「もととなる大きさの数」「等分された数」に着目

考え方：思考・認知，表現方法
- ◆統合的に考察して，$\frac{1}{3}$を表すこと

見方・考え方の成長
- ◆元の大きさの数や等しく分けた数に着目することで，これまで表すことが困難だった分数の大きさも表すことができると気付くこと。また一方から見れば$\frac{1}{3}$，もう一方から見れば3倍という双方の見方ができるようにする

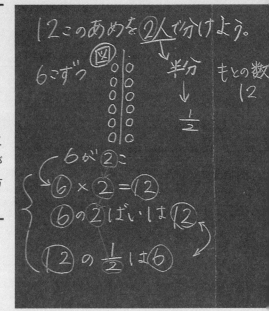

本時展開

問題場面を把握し，学習課題を設定する	○問題場面を共有する ・元の大きさの数12個のあめと等しく分けた数の6個の関係について考察し，$\frac{1}{4}$に数が発展した場合について考える。 TCと分析①
元の大きさの数，等分された数に着目して$\frac{1}{2}$，$\frac{1}{3}$を表す	○元の大きさの数と等分された数に着目する ・元の大きさの数と等分された数の関係を考える。 ○根拠を明らかにして自分の考えを説明する ・元の大きさの$\frac{1}{a}$の大きさから元の大きさを見る「元の大きさの数のa倍の大きさ」という見方をもとに，自分の考えを説明する。 TCと分析②
等しく分ける数が変わった場合の分数の大きさについて考察する	○元の大きさが変わった場合の分数の表し方について考察する ・元の大きさの数が変わっても，元の大きさの数と等分された数の関係は，一方から見ればa倍，もう一方から見れば$\frac{1}{a}$倍になっていることを，統合的に捉え，その表し方や分数の大きさについて考えることができる。

授業の実際　TCと分析①

T　元の数12個と分けた大きさの数6個の関係にはどんなことが言えるかな。
C　逆になっている。
T　逆ってどういうこと？
C　6個の2倍が12個になっている。
C　12個の$\frac{1}{2}$は6個になっている。

> 導入時，元の数12個と等しく分けた6個の数に着目して，6の2倍が12，12の$\frac{1}{2}$が6といった双方の見方から2つ数の関係を説明できるようにする。逆という言葉がすぐに出てくる。この言葉は乗法と除法の関係において大切な見方であるが，何がどう逆なのか，関係を丁寧に共有できるようにする。

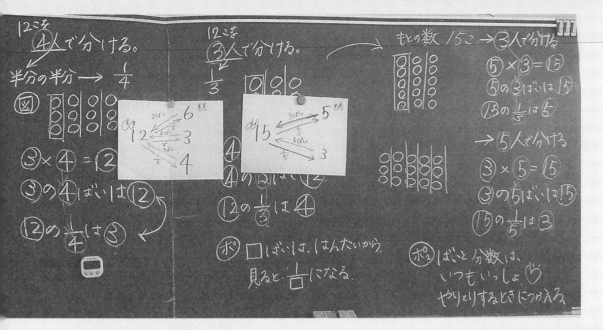

授業の実際　TCと分析②

C　12個を3人で分けると4個ずつに分けられます。
C　12の$\frac{1}{3}$は、4個です。
T　どうして$\frac{1}{3}$と言えるのか説明できる？
C　元の数が12でこっち（分けた大きさ一つ分が4個）を3倍すると元の大きさに戻ります。
C　式でも言えます。4×3＝12です。
T　よくできたね。どうしてみんな$\frac{1}{3}$ができたの？
C　元の大きさの数に注目したから。
T　元の数が変わっても$\frac{1}{3}$ができるかな。

$\frac{1}{2}$、$\frac{1}{4}$と並べて板書することで、その間の$\frac{1}{3}$ではどうかと子供が考え進められるようにする。$\frac{1}{2}$、$\frac{1}{4}$で経験した見方を活かし、$\frac{1}{3}$でも同じように、その関係を捉えられるようにする。

3項の関係を捉える素地を培う見方・考え方を見通す。

本実践の価値

・$\frac{1}{3}$については、これまでのように紙を分割して分数を表すだけでは表すことができない。「元の大きさの数」や「等しく分けられた数」などの言葉が子供から出るよう、ものの大きさやその数に着目できるようにしたい。

・資質・能力からゴールを描き、そのゴールに向けて問いを設定していたのがよかった。子供が$\frac{1}{3}$を表した後に、なぜ$\frac{1}{3}$と言えるのかを、既習の表現を用いたり、様々な見方をもとに説明したりすることができていた。説明する上でも、操作と数を関連させて指導していくことを大事にしたい。

・なぜ本単元に$\frac{1}{3}$が位置付いたのかその経緯を考える必要がある。$\frac{1}{3}$の指導も大切ではあるが、そのためだけにある授業になってはいけない。第2学年での分数の学習で働かせた見方・考え方が、この先どのように成長していくのか、どのような学習につながっていくかを見据えて指導していく必要がある。

第2学年「分数」

教材分析と単元計画

第2学年「長方形と正方形」

1 本単元における資質・能力の分析

生きて働く「知識・技能」

ア（ア）三角形，四角形について知ること。

（イ）正方形，長方形，直角三角形について知ること。

> いろいろな図形から辺の数に着目して三角形，四角形を弁別し，3本の直線で囲まれている形を三角形といい，4本の直線で囲まれている形を四角形ということを理解する。また，辺の長さや直角などの構成要素に着目して正方形や長方形，直角三角形の意味や性質について理解する。

未知の状況にも対応できる「思考力・判断力・表現力等」

イ（ア）図形を構成する要素に着目し，構成の仕方を考えるとともに，身の回りのものの形を図形として捉えること。

> 図形を構成する辺や頂点，直角などに着目して，図形を弁別したり，図形の構成の仕方を考察したりする。図形を構成する要素を根拠に，身の回りのものの形から三角形や四角形，正方形や長方形を見いだせるようにすること。

学びを人生や社会に生かそうとする「学びに向かう力・人間性等」

・数量や図形に進んで関わり，数学的に表現・処理したことを振り返り，数理的な処理のよさに気付き生活や学習に活用しようとする態度。

> 日常にある図形や事象を捉える際にも，全体を見て概要を捉えた後に図形を構成する各要素に着目して思考し判断する態度の育成を目指す。図形には構成要素があることを知ることで，これから出合う様々な図形を新たな見方で見られるようにしていく。また，図形の構成要素から，構成要素間の関係，そして図形間の関係へと着目する視点のつながりをもたせる。

2 数学的な見方・考え方の系統

〈1 年〉

ものの形に着目

形の特徴を考える

・形とその特徴の捉え方
・形の構成と分解

〈本単元〉

図形を構成する要素に着目

構成の仕方を考えるとともに，身の回りのものの形を図形として捉える。また，図形の性質を日常生活に生かす

・三角形と四角形
・正方形，長方形と直角三角形
・正方形や長方形の面で構成される箱の形

〈4 年〉

図形を構成する要素及びそれらの位置関係に着目

構成の仕方を考察し図形の性質を見いだすとともに，その性質をもとに既習の図形を捉え直すこと

・直線の平行や垂直の関係
・平行四辺形，ひし形，台形
・立方体，直方体などの立体図形

58　　第2章　資質・能力ベイスの授業へ

3　単元の主張

　「辺」や「頂点」などの図形の構成要素に着目して図形を捉えられるようにする。また，身の回りのものの形を図形として見ることで，日常の事象や問題を図形の性質から考察できるようにする。

図形の構成要素への着目

　「さんかく」「しかく」「まる」などの形の特徴から，第2学年では，図形の構成要素を根拠に図形を判断したり，弁別したりできるようにする。作図や比較，敷き詰めなどの活動を通して，図形の構成要素を具体的な操作が伴った学びで，理解できるようにしていく。

日常から図形を見いだす

　数学的に表現された図形から，身の回りにある図形へ目を向けさせる。日常にある図形や事象を捉える際にも，全体を見て概要を捉えた後に図形を構成する要素に着目し，思考や判断を進める態度を育成する。その際，図形から構成要素，構成要素から図形と相互の視点の行き来によって，図形の見方をさらに広げていく。

4　単元計画

時	学習活動の概要	目指す子供の姿
1・2	○ゲームを通して三角形，四角形を知る	・格子点を直線で結んで作図し，作図した図形を，根拠を明らかにして説明することを通して，三角形，四角形の理解をする。
3・4	○作図した形や身の回りから探した形を見比べて直角を知る【本時】	・自分たちが探した四角形，作図した四角形などを見比べる活動を通して，直角があることに気付き，「直角」を知る。
5・6	○2枚の三角形を使って形を作り三角形や四角形を作る	・三角形を組み合わせて形を作る活動を通して，四角形や三角形は三角形を組み合わせてできていることを理解する。
7・8	○直角三角形，長方形，正方形の特徴の理解	・身の回りから長方形や正方形を見つけて比較する。相違点や共通点を見つける活動を通して，構成要素に着目できるようにする。 ・紙を折る活動を通して，4辺の長さが等しくなることや角が直角となる理由を説明できるようにしていく。
9・10	○直角三角形，長方形，正方形の特徴の理解，敷き詰めによる図形の機能性や美しさの感得	・三角形の数を増やし，敷き詰めをする活動を通して，長方形と平行四辺形ができることを知る。長方形と平行四辺形を比較し，直角のよさや機能性を感得する。

見方・考え方が成長する単元デザイン

　本単元では，図をかいたり敷き詰めたりする活動を通して，「直角」や「辺」「頂点」などの構成要素に着目して図形を捉えられるようにする。特に，「直角」については，折り紙を折って直角を作って確かめたり，図をかいたりするなどの活動を行い，実感を伴いながら学習を展開していく。日常にある図形や事象について考える際にも，全体を見て概形を捉えた後に図形の構成要素に着目して，思考したり判断したりする態度を育成する。

　単元の導入では，これまでの「さんかく」「しかく」「まる」などの形の特徴の捉えから，図形を構成する要素である辺の数に着目し，構成要素を根拠に図形を判断できるようにしていく。また，身の回りのものには第2学年で学習する正方形，長方形，直角三角形などが多く用いられていることから，それぞれの図形の性質を考察したり，「直角」の利便性や機能性に気付いたりしていけるようにしていく。日常の事象から見いだした図形やこれから出合う図形について，本単元で働かせた図形の見方を活用していけるようにする。

第2学年「長方形と正方形」　59

第2学年 「長方形と正方形」 **Before**

「Before」の課題
◆知識の獲得の指導に偏りすぎている
◆直角があることのよさについて考えるような展開になっていないこと

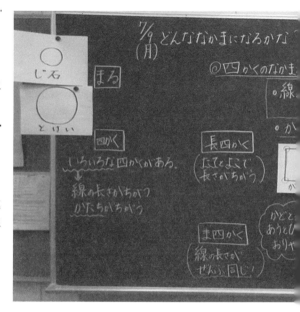

「資質・能力」の分析から

直角が多く存在する理由を考える

　正方形，長方形，直角三角形の意味やその特徴を形式的に指導するのではなく，辺の長さや直角といった図形を構成する要素に着目してこれらの図形について理解を深めていくことが大切である。身の回りのものを図形として捉える活動の中でも，辺の長さの関係や角が直角となる理由を考え，説明できるようにしたい。

「見方・考え方及びその成長」から改善のポイントを探る

図形を構成する要素に着目し思考や判断を進める

　第1学年では，形を仲間分けしたり，形遊びをしたりして，ものの形を認め，特徴を捉えることで図形についての理解の基礎となる経験を積んできている。この第1学年での，形を全体的に捉える見方をしてきた経験を生かしつつ，図形の構成要素である頂点，面，直角といったものに着目して，図形を捉えることができるように図形の見方を成長させていく。

　着目した構成要素に基づき三角形や四角形等を見いだすことを通して身の回りのものの形から四角形や三角形，正方形や長方形を弁別できるようにする。これらの学習を通して，日常にある図形や事象を捉える際にも，全体を見て概要を捉えた後に図形を構成する各要素に着目し思考や判断を進める態度を育成する。

「ゴールの姿」について修正の方向性

修正前

「身の回りのものには直角が多くある。」

・直角のよさについても考える場面にして，知識を教えることに偏ったものにしない。
・身のまわりから直角を探す活動から，さらに学習を深めることで，日常にある図形を捉える際に構成要素に着目しようとする態度につなげたい。

▼

修正案

「直角があると使いやすいから，身の回りには直角がたくさんある。」
「身の回りのものの形には意味がありそう。」

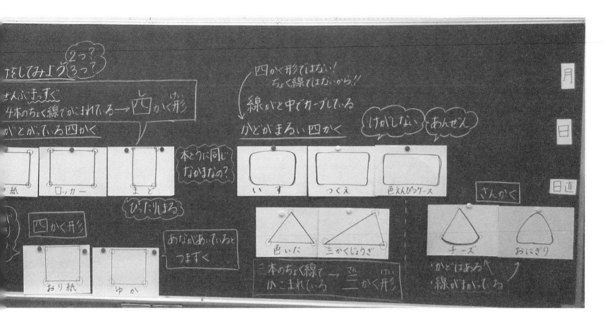

修正後の本時の主旨

四角形や三角形を探す活動を生かした学習展開

　学校の中にある四角形や三角形のものを探す活動を前時で行う。子供からの「どうして身の回りには，四角形がたくさんあるのか」などの疑問を拾い，その後の学習につなげていく。どうして身の回りには四角形が多いのかというところから，四角形の利便性や機能性に気付かせたい。その過程で，「直角」に目が向けられるように，自分たちが作図した四角形と見比べ，「直角」に気付けるようにしていく。直角があるからこそ形が整い，使いやすいということに気付かせたい。ここでは，作図や比較，敷き詰めなどの活動を通して，直角，辺や頂点などの構成要素に着目して図形を捉えられるようにする。

「子供の問い」について修正の方向性

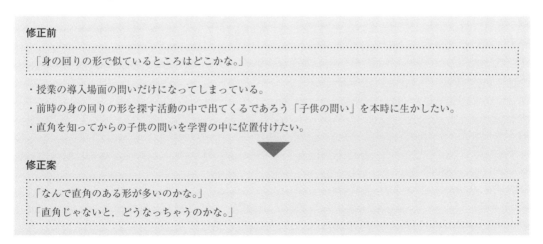

第2学年「長方形と正方形」

第2学年 「長方形と正方形」 After −

見方：着眼点
◆図形の構成要素（直角）

考え方：思考・認知，表現方法
◆身の回りにあるものの形について，比較したり，形の意味について考えたり，説明したりすること

見方・考え方の成長
◆直角の利便性や機能性に気付き，直角という新たな視点で図形を捉えることができる

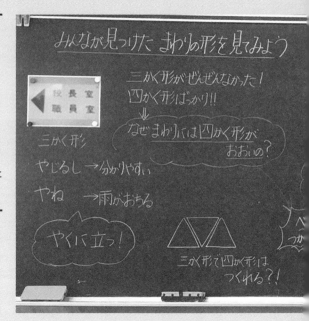

本時展開

前時の疑問を取り上げ，身の回りの形について考察する	○「どうして四角形が多いのか」という問いを共有する ・前時の活動から出た疑問を本時の活動に生かす。 ・四角形がどうして使いやすいのかを考え，四角形の使いやすさや利便性に気付けるようにしていく。
構成要素に着目して，身の回りの形の特徴について説明する	○「直角」に着目してものの形の特徴について説明する ・直角という共通点に気付くようにする。 ・直角だとどのようなことがよいのか，生活経験と関連付けて説明する。 ・逆に直角でないとどうなってしまうのか想像し，その比較から直角がうまく使われていることを共有する。　**TCと分析①**
学習を振り返る	○本時の学習を振り返り，次の学びについて話し合う ・「直角」という構成要素があることを確認するとともに，日常の形には意味があることを知る経験をし，身の回りの図形について新たな視点で見ることができるようにする。 **TCと分析②**

授業の実際　**TCと分析①**

C　どうして学校には四角形ばかりなのかな。
C　本棚が三角形だと，あまり本が置けない。
C　はじっこがつぶれちゃうよ。
C　本が三角形だったら読みにくい。教科書とかも。
C　ノートのマスが三角形だったら書きにくいし，小さく書かないと入らなくなっちゃう。

　次から次へと「もし三角形だったら」とイメージを膨らませていた。多くの子供が現在ある形，四角形の利便性に目を向けて話ができた。違う形だったら…と考えることで，子供たちは形には意味があることを捉えていた。四角形のよさを共有することで，本時で考えたい直角のよさにつながっていくと考えられる。

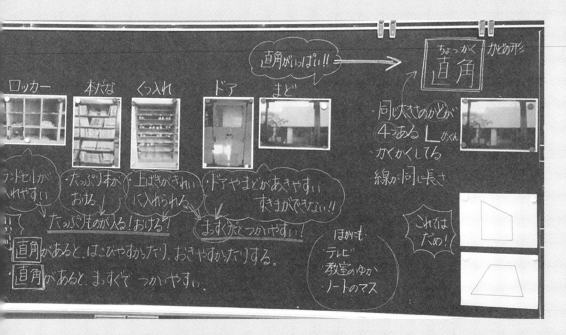

授業の実際　TCと分析②

C　四角形でも，直角があるといいってこと。
C　直角でまっすぐだから使いやすい。
C　直角があると，運びやすかったり，置きやすかったりする。
C　直角があったらマスが変な形にならなくて，書きにくくもならない。
C　でも，四角形でも直角がないものがあった。机のかどは丸い。だから，かどを合わせても合わなかった。
T　机は直角じゃないんだ。
C　本当は直角だけど，ケガしないように。
C　とがっているとケガがあぶないから。

身の回りのものの形から図形を見いだし，どうしてその形なのかを，子供たちなりに図形の性質や構成要素を根拠に考える姿が多く見られた。「直角」であるからこそ形が整い，使いやすいということに実感を伴いながら気付くことができ，身の回りの図形について，構成要素に着目して捉えようとする態度の育成につながったと考えられる。「直角」であることのよさや利便性に気付くことで，学校の中だけでなく，「家にもあるのかな」と他にも探してみたいという感想も多く見られ，子供の新たな「問い」へつながった。

本実践の価値

・子供たちが「直角」のよさや利便性を実感するためには，それらとじっくり関わっていくことが重要。図形の作図や敷き詰め，身の回りから直角を探す活動などを十分に行い実感を伴った直角の理解が，直角を用いることのよさやなぜ身の回りに多く存在しているのかといった思考へとつながる。
・就学前の経験や第1学年での学習を踏まえて，具体的な操作活動での気付きを，図形の構成要素と関連付けて考えられるようにしている。図形を考察していく中で，図形から構成要素を見る視点と，構成要素から図形を見る視点どちらも大切にしていきたい。
・直角について「知る」ということが，生きて働くものでなくてはならない。そのためには，身の回りのものから図形を見いだしていること，そしてその図形の構成要素に着目して，特徴を捉えていることを明示的に指導する必要がある。
・ここで働かせた見方・考え方を他の場面で活用してみる経験により，さらに場面を広げようとしたり，新たな図形を同じように捉えようとしたりする姿につなげたい。

第2学年「長方形と正方形」

【教材分析と単元計画】

第2学年「長さのたんい」

1 本単元における資質・能力の分析

生きて働く「知識・技能」

ア（ア）長さの単位（ミリメートル（mm），センチメートル（cm））について知り，測定の意味を
　　　理解すること。

　（イ）長さについて，およその見当を付け，単位を適切に選択して測定すること。

> 長さの単位と測定の意味を理解し測定する活動を通じて，共通単位の必要性や普遍単位を用い
> て数値化した表現のよさに気付かせ，長さの大きさについての感覚を豊かにする。長さを予想し
> てから測定したり，一定の長さのものを探したり，自分の体の中に基準となる長さを見つけたり
> することで，量の意味や測定の仕方について理解を深める。

未知の状況にも対応できる「思考力・判断力・表現力等」

イ（ア）身の回りのものの特徴に着目し，目的に応じた単位で量の大きさを的確に表現したり，比べ
　　　たりすること。

> ものの大きさに応じて，cmやmmの単位を適切に選択して測定することができる力を育成する。
> また，身の回りにある長さは常に直線であるとは限らないため，そのものの特徴や形に着目して，
> どこを長さとするか大きさを見いだすことも大切にする。

学びを人生や社会に生かそうとする「学びに向かう力・人間性等」

・数量や図形に進んで関わり，数学的に表現・処理したことを振り返り，数理的な処理のよさに気付
　き生活や学習に活用しようとする態度。

> 的確に測定したり比較したりするためにはどうしたらよいか考え，cmより小さい単位の必要
> 性に気付き，数の仕組みをもとに長さの表し方を考えようとする態度を育成する。

2 数学的な見方・考え方の系統

〈3年〉

ものの特徴に着目
ものの大きさに着目

目的に応じて適切な単位を用いて量を
的確に表現したり，適切な計器を選択
したりする。また，単位の関係を統合
的に考察する

・長さ，重さの単位と測定
・適切な単位と計器の選択
・単位の仕組み

〈本単元〉

ものの長さに着目
単位に着目

目的に応じて大きさを捉えるのに適切
な単位を選択したり，大きさを的確に
表現したり，比べたりする

・長さやかさの単位と測定
・およその見当と適切な単位

〈1年〉

ものの特徴に着目

量の大きさの比べ方を考えたり，任意
単位を用いた測定の仕方を考えたりす
る

・直接比較，間接比較
・任意単位を用いた大きさの比べ方

64　第2章　資質・能力ベイスの授業へ

3 単元の主張

第1学年での学習を生かしながら、さらに測定の意味理解を深める。また、長さについて、その大きさについて普遍単位を用いて数値化した表現のよさや、普遍単位を用いることの必要性に気付けるようにする。

長さを見いだして解決する

どこを長さとするか、子供たちが自分で線分をとることを活動に入れる。ただ単に線分を測定する活動に終始するのではなく、対象の特徴に着目したり、測定の仕方を考えたりする活動を入れる。測定する対象の特徴を捉え、2点間を決めることは、これから様々なものを測定する上で重要な力を育成する。

普遍単位のよさを考える

ものの大きさについて普遍単位を用いて表現したり、測定する対象に応じた適切な単位を選択して的確に伝えようとしたりする態度につなげる。

4 単元計画

時	学習活動の概要	目指す子供の姿
1・2	○「長さ」についての考察 ○測定を通して、「センチメートル（cm）」の理解【本時】	・自分の足の大きさを測る活動を通して、普遍単位の測定の方法について理解し、cmについて知る。 ・足の形の特徴に着目し、どこを長さと規定するか考える。 ・目盛りテープでの測定を数多く行って、正しい測定方法や、長さの感覚を養う。
3	○「ミリメートル（mm）」1cm＝10mmの理解	・単位が1cmでは、それより短い長さの測定が正しくできないため、その表し方を考える。
4・5	○長さの測定の仕方を習得	・ものさしを使って身の回りのいろいろなものの長さを測り、測定の仕方に慣れる。
6・7	○測定するものに応じた単位（mm、cm）の選択 ○「直線」の意味	・長さを予想してから測定したり、30cmの長さのものを探したり、自分の体の中に、1cmや10cmなど基準となる長さを見つけたりして、量の意味や測定の仕方について理解を深める。 ・ものさしを使って、決められた長さの直線を引く。
8・9	○長さの加減計算の仕方を理解する ○対象に応じた、測定や表現の仕方について考える	・長さをたしたりひいたりして、長さの加法性について理解する。 ・今までの活動を振り返り、普遍単位の必要性を理解し、適切な測定の方法を考えたり、普遍単位と任意単位どちらで表現することが適切か、場面や対象の特徴によって選択する必要性を考えたりする。

見方・考え方が成長する単元デザイン

これまで子供は身の回りのものの特徴に着目し、任意単位で量の大きさを測定してきた。その経験を生かし長さについて見つめ、どのように測定したらよいか考えられるようにする。見方・考え方を働かせ、無自覚的なものを自覚的なものにしていくことで、見方・考え方が成長し、次の学びに向かうものとなるようにする。子供は普段の生活の中で「センチメートル」という言葉を、無自覚的に使っている。活動を通して自覚的に使えるようにしていく。導入では"自分の足の大きさ"を測定の対象とすることで、「測ってみたい」「長さを知りたい」と思えるだけでなく、自分の体の長さを用いることで量感も豊かにする。どの部分を長さとするか考える活動を導入部分に取り入れることで、測定の意味や方法について気付けるようにする。

身の回りにあるものの長さを測定する活動を通して、普遍単位を用いて数値化することのよさを感じるとともに、より的確に測定したり比較したりするためにはどうしたらよいか考えられるようにする。ものさしは、計器として初めて用いるものであることから、正しく直線を測定できるようにするだけでなく、目盛りの仕組みと単位の意味についての理解も深めていく。測定する対象に応じた単位を選択する場面を問題解決の過程に入れ込むことで、目的に応じた単位で量の大きさを的確に表現しようとする態度を養う。

第2学年「長さのたんい」　65

第2学年 「長さのたんい」 Before

「Before」の課題
- ◆ 知識の習得のみになっていること
- ◆ 「長さ」とはどのようなものか考えさせることができていないこと
- ◆ 測定する活動（「長さを知りたい」）がないこと

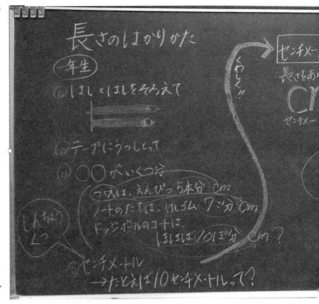

「資質・能力」の分析から

単に知識の教え込みにならないようにする

普遍単位との出合いの場面として，任意単位による数値化から生じる問題点を明らかにし，普遍単位の必要性を感じるという流れが一般的であるものの，単に知識として教える場面にならないようにしたい。本時の学習では，子供が cm を知っていることを前提にしつつ，実際に測定する場面の中で，その知識や量感の曖昧さに気付かせ，測定の意味理解を確かにしていきたい。

「見方・考え方及びその成長」から改善のポイントを探る

ものの特徴に着目して，長さを見いだす

この単元では，身の回りのものの特徴に着目できるようにすることが必要であるが，「大きい」「小さい」や「長い」「短い」だけを特徴として捉えるのではなく，形にも着目できるようにしていきたい。一見して長さが捉えにくい場面から，「どこに着目すれば正しく測定できるか」を考えることで，測定の深い理解につながる。直線でないものでも，線分を見いだすことで，長さを求められることに気付けるようにしていきたい。

「ゴールの姿」について修正の方向性

修正前

「センチメートル（cm）を使えば長さが正確に表せる。」
「センチメートル（cm）の意味が分かった。」

- cm との出合いの場面を知識に偏ったものにしたくない。
- 正しく測定したいという思いを，普遍単位の必要感につなげることはできないか。
- 子供たち自身で，長さを規定する線分を見いだすことはできないか。
- 測定方法の理解の深まりや量感を豊かにすることにつながるような導入にしたい。

▼

修正案

「どこからどこまでが長さなのか考えないといけない。」
「まっすぐの形じゃなくても長さが測れる。」
「線を引けば長さが測れる。」「自分で線を引いて長さが測れた。」

66　第2章　資質・能力ベイスの授業へ

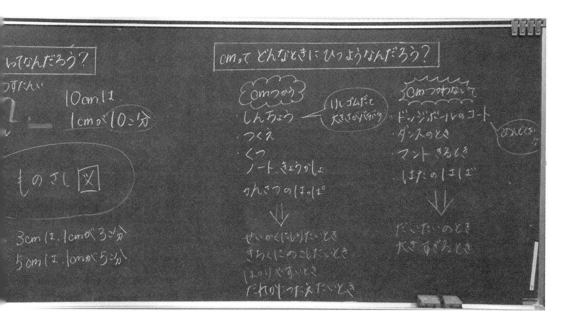

修正後の本時の主旨

学習のスタートは「長さを知りたい」から

"自分の足の大きさ"を測定の対象とすることで、「測ってみたい」「長さを知りたい」と思えるだけでなく、自分の体の長さを用いることで量感も豊かにできるようにし、単元全体の学習に生かす。

長さを見いだす

どこを長さとするか、子供たちが自分で線分をとる活動を設定する。測定する対象の特徴を捉え、測定する2点間を決める。このことは、様々なものを測定する際にもつながっていくと考える。

「子供の問い」について修正の方向性

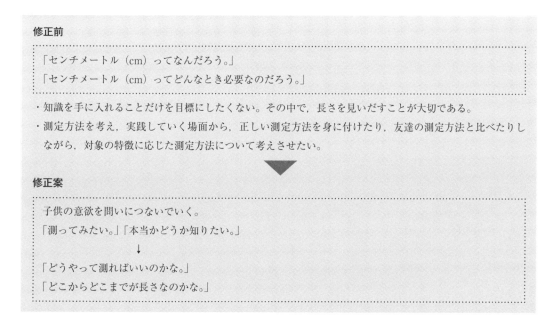

第2学年「長さのたんい」　67

第6学年 「長さのたんい」 After ―

見方：着眼点
◆測定の対象となるものの特徴

考え方：思考・認知，表現方法
◆対象の特徴（形）に着目し，どこを長さとするか判断すること，またそのための測定方法を考えること

見方・考え方の成長
◆対象の特徴（形）に着目し，長さを的確に測定したり，表現したりすることができること

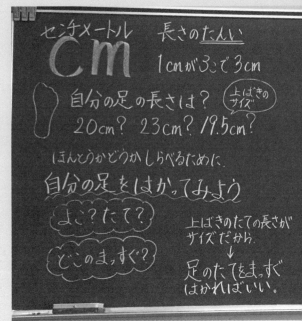

本時展開

足の長さの測り方を考える	○測り方をおさえ，どの部分を長さとするか考える ・前時で学習した測定方法を振り返り，本時の課題を明確にする。 ○問いの明確化 ・直線でないものの測り方を考える。 **TC と分析①**
考えた測定方法で長さを測る	○足を紙に写しとり，長さとする部分に線を引き，ものさしで測る ・足の形の中に長さをどのように見いだせばいいのか考える。 ・自分なりに考えた方法で，長さを測定する。
学習を振り返る	○本時の学習を振り返り，分かったことなどについて話し合う ・どこに長さを見いだし，どのようにして測定したのかを共有する。 ・足のように，直線でない形の測定方法について考えたことを共有する。 **TC と分析②**

授業の実際　TC と分析①

C まっすぐじゃないからうまく測れません。
C ものさしを置いてやればできると思う。
C かかとがどこか分かんない。
C 紙に足を乗せて，鉛筆で…。そしたら測れる。
C なぞればいいのか。
C 紙に足の形を写して，それをものさしで測ります。
C それなら測れそう！

足を持ち上げて測っていた子が，床に足を置いて測り始めたり，ものさしの上に足を乗せるのではなく，足の横にものさしを置き目盛りが見えるように工夫したり，子供たちなりの視点でよりよく測定する方法を考えている姿が見られた。ここでの発見や困ったことを共有し，問いにつなげたい。

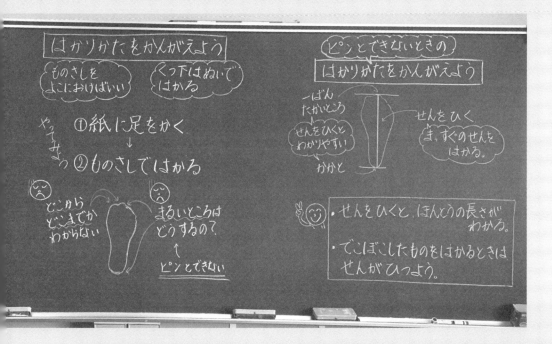

授業の実際　TCと分析②

C　鉛筆で引いた線のところを測ったら，この丸いところをどうやって測ったらいいか困りました。
C　かかとのところが測れないので，下の一番長いところに，まず線を引きます。それで，指の一番高いところに合わせて，ピーって線を引いた。
C　私は上にも引きました。
C　身長みたいになった。
C　線を引くと，ちゃんとした長さが分かる。
C　上と下とで三本引くと，本当の長さが分かる。

線分がとられていないときには，2点間を決め，自分で基準をとることが必要だと考えを深めている姿が見られた。子供たち自身が，線分をとることのよさを教えられるのではなく，活動しながら実感できた表れだと考えられる。

本実践の価値

- 子供たちが，日常的に使っている「センチメートル」という言葉の意味を数学的な表現を用いて表していくことが大切。足のサイズについては，上履きや靴，靴下などを購入するときなどに，「〜センチメートル」と使っている。子供の中にある無自覚にもっているものの長さに対する概念を，より具体的な操作を伴って実感し，捉え直していく場面としてうまく取り上げている。
- 身の回りのものの「長さ」に着目することは，そのものの特徴を捉える視点を広げることにつながる。これまで比べることが困難だと思っていたものでも，ある2点間を自分で決めれば，長さで比べたり測定したりできることに気付くことができていた。
- どこに着目したのか，なぜそこに着目したのか，そしてどのように量を捉えていったのかなど，学習したプロセスを振り返り，長さでの学習がこの先の他の量の測定に生かすことができるようにすることが大切である。

第2学年「長さのたんい」　69

教材分析と単元計画

第2学年「グラフとひょう」

1 本単元における資質・能力の分析

生きて働く「知識・技能」

ア（ア）身の回りにある数量を分類整理し，簡単な表やグラフを用いて表したり読み取ったりすること。

> 身の回りにある数量について，○などを用いてグラフに表したり，観点が一つの表に表したりして特徴を読み取るようにする。着目する観点によって，必要なデータの分類整理の仕方が異なることや，自分たちの課題を解決するのに適した表し方になることに気付かせ，簡単な表やグラフで表したり，それらを読み取ったりすることができるようにする。

未知の状況にも対応できる「思考力・判断力・表現力等」

イ（ア）データを整理する観点に着目し，身の回りの事象について表やグラフを用いて考察すること。

> 収集したデータを整理する観点を決めて，表やグラフで表し，その特徴を考察できるようにする。着目する観点を定め，その観点で表やグラフを考察することを通じて，データを整理し特徴を把握することや，身の回りの事象についてデータを通じて考察できるようにする。

学びを人生や社会に生かそうとする「学びに向かう力・人間性等」

・数量や図形に進んで関わり，数学的に表現・処理したことを振り返り，数理的な処理のよさに気付き生活や学習に活用しようとする態度。

> 日常の問題を解決するのに，そのための情報を収集して表やグラフにまとめることで，根拠を明確にして学級集会の遊びを決めることができるというよさに気付かせ，他の場面でも活用しようとする態度を育成する。

2 数学的な見方・考え方の系統

〈1年〉

データの個数に着目

身の回りの事象の特徴を捉える

・絵や図を用いた数量の表現

〈本単元〉

データを整理する観点に着目

身の回りの事象について表やグラフを用いて考察する

・簡単な表やグラフ

〈3年〉

データを整理する観点に着目

身の回りの事象について表やグラフを用いて考察して，見いだしたことを表現する

・データの分類整理と表
・棒グラフ

70　第2章　資質・能力ベイスの授業へ

3 単元の主張

　第2学年では，身の回りの事象に関心をもち，データを整理する観点を定め，簡単な表やグラフを通じて特徴を捉え，考察することができるようにしたい。そこで，扱うデータも日常生活の中から取り上げたい。その中で，身の回りの問題を解決するのにどのような情報が必要か考え，集めることができるようにしていく。そして，集めたデータを数理的に処理することで，自分たちの問題を解決しやすくなることに気付き，他の日常の問題も数理的に処理しようとしていく態度につなげていく。ただデータを表やグラフに表して読み取る学習をするのではなく，文脈や目的がある中でデータを扱い，表やグラフに表して分析することを通じて問題を解決する活動を行う。2年生なので，児童が興味をもちやすい身近な問題から問いを引き出し，簡単ながらも PPDAC のうち，ここでは「問題」や「計画」「収集」のプロセスを経験できるようにする。2年生なりの統計的な問題発見解決活動を意識し，分析して見いだした特徴や傾向を共有し，それなりの結論をまとめるという学習活動を展開していく。

4 単元計画

時	学習活動の概要	目指す子供の姿
1	【学級集会】 ○問題の把握 　データの収集整理 　グラフの作成	・学級集会でする遊びを決めるのに必要な情報を考え集める。 ・集めた情報をどのように処理するとよいか考えて話し合い，グラフや表に表している。
2	○特徴や傾向の把握 　結論付け	・前時に分類整理した好きな遊び調べの表やグラフから分かることについて話し合い，何の遊びをするとよいか考察する。
3・4	【学年集会】 ○問題の把握 ○データの収集整理 　グラフの作成 　特徴や傾向の把握 　結論付け 　振り返り　【本時】	・学年集会でする遊びを決めるのに必要な情報を考える。 ・学級集会でする遊びを決めたときの経験を生かし，学年集会でする遊びを決めるのに必要な情報を分類整理して，学年集会でする遊びを話し合う。 ・2組で話し合った学年集会の遊びを，グラフや表などを根拠にして1組に伝える。

見方・考え方が成長する単元デザイン

　低学年から統計的な問題発見解決のプロセスである PPDAC を意識した単元を描き，先の学年につなげていく。

　単元の導入では，特別活動の時間に学級集会の遊びをどうするかという問題を子供たちが見いだし共有する。その遊びを考える中で，身の回りにある数量を，観点に着目して収集，分類整理して，簡単な表やグラフを用いて，読み取ったりすることを位置付ける。どの遊びがよいか判断するために，表やグラフに表し，グラフに表すよさや表に表すよさを実感できるようにする。

　さらに学年集会へと場面を広げ，学年集会の遊びを決めるには，自分のクラスだけの情報では足りない場面を設定する。場面や状況に応じてどのような情報が必要なのか，どのような観点で情報を集めればよいのか考えられるようにする。

　単元の後半は，グラフを読み取り，分析して見いだした特徴や傾向を共有し，自分たちなりの結論をまとめていく。話し合った内容について根拠をもって伝える活動を行うことで，数理的に処理することのよさを実感させたい。

　学年集会で自分たちが判断した遊びを実際に遊び，楽しむことも大切にする。自分たちが算数を使い解決したことによってよい判断ができたことを，振り返りの場面で価値付ける。そうすることによって今後の統計学習に本単元の学びを生かしていけるようにする。

第2学年「グラフとひょう」　71

第2学年 「グラフとひょう」 Before

「Before」の課題
- 知識や技能の習得のみになっていること
- 整理する目的が曖昧なこと。
- 表やグラフにして問題を解決したことのよさが実感できないこと

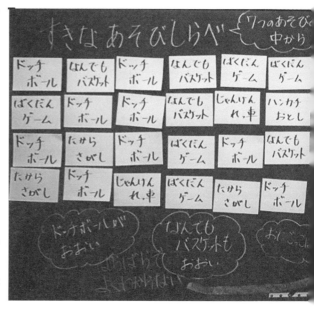

「資質・能力」の分析から

分類整理だけにならないようにする

ただ単に，身の回りの数量を分類整理し，グラフや表に表し，それを読み取ることで「分かりやすくなった」だけを目標にはしたくない。データを分析する際に注目する観点を定めて，観点に沿って分類整理し，簡単な表やグラフに表してデータの特徴を読み取り，考察するためにグラフや表を用いるようにしたい。

「見方・考え方及びその成長」から改善のポイントを探る

データを通じて解決策を見いだす

データを表やグラフに表した後，それを読み取るだけの学習をするのではなく，目的をもってデータを扱い，表やグラフに表すことで問題の解決策を見いだせるような活動にしたい。データを分析する際に注目する観点を決めて，その観点に沿って分類整理し，表やグラフに表してデータの特徴を読み取り，事象について考察することを大切にしたい。目的をもってデータを扱う活動を通して，観点を定めてデータを整理し特徴を把握することや，身の回りの事象についてデータを通じて考察する力を育成したい。

「ゴールの姿」について修正の方向性

修正前

「ばらばらで分かりにくいときは，表やグラフにまとめて整理すればいい。」

- 表やグラフに表すよさが，「見やすくなった」だけの実感になってしまわないようにするために，問題解決の過程の中でデータを扱いたい。
- どれが多い，どれが少ないというような，表やグラフから読み取ったことを通して考察させたい。

▼

修正案

「表やグラフにすると，みんなで話し合いがしやすい。」
「ドッチボールとおにごっこが人気なのは，外で遊ぶのが好きだからかな。」

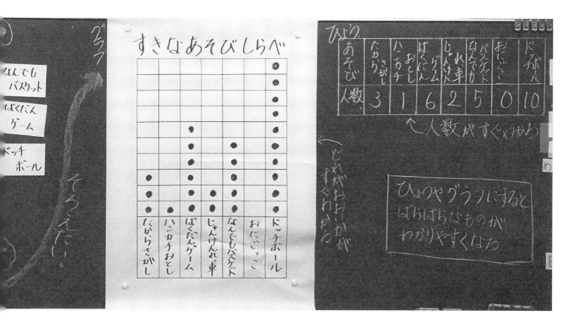

修正後の本時の主旨

表やグラフに表したことが問題解決につながったという実感をもたせる

　問題の解決のために，各項目について何人が選んでいるのかを集計し，見やすく表に整理する。また，それをグラフに表すことで，それぞれを選んだ人数の違いが視覚的に捉えやすくなり，結果をみんなに伝えたり，共有しやすくなったりする。このように，表やグラフにすることで分類整理されたよさとともに，そのことで話し合いが深まり，問題解決につながったよさも実感させたい。

「問題」や「計画」「収集」のプロセスを大切にする

　表やグラフを読み取り，分析して見いだした特徴や傾向を共有し，2年生なりの問題解決活動を意識し，分析して見いだした特徴や傾向を共有し，結論をまとめるという学習活動を展開していく。

「子供の問い」について修正の方向性

修正前

「どの遊びが一番人気があるのかな。」
「それぞれを選んだ人が何人いるのかな。」

・授業の導入場面の問いだけになってしまっている。
・表やグラフを読み取ることへの目的意識がないので，表やグラフを用いて考察する展開にならない。
・読み取った結果が次の活動につながっていない。

▼

修正案

「どうしたらみんなが一番楽しめる遊びが分かるかな。」
「外遊びと内遊びに分けてアンケートをとったらどんな表になるのかな。もう一度調べてみよう。」

第2学年「グラフとひょう」　73

第2学年 「グラフとひょう」 After ―

見方：着眼点
◆学級ごとの「すきなあそび」というデータを整理する観点に着目

考え方：思考・認知，表現方法
◆自分が見つけたデータの特徴をもとに，学年集会に適した遊びを考えること

見方・考え方の成長
◆2つを合わせたグラフから読み取り，それを根拠に考えたり，筋道立てて説明したりすること

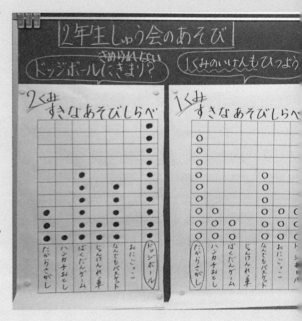

本時展開

学年集会の遊びを決めるのに必要な情報を考える	○問題場面を共有 ・前時の学級集会での遊びを決めた活動をもとに「学年集会でする遊びを考える」場面であることを確認する。 ・2組だけの情報では不足していることに目を向ける。 ・問題解決のためにはどんな情報が必要なのか話し合う。　TCと分析①
1組と2組のグラフや表を見合い，よりよい形にまとめる	○データの特徴を見いだす ・グラフをもとに自分なりに考えたことについて根拠をもって説明する。 ・それぞれのグラフの特徴から考えたこと，2つのグラフの特徴をもとに考えたことを出し合い，学年集会に適した遊びについて考える。 ・2つのデータを合わせることで，さらに見やすく考えやすいグラフになることへの気付きがあった場合は，まとめることによる利点についても話し合う。
学年のグラフを考察し，結論を出す	○それぞれの意見を共有し，学級としての結論を出す。 ・「みんなが楽しめる」という判断の観点から，それをもとに学年集会に適した遊びについて話し合う。 ・グラフの結果を根拠にして，自分なりに考えたことについて説明する。 ・様々な意見をもとに，学級としての結論を出す。　TCと分析②

授業の実際　TCと分析①

C　このグラフで決めると，またドッジボールになっちゃうよ。

C　1組にも聞かないとかわいそうだから決められないと思う。

T　なんで決められないのかな？

C　1組に聞かないで決めちゃったら，1組が好きな遊びじゃないかもしれないから。

C　1組と意見が違ったらどうするの？

C　がっしゃんして合わせて多いので決めればいい。

　はじめは，前時で作成したグラフから決めてよいと考えた子供たちだったが，学年集会の遊びを決めるのだから，学年全体のアンケートの結果が必要なのではないかと話し合いの中で気付いていった。1組の結果を提示する前から，意見が違ったら人数を合わせた総数で遊びを決定すればいいというような意見も出され，データを問題解決に活用しようとする姿が見られた。

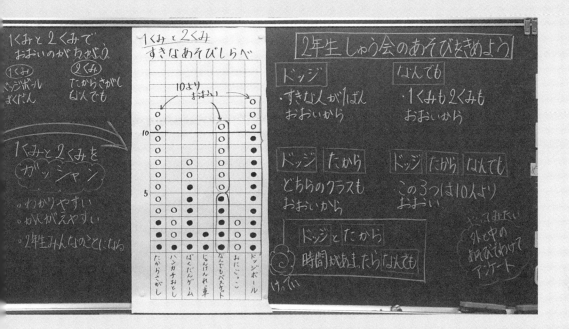

授業の実際　TCと分析②

C　やっぱりドッジボールが一番多いからいいと思う。

C　ドッジボールだと多いのは2組だけだから、「なんでもバスケット」が両方多くいるからいいと思う。

C　ドッジボールは2組で一番だし、宝探しは1組の一番だから両方やればいい。

C　ドッジボールと宝探しとなんでもバスケットは、3つとも10以上いるからいいと思う。

C　ドッジと宝探しやって、時間が余ったらなんでもバスケットもやればいい。

　2つのグラフを並べて考えていたときは、各クラスの最多である宝探しかドッジボールという意見しか出されなかったが、1つのグラフにすることで、学年集会に適した遊びについて、グラフを根拠に考えを深めていった。数の大小が分かりやすいというグラフのよさだけでなく、1組と2組の人数の分布にも話題がいき、データをもとに話し合うよさにも気付いている姿が見られた。話し合いから、「みんなが楽しい遊び」に対する納得のいく答えを自分たちで導き出した経験は、問題を数理的に処理していこうという態度につながっていくと考えられる。

本実践の価値

・定めた観点によって分類整理した表の結果が異なることに気付けるような子供を育てていきたい。子供たちがデータを集めたり、分類整理したりしていくには、「何かを知りたい！」という思いがもとになっている。そして、それによって観点が定められていく。調べる目的が変わって異なる観点になれば、今までとは違う結果や見え方になることに気付かせることで、観点を定めることの大切さに気付いていく。

・得られた表やグラフから「～が多い」や「～が少ない」といった数量の大きさを読み取ることももちろん必要だが、ここでの考察は、データの特徴の背景を想像したり別の場面でのデータの特徴を考えたりすることも大切にしていきたい。

教材分析と単元計画

第3学年「わり算」

1 本単元における資質・能力の分析

生きて働く「知識・技能」

ア（ア）除法の意味について理解し，それが用いられる場合について知ること。

（イ）除法が用いられる場面を式に表したり，式を読み取ったりすること。

（ウ）除法と乗法や減法との関係について理解すること。

（エ）除数と商が共に1位数である除法の計算が確実にできること。

> 除法が用いられる場面を，○やテープなどの図の表現や具体物を用いた操作と関連付けたり，既習の減法・乗法と関連付けたりして，除法の意味を理解する。その際，除法が乗法の逆算であることを捉えられるようにする。

未知の状況にも対応できる「思考力・判断力・表現力等」

イ（ア）数量の関係に着目し，計算の意味や計算の仕方を考えたり，計算に関して成り立つ性質を見いだしたりするとともに，その性質を活用して，計算を工夫したり計算の確かめをしたりすること。

（イ）数量の関係に着目し，計算を日常生活に生かすこと。

> 除法の場面を具体物や図で考え，その結果を確かめたり伝え合ったりする中で，除法と乗法の関係を捉えることができるようにする。そして，具体物の操作を通して等分除の操作は包含除の操作として見ることができることに気付き，どちらも同じ除法として見る。また，日常場面を除法が適用できる場面と捉えることで，能率的に処理できるようにする。

学びを人生や社会に生かそうとする「学びに向かう力・人間性等」

・数量や図形に進んで関わり，数学的に表現・処理したことを振り返り，数理的な処理のよさに気付き生活や学習に活用しようとする態度。

> 乗法から発展して除法の場面を理解できたことで，数学の事象から新たに数学の問題を見いだし，発展させて考えることができたことを実感することで，既習事項から考えて追究しようとする態度を養う。新しい計算方法を学ぶことが自らの人生に役立つという経験を積み重ね，今後の学習への意欲につなげる。

2 数学的な見方・考え方の系統

〈2年〉

数のまとまりに着目

式に表す方法を考えたり，計算の意味や計算の仕方を考えたりする

〈本単元〉

同数での分け方に着目

計算の意味や計算の仕方を考えたり，計算に関して成り立つ性質を見いだしたりする

〈4年〉

数量の関係に着目

計算の仕方を考えたり計算に関して成り立つ性質を見いだしたりする。性質を活用して，計算を工夫したり計算の確かめをしたりする

76　第2章　資質・能力ベイスの授業へ

3 単元の主張

既習の乗法の学習から，発展的・統合的に除法を学習することが大切にする。

乗法からの発展的・統合的な学習

除法の学習は単に新しい計算を学習するのではない。数量の関係に着目することで，これまで乗法で表していた場面が，見方を変えることで除法の場面として捉え直すことができる。また，等分除と包含除は，乗法の被乗数と乗数どちらを□と置くかの違いであり，除法として統合してみることが大切である。

除法で解決することのよさ

日常の事象について除法を用いて解決できる経験を積み重ね，そのよさを感得することで，学んだことを生活に生かそうとする態度を育成する。

4 単元計画

時	学習活動の概要	目指す子供の姿
1・2	○包含除の場面の理解 【本時】	・既習の乗法場面をもとに（幾つ分）を求める問題をつくり，除法が用いられる場面と意味を理解する。 ・具体物やアレイ図を用いて，どのように答えを求められるか，説明する。
3・4	○等分除の場面の理解	・既習の乗法場面をもとに（一つ分）を求める問題をつくり，除法が用いられる場面と意味を理解する。 ・乗法九九を用いて，どのように答えを求められるか，説明する。
5・6	○等分除を包含除に統合	・包含除と等分除の具体物操作を比べて，共通することを見いだす。 ・包含除も等分除も，同じ除法の式で表すことを理解する。
7・8	○ 0，1 で割る除法	・乗法九九をもとに，被除数や除数が 0 や 1 だったときの答えがどうなるか考えて，式を用いて説明する。
9・10	○単位の考えを生かした除法の計算 ○被除数と除数，商の関係を捉え直す	・2 位数の被除数を10の単位と幾つと捉え，乗法九九を適用して計算ができる。 ・被除数と除数，商の関係を捉え，数の範囲が拡張されても乗法九九を適用して解決できるという見通しをもつ。

見方・考え方が成長する単元デザイン

単元の導入では，乗法の問題場面を取り上げ，未知数（□）となる数量が変わる（積→乗数）とどのように場面の捉え方が変わるかを考え，そして乗法の場面と除法の場面を比較する。乗法の場面の見方を変えて除法の場面と捉え直し，さらに未知数となる数量が変わる（乗数→被乗数）とどうなるのかという問いを引き出す。包含除も等分除も場面を図に表し，乗法九九を用いて商が求められることを，筋道立てて説明できるようにしていく。このように図に表すことで，包含除と等分除の操作の共通性に目を向け，除法として統合して理解する。また，除法の商を考えるときには乗法九九を用いることができることから，除数が 0 や 1 になっても答えが求められそうだ，と子供が見通しをもって問題解決できるようにする。

乗法九九を適用して問題解決経験を積み重ねることで，数が大きくなったとしてもこれまでの解決方法が適用できるのではないか，という問いを引き出したい。10や100を単位とすることで，乗法九九に帰着して問題解決をする場面を取り上げる。このように乗法から除法，数の範囲を拡張，と発展して新しい計算を考えることにより，数学的な見方・考え方を成長させていく。新しい計算方法を学ぶことが生活の中での問題解決に役立つという経験を積み重ね，今後の学習への意欲につなげる。

第 3 学年「わり算」　77

第3学年 「わり算」 Before

「Before」の課題
- ◆知識の習得のみを目指していること
- ◆子供の問いが生まれず，教師から与えた問題や課題になっていること
- ◆除法と乗法の違いを見いだせないこと

「資質・能力」の分析から

乗法・減法との関連

単に与えられた除法の場面を図に表し，除法とはどのような場面なのかを考えても，子供の問いは生まれず，除法の意味についての深い理解は期待できない。既習の乗法・減法から発展させて除法の場面を捉え，数量の関係を見いだせるような展開にしたい。

「見方・考え方及びその成長」から改善のポイントを探る

数量の関係の違いを，図の表し方や操作の違いから見いだす

乗法と除法の単純な比較ではなく，乗法から除法へと数量の見方を変えていくような授業の展開にしたい。そうすることで，乗法の逆算が除法であるという計算方法の習得だけにとどまらず，乗法と除法の関係に気付くことができる。

除法の学習は全く新しい計算を学ぶことではない。このことを捉えるためには，場面を図に表して操作し，これまでの乗法の図と操作の比較から，数量関係の違いを捉えられるようにしていきたい。同じように見えるけれども，よく見ていくと違いが見えてくる，といった展開の中で数学的な見方・考え方の成長を目指す。

「ゴールの姿」について修正の方向性

修正前

「幾つ分に当たる量を求める計算をわり算という。」

- ・単に除法の場面の理解だけでなく，既習事項と関連付けて数量を捉えさせたい。
- ・図に表して考えたことのよさを感じさせたい。
- ・今後も除法を活用していく，除法を学んでいく意欲を引き出したい。

修正案

「かけ算は全体を求めるときに使って，わり算は幾つ分を求めるときに使える。」
「図で考えると，わり算の場面がよく分かる。」
「一つ分に□があるときも，わり算が使えそう。」
「わり算には九九が使えるから，九九はやっぱり大事だ。」

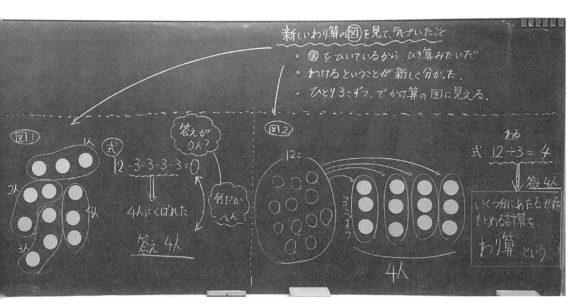

修正後の本時の主旨

乗法の場面の見方を変える

　乗法の場面では，幾つ分に当たる数量が未知数になっているから乗法と判断している。そこで，未知数が変わった場合はどうなるかを考え，乗法の場面と除法の場面を関連付ける。「この場合はどうなるのか」という問いを引き出し，子供自ら乗法の場面を深めていく展開にする。

数量関係の見方が成長する学びのプロセスを描く

　既習の場面の見方と新しい場面の見方を比較することで，数量関係の見方が成長していくと考える。2つの場面を図に表して操作し，相違点を探ることで，除法の数量を見る見方を豊かにする。既習事項から発展して考え，自ら追究していく態度につなげる。

「子供の問い」について修正の方向性

修正前

「わり算の場面を図に表して考えよう。」

・子供自ら問いをもつプロセスになっていない。
・わり算の場面を与えるのではなく，子供自ら数量の関係を見いだすようにする。
・図に表すだけではなく，図を活用しようとする意欲を引き出すようにする。

▼

修正案

子供の問いをつないでいく。
「□を変えると，どんな問題になるのか。」
「式にどう表せるのか。」
「かけ算とわり算の図は，同じと言えるのか，違うのか。」

第3学年「わり算」

第3学年 「わり算」 After

見方：着眼点
◆数量（除数・被除数・商の数）への着目

考え方：思考・認知，表現方法
◆乗法と除法の場面の比較
◆図を用いて乗法と除法の場面の表現
◆図・式の相互の関係を考える

見方・考え方の成長
◆乗法の場面を除法の場面にも拡張して，数量の関係を捉えること

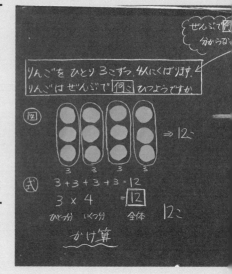

本時展開

問題場面を把握し，図に表して問題解決に必要な数量を見いだす	○既習事項の見方・考え方の確認 ・乗法の場面を図に表し，被乗数・乗数・積の数量関係を捉える。 ○未知数が変わったときの問題場面の共有 ・もしも未知数が積でなく乗数であった場合，どのような場面・式になるかを考える。 **TCと分析①**
数量の関係に着目しながら図を比較し，乗法と除法の相違点を説明する	○数量関係に着目して場面・図を比較 ・乗法も除法も同じ図に見えるが，図は同じと言えるのかを考える。 ○根拠を明らかにした自分の考えの説明 ・図のどこを見て同じとみたのか，または違うとみたのかを説明する。数量の関係を見いだす。 **TCと分析②**
既習事項から発展して新しい計算を導き出したことを振り返り，今後の学習への活用につなげる	○学習を振り返り，新しい計算を導き出したことの共有 ・問題解決のプロセスを振り返り，新しい計算としての除法を既習の乗法から導き出したことのよさを共有する。 ・未知数が乗数でなく被乗数であった場合もあることを，今後の学習への見通しをもつ。

授業の実際　TCと分析①

T　さっきは，リンゴが全部で□個必要です。だから，何個必要ですか，に変わった。こちらの文は？
C　何人に配れますか。
T　問題になったね。式は？
C　12－3，いや9になるから違う。
C　かけ算？いや，答えが増えちゃうな。
C　ひかないとだめじゃないかな。

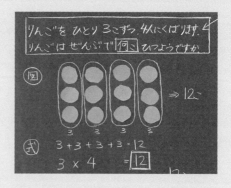

　場面を変えて，未知数（□を書いた紙）を乗数に置き換えた場面。未知数に変わると，どのような問題場面になるかを話し合った。場面を把握できたものの，この場合の式はどうなるかがはっきりしないという問いとなり，明確にするために図に表そうという活動につながった。

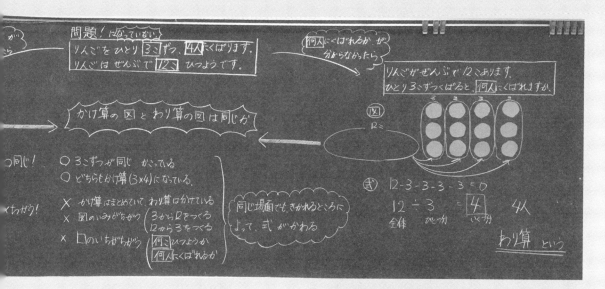

授業の実際　TCと分析②

- C　数が一緒だから同じ！
- C　3個ずつになっているから，同じ。
- C　答えを求めるのに3の段を使えばいいでしょ。だからどちらもかけ算で同じ。
- C　形が同じ。丸く囲ってあるところが3個ずつで同じ。
- C　違う。こっちは1つにまとめているけど，こっちはまとめていない。
- C　図の中の，□の場所が違う。
- C　何個必要ですか，は左の図でかけ算。
- C　何人に必要ですか，は右の図でわり算。
- C　なんだか，違う方が多いな。

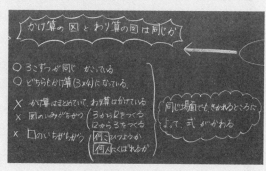

子供たちがかけ算の図とわり算の図の相違点を考えている場面。同じように見えるが，図の操作や答えを求めようとしているところが違うことに気付き，かけ算とわり算の関係や数量関係の違いを捉えていた。

本実践の価値

- ・除法と乗法の関係を捉えて理解することが重要である。本実践は単元を乗法から導入して除法につなげて比較し，除法そのものを深く考察する展開となった。
- ・この学習においては，数量をどのように捉えるか，数学的な見方・考え方の成長が見られる。即ち，乗法の数量関係として捉えていたものを，未知数を置き換えることにより，除法の数量関係として見ることができるようになることである。このように，授業の前と後，単元の前と後で数学的な見方・考え方がどのように成長していくか，プロセスを明確にして授業を行いたい。
- ・アレイ図を用いて考える数学的活動は本単元の他にもある。数量関係を捉え，子供がどのように図を操作して考えるか，子供の思考・認知・表現の具体の姿を明らかにして授業を実践していくようにしたい。
- ・乗法と除法の相互の関係を図，式を関連付けて捉えられるようにしていることによって，関係を構造的に捉えることにつながった。ここでの経験が今後に生かされていく。

教材分析と単元計画

第3学年「円と球」

1 本単元における資質・能力の分析

生きて働く「知識・技能」

ア（ウ）円について，中心，半径，直径を知ること。また，円に関連して，球についても直径などを知ること。

> 円や球について，観察，分類，構成，作図などの活動を通して，半径と直径の意味や関係について理解できるようにする。また，身の回りにある楕円状のものや卵形のものを用いて，円や球との違いを明確にできるようにする。

未知の状況にも対応できる「思考力・判断力・表現力等」

イ（ア）図形を構成する要素に着目し，構成の仕方を考えるとともに，図形の性質を見いだし，身の回りのものの形を図形として捉えること。

> 辺の長さの相等に着目し図形を捉える。作図などを通して，半径や直径が無数にあることに気付かせ，半径が全て等しいことをもとに，円をかくことで構成の仕方を考える。図形を構成する要素に着目し，円や球などを見いだすことを通して，図形のもつ性質が日常生活でどのように役立てられているかを考察する。問題解決において，性質を明確にし，それを用いて処理しようとする。

学びを人生や社会に生かそうとする「学びに向かう力・人間性等」

・数量や図形に進んで関わり，数学的に表現・処理したことを振り返り，数理的な処理のよさに気付き生活や学習に活用しようとする態度。

> 円や球などを見いだすことを通して，図形の美しさに触れ感性を豊かにしたり，図形のもつ性質が日常生活でどのように役立てられているかを考察したりする。また，図形の構成や問題の解決にあたる際に，それらを定める約束や性質を明確にし，それを用いて処理しようとする態度を育成する。

2 数学的な見方・考え方の系統

〈2年〉
図形を構成する要素に着目
構成の仕方を考えるとともに，身の回りのものの形を図形として捉えること

〈本単元〉
図形を構成する要素に着目
構成の仕方を考えるとともに，図形の性質を見いだし，身の回りのものの形を図形として捉えること

〈4年〉
図形の構成要素及びそれらの位置関係に着目
構成の仕方を考察し図形の性質を見いだすとともに，その性質をもとに既習の図形を捉え直すこと

82　第2章　資質・能力ベイスの授業へ

3 単元の主張

「等長」という見方でこれまでに学習した図形や円について学習を進める。円を構成する要素である半径に着目していくことで，円の構成の仕方を考えるとともに，円周上のどの点も中心から等距離にあるという円の性質を見いだし，身の回りのものの形を円として捉えたり，等長を活用したりできるようにしていく。

こま作りを通じて等長の見方を捉える

円とはいったいどのような図形か，こまづくりや，観察・作図などを通じて実感的に理解させる。半径という長さに着目し，円という図形を捉え，等しい長さで構成される図形の美しさについても感じ取らせたい。

身の回りにある形を円として捉える

普段，当たり前のように使っているものの形の中に，円を見いだし，円であることの必要性やよさについて考察することで，円の性質の理解を深め，生活や学習に生かそうとする態度を育成する。

4 単元計画

時	学習活動の概要	目指す子供の姿
1・2	○身の回りにある「まるい形」への着目 ○円の概念形成 【本時】	・まるい形には，細長いまるやまんまる，ボールのような形があることに気付き，日常にあるものの形への関心を高める。 ・円と正方形のこまを比較することを通して，形の違いに着目しながら，円の性質について理解する。 ・円の性質が日常生活でどのように役立てられているかを考察する。
3	○身の回りに見いだした円について，円の定義，中心，直径，半径を使った説明	・身の回りに見いだせる円について，その形が円であることのよさについて，定義や用語を用いて説明する。
4	○コンパスの機能の理解	・コンパスを用いることで，なぜ円がかけるのか考え，コンパスのもつ特徴について考える。
5・6	○コンパスを使った円の作図	・模様づくりやこまを作る活動を通じて，円の美しさを感じ取る。 ・作図を通して円の理解を深める。
7	○球の概念の理解	・ボールの観察を通し，どの方向から見ても円であることを理解する。 ・ボールを直方体などの立体ではさむなどの活動を通して体験的に理解する。
8	○身の回りに見いだした球について，球の中心，直径，半径を使った説明	・身の回りに見いだせる球について，その形が球であることのよさについて，定義や用語を用いて説明する。
9	○球の切り口	・粘土で作った球を切るなどの体験的な活動を通して，球に対する理解を深める。

見方・考え方が成長する単元デザイン

単元の導入では，日常にあるものの形に着目し，「まるい形」を見いだし，形についての関心を高める。子供の日常からこまを取り上げ，「こまを作ろう」という課題を設定する。こま（厚紙で作られた円）の軸を円の中心とするために，どのようにすればよいのかという子供の問いを取り上げ，図形の構成要素である「長さ」に着目し，筋道立てて説明できるようにする。等長という視点から円の中心を捉えるとともに，円のこま以外にも，4辺の長さが等しい正方形のこまも回るかどうかを推測する。正方形のこまを実際に回し「なぜ，回るのか」という子供の問いから，円と正方形の比較を通じて，中心から円周上までの直線（半径）が全て等しい長さであることを視覚化し，円の性質をより明確に捉えていく。さらに，日常にあるものの形を円として捉えることで，円のもつ性質やよさがどのように活用されているのか，議論しながら理解を深める。

さらに，身の回りにある「まるい形」で出てきた球について見つめ，円と同じように見られるか考える。2次元にした写真での形や，切り口を見つめ，円と関連付けて考えることによって，球についても等長という見方で捉え，日常に図形や等長を見いだそうとする子供の姿を目指す。

第3学年「円と球」 83

第3学年　「円と球」 Before

「Before」の課題
- ◆知識の習得に重きが置かれていること
- ◆円の性質を教師側が教え込むような授業展開になっていること
- ◆子供が単元の見通しをもてないこと

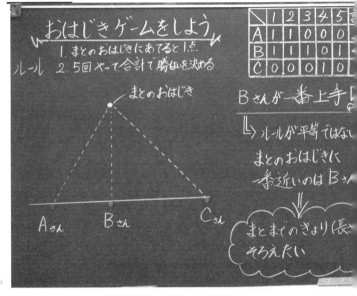

「資質・能力」の分析から

円をかくことを目的としない

円の構成要素である「半径」を用いて円をかくことを目的とするのではなく，円の性質に子供が気付くようにすることが大切である。曲線で囲まれた図形である円と既習の正方形を比較することで性質の理解を深めたい。さらに日常場面で図形を見いだすことができるようにしたい。

「見方・考え方及びその成長」から改善のポイントを探る

図形間の「関係」に着目して自ら見いだす

この単元で着目したい構成要素は「半径」である。円の中心を決めるにあたって直感的に捉えていた図形の捉え方から，「半径」に着目することで，子供自ら図形の捉え方が変容できるような授業展開を図りたい。直線で囲まれた正方形などの既習の図形と比較することを通し，曲線で囲まれた円の中に直線である「半径」を観察することで，円の性質の理解を深めていきたい。身の回りに見られるものの形が，日常場面でどのように活用されているのか，そのよさや利便性等について思考することで図形に対する関心を高めていくことができる子供の姿を目指したい。

「ゴールの姿」について修正の方向性

修正前

「中心から同じ長さの点を結んだまるい形を円という。」

- 円をかくために構成要素を考えるのではなく，円の性質に対する見方が深められるようにしたい。
- 円がどのような図形であるかの理解で終わるのではなく，日常場面においてどのように活用されているのか思考し，関心を高められるようにしたい。

▼

修正案

「円をぴったり重なるように2回折ると『同じ長さ』ができて中心を見つけられる。」
「正方形も『同じ長さ』があるけれど，中心からの長さは違う。」
「中心からどこも同じ長さの円は，いろいろな場面で使われている。」

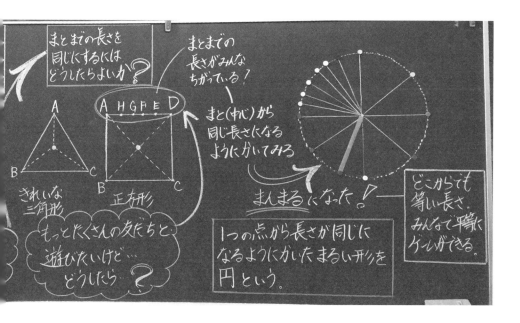

修正後の本時の主旨

円を観察することで,「半径」に着目し,問題解決を図る

　円の中心を直感的に捉えていた図形の見方を,中心からの長さである「半径」に着目し,図形の捉え方を変容させ,主体的に問題解決できるようにする。

図形の見方が成長し,身の回りのものの形を円という図形として見いだす姿を描く

　図形の見方が成長するとは,円の構成要素である「半径」に着目し,直感的に捉えていた図形の捉え方を論理的に説明する姿である。日常場面において,円がどのように活用されているのか,そのよさや利便性について円の性質に基づいて思考する姿を育成する。

「子供の問い」について修正の方向性

修正前

「おはじきと的までの長さはどれも同じか。」

・構成要素である「半径」に子供自ら着目する文脈となっていない。
・円の観察を通して,その性質に気付くことが大切である。
・おはじきでの的あてゲームでは,ねらいやすい角度や距離などの要素も入ってしまい,問いが焦点化しない。

▼

修正案

　3つの子供の問いでつないでいく。
「まんまるの中心がここだとすっきり説明できないか。」
「正方形とまんまるってどこが似ているのかな。」
「どうして,虫捕り網は円の形をしているのだろう。」

第3学年「円と球」

第3学年 「円と球」 After

見方：着眼点
◆ 同じ長さ

考え方：思考・認知，表現方法
◆ 円の性質を根拠にした説明
◆ ものの形を図形として捉える

見方・考え方の成長
◆ 円の性質が日常生活でどのように役立てられているか見いだそうとすること

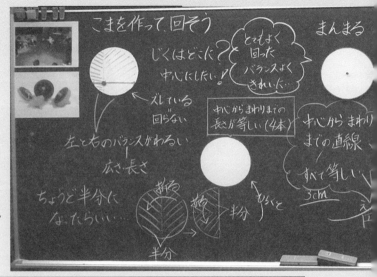

本時展開

問題場面把握し，円の観察を通して円の性質を見いだす	○問題場面を丁寧に共有する ・昔遊びの場面から「こまを作ってみたい」という思いを想起させ，こまの軸をこまの中心とするために，どうやって決めたらよいのか考える。 ○問いの焦点化 ・2回折って重ねたところを中心としてよい理由を考える。 TCと分析①
正方形と円の比較を通し，円の理解を深める	○円と正方形のこまの相違点を見いだし，長さに着目する ・正方形の中に等しい長さがどこにあるのか探していく活動を通して，円の性質の理解を深めていく。 ○「等長」という視点から図形を捉え直し，円の性質について説明する ・円の中に，半径や直径が無数にあることに気付き，それぞれ等しい長さであることを筋道立てて説明する。 TCと分析②
身の回りのものを図形として捉える	○学習を振り返り，身の回りにあるものの形を図形として捉えたことを共有する ・中心から円周上までのどの点でも長さが等しくなっているものが円という図形であり，「等長」という視点から，図形を捉えることができたことを共有する。 ・身の回りのものの形にも，意味があり，使いやすさや効率のよさなどの視点でものの形を捉えることができることを共有する。

授業の実際　TCと分析①

C　まずは，半分に折って。
C　これで，長さは半分になる。
C　もう半分に折ると，中心が分かる。
T　どうして中心だと言えるのかな。
C　だって，中心から上下左右全てが同じ長さになっているからだよ。

　感覚で捉えていた円の中心を，長さに着目し捉え直す場面。これまでの学習経験から，中心である理由を考え，円の性質に迫ろうとする表れが見られた。半径に着目し，円の性質について思考する問いをもちたい。

86　第2章　資質・能力ベイスの授業へ

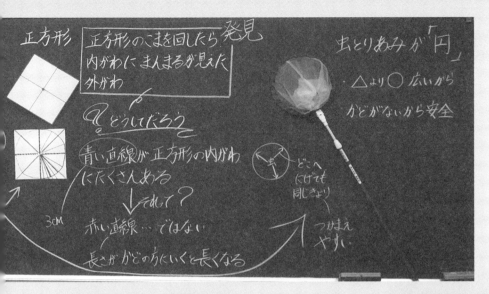

授業の実際　TCと分析②

- C　正方形のこまを回したら内側に円が見えた。
- T　正方形のどこに円があったのかな。
- C　十字の上下左右。
- C　その間にもあるよ。
- C　磁石を置いていくと，円にならないよ。
- T　どんなことに気を付けたら，正方形の内側に円がかけるのかな。
- C　こまの中心を決めたときに，長さに気を付けたよ。
- C　中心から等しい長さのところに磁石を置いていけば，円をかくことができる。

子供たちが正方形の中に見えた円を再現していく活動を通して，円の性質を見いだす場面。子供が説明し合い対話的に学習した。正方形と円の比較を通し，円の理解を深めている表れだと捉えられる。

本実践の価値

- 身の回りにあるものの形の中に円という図形を見いだすことができた。子供たちの身近にある虫捕り網の形が円である理由を問うことで，これから先，図形の性質を明確にし，それを用いて処理しようとする態度の育成につながるものとなった。
- 感覚的に捉えていた円の中心を，長さ（半径）に着目して説明する活動を通じ，円の概念を捉えることができた。構成要素に着目して問題解決することにつながった。
- 正方形と円を比較させ，円の性質の理解を深めることができた。中心から等距離にある点の集合が円であることを，実感的に理解することができた。
- 「円の中心だとどうしたらちゃんと説明できるのか」「正方形のこまも回るのか」「正方形の内側のどこに円が見えたのか」と円の性質の理解を深めていく問いの変容が見られた。
- マンホールやペットボトルなどのキャップがなぜ円なのかなど，身近で日常に役立っている円の性質に迫っていこうとする子供の姿を目指したい。

第3学年「円と球」

教材分析と単元計画

第3学年「重さのたんいとはかり方」

1 本単元における資質・能力の分析

生きて働く「知識・技能」

ア（ア）重さの単位（グラム（g），キログラム（kg））について知り，測定の意味を理解すること。
　（イ）重さについて，適切な単位で表したり，およその見当を付け計器を適切に選んで測定したりすること。

> 　長さやかさの場合と同じように考え，単位となる重さの幾つ分かで測定できることを理解できるようにする。また，具体物を手で持ち上げるなどの体験から，基本的な量の大きさについての感覚を豊かにする。測定の際にはおよその見当を付け，測定に用いる単位や計器を適切に選択できるようにする。

未知の状況にも対応できる「思考力・判断力・表現力等」

イ（ア）身の回りのものの特徴に着目し，単位の関係を統合的に考察すること。

> 　これまでに学習した長さ，かさ，重さの単位について，それぞれに共通する関係を調べる。その際には，k（キロ）やm（ミリ）など，同じ接頭語があることに気付くとともに，それぞれが何倍の関係になっているかを図や表に整理していくことで，メートル法に基づく単位の仕組みを捉え，単位についての理解を深める。

学びを人生や社会に生かそうとする「学びに向かう力・人間性等」

・数量や図形に進んで関わり，数学的に表現・処理したことを振り返り，数理的な処理のよさに気付き生活や学習に活用しようとする態度。

> 　日常生活の場面で用いられているcLやmgなどの単位について，これまでに学習した単位とどのような関係になっているのかを考えることで，他にもある様々な単位に対する関心を高め，今後の学習や日常生活の中で自分で調べようとする態度を育成する。

2 数学的な見方・考え方の系統

〈1年〉

身の回りにあるものの特徴などに着目

量の概念を理解し，その大きさの比べ方を見いだす

・長さ
・広さ
・かさ

〈2年〉

身の回りにあるものの特徴などに着目

目的に応じた単位で量の大きさを的確に表現したり比べたりする
量とその測定の方法を日常生活に生かす

・長さ
・かさ
・時間

〈本単元〉

身の回りにあるものの特徴などに着目

目的に応じた単位で量の大きさを的確に表現したり比べたりする
量とその測定の方法を日常生活に生かす
単位の関係を統合的に考察する

・長さ
・重さ
・時刻と時間

3　単元の主張

　単元を通して，身の回りのものの特徴に着目し，単位の関係を統合的に考察することで，新しい単位に出合ったときにも類推して量の大きさを考えることができるようにしていく。

身の回りのものの特徴に着目

　日常生活の場面では，様々な単位が用いられている。飲料などの量にはcLなどが使われ，薬などにはmgが使われている。身の回りからこれらの単位を見つけ，どのような量の大きさを表すときに用いられているのかを考えることで，実際の生活の中でも調べてみようとする態度を育成していく。

単位の関係を統合的に考察

　これまでに学習した長さ，かさ，重さの単位について，共通する関係を調べて図や表にまとめることで，メートル法の単位の仕組みに対する関心を高め，単位についての理解を深めていく。

4　単元計画

時	学習活動の概要	目指す子供の姿
1	○具体場面での重さの比較	・長さやかさの学習経験を生かして，身の回りにあるいろいろなものの重さ比べをする。
2	○重さにおける任意単位による測定	・一方はもう一方よりどれだけ重いかを考えることを通して，任意単位を用いて数値化する必要性を感じ，それを表す。
3	○普遍単位で表すよさの感得	・長さやかさの学習過程を生かして，重さの普遍単位の必要性と普遍単位を用いることのよさを実感する。
4	○はかりによる測定	・上皿ばかりなどの計器を用いて，測りたいものの重さを正しく測定する。
5・6	○「kg」「t」の導入と，はかりの測定技能の定着	・長さの「km」の学習から類推し，「g」より大きな量を表す必要性から「kg」「t」を知り，その関係を理解する。
7	○重さの加法性の理解	・重さはたすことができることを知り，計算で求められるよさを実感する。
8	○重さにおける量の豊かな感覚の育成	・重さを予想してから測定したり，測定しようとするものの適切な単位や計器を選択したりする活動を通して，重さに対する量感を豊かにする。
9	○長さ，体積，重さの単位の仕組みの統合【本時】	・長さ（mm, cm, m, km），体積（mL, dL, L），重さ（g, kg）の単位をまとめた表から，共通する関係を調べる。

見方・考え方が成長する単元デザイン

　重さは，長さやかさと比べて視覚的に捉えにくい量である。したがって，単元の導入では天秤やはかりなどを使って比較をする。その際に，これまでに学習してきた長さやかさなどの比較経験を想起することで，ものの特徴に着目できるようにする。

　重さを比較したり数値化したりするときには見た目の大きさを捨象する必要があることも確認し，その上で重さの測定の意味について長さやかさの学習と同様の過程を振り返る。直接比較，間接比較，任意単位による測定，普遍単位による測定の4段階について見通しをもち，それぞれの比較・測定方法を必要に応じて使い分けられるようにする。必要に応じた比較・測定方法の選択をするよさを実感させる中で，重さの加法性や保存性の理解につなげる。

　単元の終末では，これまでに学習してきた単位を振り返ることで，メートル法に基づく単位の仕組みを理解する。k（キロ）やm（ミリ）などの接頭語について整理し，関係を捉えられるようにする。単位に対する関心を高めることで，今後の学習や生活に生かせるようにする。

第3学年「重さのたんいとはかり方」　89

第3学年 「重さのたんいとはかり方」 # Before

「Before」の課題
- ◆単位の関係の理解がゴールになっていること
- ◆提示されている課題は子供の問いとして引き出すことができていないこと

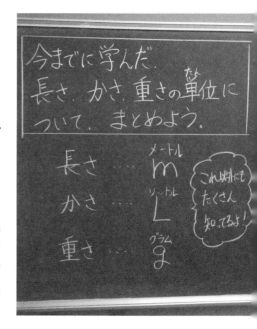

「資質・能力」の分析から

領域を貫く内容を子供が自覚する

重さを表す単位は本単元で新たに登場するものであるが、領域の中ではこれまでに長さやかさについてもそれを表す単位を学習してきた。本単元ならではの学びがある一方で、メートル法などの先人の知恵は、本領域を貫くものとして子供自身がその利便性を自覚できるようにしていきたい。

「見方・考え方及びその成長」から改善のポイントを探る

単位の関係を統合的に考察し、新たな単位についても類推して考える

これまでの「測定」領域の学習を通して、m（メートル）、L（リットル）、g（グラム）の3つの単位を子供は獲得している。本時では、これまでの学習や生活の中で出てきたk（キロ）やm（ミリ）などの接頭語に着目し、共通する関係を表や図にまとめていく。2つに共通したことは偶然であるかもしれないが、3つに共通したことを見いだすことで、「同じと言えそう」と統合的に捉えることが大切である。さらに、「c（センチ）が付いたら$\frac{1}{100}$ということは、もしL（リットル）に付けたら…」などと、見いだしたことの活用範囲の可能性を考えることで、類推して考える力を鍛えていきたい。

「ゴールの姿」について修正の方向性

修正前

「m（メートル）やL（リットル）、g（グラム）の前に付いているk（キロ）やm（ミリ）には、何倍かを表す意味があることが分かった。」

- k（キロ）やm（ミリ）などの接頭語を知るだけでなく、意味を理解し、使っていけるようにする。
- 単位の関係を数値のみで捉えるのではなく、実際のものや昔から伝わるものなどを用いることで実感を伴って理解できるようにする。

▼

修正案

「長さ、かさ、重さの単位は違うけど、k（キロ）やm（ミリ）などが表す関係はどれも同じになっている。」

「cLやmgも実際にあったし、やっぱり便利なものなんだと思った。他にもどんな単位があるのか探してみたい。」

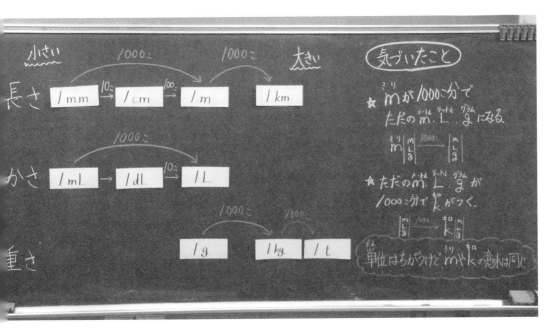

修正後の本時の主旨

単位の仕組みを子供が見いだす

　単位の関係を確認することをめあてとするのではなく、これまでに学習した単位を図や表にまとめる中で、k（キロ）やm（ミリ）など共通しているところに次第に着目できるようにし、メートル法に従った表し方について子供が気付けるようにする。

日常生活の中にある単位の考察をする

　接頭語が表す意味と単位の仕組みを理解できたところで、図や表の一部を空けておくことで、mg（ミリグラム）やcL（センチリットル）など学習に登場していない単位の存在に目を向けられるようにする。また、実際にそれがあることを知り、メートル法が日常に活用されていることを実感できるようにする。

「子供の問い」について修正の方向性

> **修正前**
>
> 「今まで習った単位は、どんな関係になっているのかな。」

- 課題を提示するのではなく、子供から問いを引き出し、本時の学びの価値の実感につなげていく。
- 単位の仕組みの理解の上で重要なk（キロ）やm（ミリ）などの接頭語への着目は、関係を調べたりまとめたりする中で少しずつ見えてくるようにする。

▼

> **修正案**
>
> 　3つの問いでつないでいく。
> 「今まで習った単位には、何か関係がありそうだ。」
> 「k（キロ）やm（ミリ）には、どういう意味があるのかな。」
> 「習っていないけど、mgやcLなど単位は他にもあるのかな。」

第3学年「重さのたんいとはかり方」

第3学年 「重さのたんいとはかり方」 After

見方：着眼点
- ◆ 単位の関係
- ◆ 接頭語の意味

考え方：思考・認知，表現方法
- ◆ 単位の関係を図や表にまとめる
- ◆ 単位の仕組み（メートル法）を捉える

見方・考え方の成長
- ◆ 身の回りのものの特徴に着目し，単位の仕組みをもとに量の大きさを考えたり表したりする

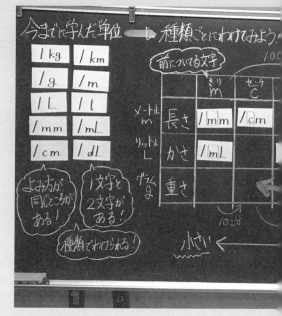

本時展開

既習の単位の関係を整理し，共通の接頭語に気付く	○既習の単位を想起する ・これまでに学習した単位について，書き方や読み方を確かめる。 ・どのような量の大きさを表すときに使うのかを確認する。 ○単位の関係に着目する ・単位をカードに書き，関係が見えるように並べる。**TCと分析①**
単位の関係を視覚化し，接頭語の意味を捉える	○単位の関係を図や表にまとめる ・並べたカードを表にし，何個分（何倍）の関係になっているか矢印を用いて書き込み，まとめていく。 ○共通の接頭語があることに気付き，その意味を考える ・k（キロ）やm（ミリ）などの接頭語は，基準となる大きさが何個分（何倍）になるかを表していることを捉える。
新たな単位について，類推して考える	○表を見直し，これまでの学習では出てきていない単位について考える ・表のcLやkL，mgなどが空欄になっていることに気付き，もしあるとしたらどんな大きさの量を表すのかを考える。 ・それらが実際に用いられている場面を知り，日常の場面でも単位が必要に応じて活用されていることを実感し，単位についての理解を深める。**TCと分析②**

授業の実際　**TCと分析①**

T　こんなにたくさん単位を知っているんだね。
C　でもなんかバラバラになってるね。
C　仲間分けをすることができるよ。
C　きれいに並べることもできそうだね。
T　どうしたら「きれい」になるの？
C　小さい順に並べればいいんだよ。

　単位の関係に着目する場面。個別に見てきた単位は，それぞれ関連付けることができそうだということを感じさせるために，単位を書いたカードをあえてバラバラに黒板に置く。子供の「きれいに並べる」という発想の意図を，丁寧に共有したい。

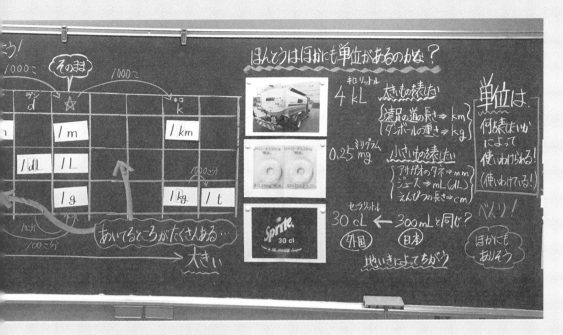

授業の実際　TCと分析②

C　長さ，かさ，重さっていう違いはあるけど，単位の仕組みは同じだったんだね。

C　こんなの誰が考えたの？すごい。

T　今日は大発見ができて，すっきりしたね。

C　でもまだ表が空いてるよ。いつ習うの？

C　いや，習わなくてももう分かるよ。

T　もう分かるの？例えば，1kLは？

C　1Lの1000倍の大きさだよ。

C　そんなのあるの？聞いたことないけど。

T　そういえば，こんなトラックあったよ。

C　本当にあるんだ。じゃあ他にも…。

単位の仕組みを理解した上で，新たな単位を類推して考える場面。関係を見いだすだけでなく，身の回りにある単位や古くから使われてきた単位を示すことで，単位に対する関心を高めるとともに，より実感を伴った理解へとつなげる。

本実践の価値

- これまで第6学年の指導内容となっていたのは，長さ，面積，体積，重さの学習を全て終えたところで，それらの単位を整理しようとしていたからである。それを第3学年に位置付けられたのは，それぞれの学年で学習した量については，その時点で関連付けていくことが求められているからである。単位が出てくるたびに同じように単位の関係を考えようとする態度につなげる。
- 本実践では，単位の関係をまとめていくことにとどまらず，新たな単位を類推して考える活動が行われている。これは，今後の学習において重要な学習経験となる。
- 単位を知っているというだけでなく，単位の関係を使えるような姿を目指したい。そのために，本実践での子供の「きれいに並んでいる」という表れは大切にしたい。バラバラでは分かりにくくなってしまうものを整理して分かりやすくしてある。その仕組みにおいて，10のまとまりでつくられていることと，十進位取り記数法の関係についても目を向けられるようにしたい。

第3学年「重さのたんいとはかり方」

教材分析と単元計画

第3学年「ぼうグラフとひょう」

1 本単元における資質・能力の分析

生きて働く「知識・技能」

ア （ア）日時の観点や場所の観点などからデータを分類整理し，表に表したり読んだりすること。
　　（イ）棒グラフの特徴やその用い方を理解すること。

> 　身の回りにある事象について，解決したい問題に応じて日時，曜日，時間や場所などから必要な観点を自分で選択し，目的に合った手際よい方法で，分かりやすく整理し，表の意味を考えたり考察したりする。また，棒グラフから最大値や最小値を捉えたり，全体的な特徴などを読み取ったりできるようにする。

未知の状況にも対応できる「思考力・判断力・表現力等」

イ （ア）データを整理する観点に着目し，身の回りの事象について表やグラフを用いて考察して，見いだしたことを表現すること。

> 　データを分類整理する上で，解決したい問題に応じて観点を定める必要がある。そのために，目的を明らかにし，とったデータを見直してさらに必要な情報は何かを繰り返し吟味していく。また，データを表に分類整理したり，グラフにまとめたりすることで特徴や傾向を捉え，表やグラフのどの部分からそのように考えたのか，表やグラフから読み取ったことを根拠として自分の考えを伝えることができるようにする。

学びを人生や社会に生かそうとする「学びに向かう力・人間性等」

・数量や図形に進んで関わり，数学的に表現・処理したことを振り返り，数理的な処理のよさに気付き生活や学習に活用しようとする態度。

> 　集めた情報をグラフや表に整理すると，漠然とした身の回りの事象がはっきりすることや自分の考えの根拠を明確にして話し合うことができるというよさに気付かせる。また，解決したい問題ができたときに，どのような情報をどんな方法で集めるのか考え，表やグラフをもとに考察し，自分の生活をよりよくしようとする態度を養っていく。

2 数学的な見方・考え方の系統

〈2年〉

データを整理する観点に着目

身の回りの事象について表やグラフを用いて考察する

・簡単な表やグラフ

〈本単元〉

データの観点に着目し，身の回りの事象について考察したり，見いだしたことを表現したりする

・データの分類整理と表
・棒グラフ

〈4年〉

目的に応じてデータを集めて分類整理し，データの特徴や傾向に着目

問題を解決するために適切なグラフを選択して判断し，その結論について考察する

・折れ線グラフ

94　　第2章　資質・能力ベイスの授業へ

3 単元の主張

データの特徴や傾向を捉え，考察して見いだしたことを表現するために，伝えることで相手を納得させたり，相手の行動を促したりすることを目的に設定する。

目的に応じた観点

学校全体の取り組みをきっかけに，司書教諭とも連携した上で「図書室に置いてもらう本を決めよう」という目的を子供がもつ。解決に向けてどのような観点でアンケートをとったらよいかを考え，そのデータを分類整理していく。

見いだしたことの表現

分類整理したデータを表や棒グラフに表現することで，情報がより捉えやすくなったり伝えやすくなったりすることに気付けるようにする。

4 単元計画

時	学習活動の概要	目指す子供の姿
1・2	○身の回りの事象について，興味・関心や問題意識に基づき，統計的に解決可能な問題を設定する	・「図書室に新たに置く本を決める」という学校の取り組みを知り，どんな本を置いたらよいか考え，データをとる必要性に気付く。
3	○見通しを立て，どのようなデータをどのように集めるかについて計画する	・「どんな本を置いたらよいか」という目的に応じたデータの観点や項目について話し合う。
4・5	○データを集めて分類整理する	・「正」の字を使いながら，落ちや重なりなくデータを適切な項目に分類整理する。 ・項目のとり方を決め，棒グラフをかく。
6〜8	○目的に応じて，観点を決めてグラフや表に表し，特徴や傾向をつかむ	・表と棒グラフを比較する活動を通して，棒グラフのよさを実感する。 ・目盛りの付け方の違った複数のグラフを比較する活動を通して，棒グラフについての見方・考え方を広げる。
9	○問題に対する結論をまとめるとともに，さらなる問題を見いだす【本時】	・複数の棒グラフを組み合わせたグラフを読み取り，グラフのどの部分からそのように考えたのか自分の意見を伝え合うことで，最善解を決定する。 ・より説得力を高めるために必要な観点は何か話し合う。

見方・考え方が成長する単元デザイン

PPDACサイクルを意識した単元デザインをする中で，本単元ではデータを整理する観点に着目できるようにするところに重点を置く。前学年で，データを分析する際に注目する観点を定めた経験をもとに，解決したい問題に応じて観点を定めようとする文脈を描く。

「図書室に置いてもらう本を決めたい」という目的意識を共有する。これは，単元の終末に実際に司書教諭に提案をするものである。さらに「どんな本を置いてもらいたいか」ということについて，目的に応じた情報収集の観点について話し合う。本を選ぶ際には，誰か1人だけの考えで決めることはできない。また，好みの本なのか，来年の3年生のための本なのかなど，子供によって目的を達成するための考え方は異なる。どのように合意形成を図るかという議論の中で，データを活用するというアイデアを引き出す。

そして，2年生の学習を想起しながら表に分類整理する中で，新たに棒グラフという表現方法を知る。ここでは，数だけで示された表に比べて，それぞれのデータが表す量の大きさや項目どうしの差を捉えやすいという棒グラフのよさを実感できるようにする。また，目的に応じて1目盛りの大きさを変化させることができることを知り，データ活用の利便性も実感させていく。

さらに，異なる観点で調べ直したり，複数のグラフを重ねたグラフを考察したりする活動を通して，着目する観点によってデータの特徴や傾向が変わることに気付かせるとともに，それらのデータを根拠として自分の考えを伝えることを大切にする。

第3学年「ぼうグラフとひょう」

| 第3学年 | 「ぼうグラフとひょう」 | # Before

「Before」の課題
◆ 複数の棒グラフを組み合わせる必要性を感じさせることができていないこと
◆ 結論を出して終わり，新たな課題を見いだせていないこと

「資質・能力」の分析から

データを活用する必要性をもたせる

情報を集めたり考察したり表現したりする際に，「なぜ情報を集めたいのか」や「なぜグラフに表したいのか」といった，データを活用しようとする根拠を子供自身が明確にもつことが重要である。単元を通して子供たちに主体的にデータに関わらせたい。

「見方・考え方及びその成長」から改善のポイントを探る

より客観的に自分の考えを伝える

単元全体を通した「どのような本を置いたらよいか」という課題に対して，子供たち一人一人が様々な考えをもつことが予想されるが，自分の願望や経験談をもとにするのではなく，あくまでも表や棒グラフの客観的なデータをもとにして話し合いをしていくことが重要である。そのためには，解決に向けてどのような観点や項目でデータを集めるべきか，また，集めたデータから明らかになったことは何かを子供たちと丁寧に確認していくことが大切である。単元を通して，客観的に物事を捉える力を少しずつ育てていきたい。

「ゴールの姿」について修正の方向性

修正前

「棒グラフを見ると，物語の本を置いてもらうのが一番よいということが分かった。」

・本の種類を決めることがゴールではないのではないか。
・グラフの様々なところを見て，言語化することが重要。
・決まった解ではなく，納得解をみんなで考えていくことが大切であり，どのようなプロセスでたどりついたのかを振り返ることが大切。

修正案

「1つの表やグラフだけでは分からないことがある。」
「グラフを2つ重ねたら，違うことが見えてきた。」
「でも，自分のクラスのデータだけではまだ決められない。また違うデータを集める必要がある。」

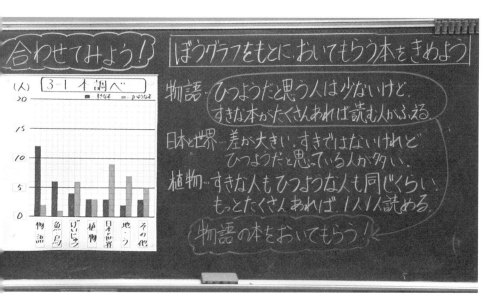

修正後の本時の主旨

活動ありきにならないように，活動の根拠を問う

「他の聞き方（観点）でデータをとり直したい」「違うグラフも作って見てみたい」という発言が予想されるが，そこで教師が「なぜ他のデータがほしいのか」「なぜグラフにしたいのか」を改めて問うことで，データを活用することに対する必要感やグラフに表すよさについて，何度も振り返りながら学習を進め実感させたい。

データを活用する必要性をもち続ける

授業の終末で，さらなる納得解を導くために，子供たちは「他のクラスのデータも知りたい」という思いをもつことが予想される。このときに，「なぜ今のままではいけないのか」を問い返すことで，新たなデータの必要性について丁寧に共有していく。

「子供の問い」について修正の方向性

修正前

「グラフが別々だと見づらいから，合わせてみたい。」
「置いてもらう本はどれがよいかな。」

・「重ねてみたら何か新しいことが分かるかもしれない。」という思いをもつことが重要である。
・どの本にするかを考える前に，グラフから分かることをじっくり話し合えるような問いにしたい。

修正案

「グラフを別々のまま見るよりも，合わせてみたら何か分かるのではないかな。」
「合わせたグラフから，どのようなことが言えるかな。」

第3学年「ぼうグラフとひょう」

第3学年 「ぼうグラフとひょう」 After

見方：着眼点
◆データを整理する観点や項目

考え方：思考・認知，表現方法
◆身の回りの事象の特徴や傾向を読み取る

見方・考え方の成長
◆データを整理した観点や項目に着目し，見いだしたことを根拠として自分の考えを表現する

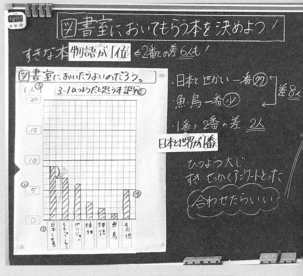

本時展開

複数の棒グラフを組み合わせたグラフの必要性に気付き，表現する	○複数の棒グラフを組み合わせたグラフができることに気付く ・新たな観点でとったアンケートをグラフに表し，前時までの「好きな本」のグラフと見比べる。 ・より見やすくするためにグラフを組み合わせて表現し直す。 **TCと分析①**
複数の棒グラフを組み合わせたグラフを考察し，根拠をもって考えを説明する	○複数の棒グラフを組み合わせたグラフから読み取ったことを表現する ・グラフからそれぞれの項目の数値を読み取ったり，それらを比較したりして分かったことをまとめる。 ○グラフから分かったことを根拠に自分の考えを発表する。 ・グラフのどの部分を見てどのように考えたのか，互いの意見を伝え合う。 **TCと分析②**
棒グラフの利便性をとらえる	○学習を振り返る ・それぞれの考えをもとに，次にどうしていくか話し合う。 ・友達の意見を聞いて納得したり，よいと思ったりした意見を発表し合い，グラフに表すよさについて話し合う。

授業の実際　**TCと分析①**

T　前回までにどんなことが分かったんだったかな。
C　「好きな本」調べでは「物語」が一番多かった。
C　その次に調べた「必要な本」では「日本と世界」が一番だった。
C　このままでは置いてもらう本の種類が決まらない。
T　では，「好きな本」調べのグラフをなしにしようか。
C　それはだめだよ。どちらも大事だから，なしにはできない。
T　ではこの2つのグラフを見比べないといけないね。
C　でも，このままだと比べにくいし見にくい。
C　その2つのグラフを合わせてみたらどうかな。

第7時で新たな観点を話し合った際，「図書室に置いてもらうのだから，勉強に必要だと思う本でアンケートをとったらいい」という意見から，「必要な本調べ」という観点を設定した。しかし，「必要な本」の結果だけで決めてもだめという反応が多かったため，両方の結果を踏まえて結論を出すことにした。

98　第2章　資質・能力ベイスの授業へ

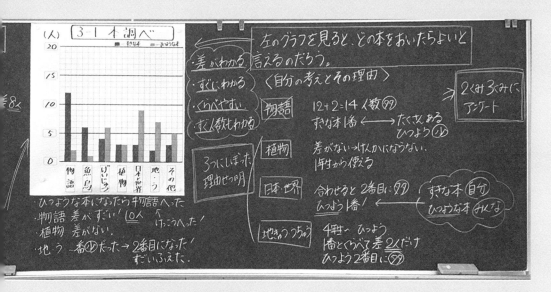

授業の実際 TCと分析②

T グラフをもとに，考えを伝えましょう。
C 私はやっぱり物語の本を置いたらよいと思います。合わせたら一番多いからです。
C でも必要だという人は少ないよ。
C ぼくは植物の本を置いたらよいと思います。どちらも3と3で，けんかが少なくなると思ったからです。
C 私は日本と世界の本がいいと思います。好きな本では少ないけれど，必要な本で一番多かったからです。

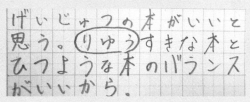

組み合わせた棒グラフから読み取ったことを根拠にしてどの本を図書室に置いたらよいか考えていた。しかし，棒グラフにはないことを根拠にしている子供もいた。これは，組み合わせたことによって明確になったこともあったが，2つの棒グラフの観点が違うため，自分の考えの根拠になりにくかったためと考えられる。

本実践の価値

- 「複数の棒グラフを組み合わせたグラフ」を扱うことによって，子供が複数の観点に着目したデータについて，グラフで捉えやすくなることに気付く。本実践は，それを1つの授業として具現化している。
- 本実践は，図書室に追加する本を話し合う場面であり，これは単元全体を通して行われてきた活動である。また，どんな本を追加するのがよいか（妥当か）という目的が単元を貫いていることは，子供たち自身が数学的活動を回していくという点において非常に重要なことである。
- ここでは，「好きな本」と「必要な本」という2つの観点でデータを表現・考察しているが，本来は1つの観点によって異なる母集団を比較・分析する際に，複数のグラフを組み合わせる必要性が生まれてくる。「データの活用」の学びをつくるにあたっては，目的を明確にするだけでなく，観点や項目の妥当性について子供たちとともに吟味していくことが必要であることが，本実践を通して明らかになった。
- 本実践では2つの観点で情報を収集してその比較を行い，目的に応じた1つの観点でデータを収集・分析する中で，新たな観点の必要が生じPPDACの2周目を回し始める。そして1周目と2周目の観点を比較するためにグラフを重ねて分析するというような単元デザインも子供の実態や目的によって考えられる。

第3学年「ぼうグラフとひょう」

教材分析と単元計画

第４学年「小数のかけ算とわり算」

1 本単元における資質・能力の分析

生きて働く「知識・技能」

ア（ア）ある量の何倍かを表すのに小数を用いることを知ること。

（エ）乗数や除数が整数である場合の小数の乗法及び除法の計算ができること。

> 小数が整数と同じ仕組みで構成されていることをもとにして，乗数や除数が整数である場合の小数の乗法及び除法の計算の仕方について身に付けていけるようにする。既習の知識及び技能と結び付けながら新しい方法を見いだしていくようにする。

未知の状況にも対応できる「思考力・判断力・表現力等」

イ（ア）数の表し方の仕組みや数を構成する単位に着目し，計算の仕方を考えるとともに，それを日常生活に生かすこと。

> 整数の場合と比べながら，積の小数点の位置や商の小数点の位置について考えられるようにする。また，身の回りには，小数で表された量が多くある。これらの量を合わせたり，差を求めたりすることも多い。このような場面を捉えて，小数やその計算を日常生活で生かそうとする態度を養うことが大切である。

学びを人生や社会に生かそうとする「学びに向かう力・人間性等」

・数学的に表現・処理したことを振り返り，多面的に捉え検討してよりよいものを求めて粘り強く考える態度。

・数学のよさに気付き学習したことを生活や学習に活用しようとする態度。

> 被乗数や被除数が小数第二位のときも，同じように考えて計算できるのではないかと考えるなど，これまでの算数の学習での経験を踏まえて，よりよいものを創り上げていこうとする態度を養いたい。

2 数学的な見方・考え方の系統

〈5年〉
数とその表現に着目
かけ算やわり算の性質に着目

目的に合った表現方法を用いて数の性質や計算の仕方などを考察する

・小数のかけ算・わり算

〈本単元〉
数量の関係に着目
数の表し方の仕組みに着目

目的に合った表現方法を用いて計算の仕方などを考察する

・小数のかけ算・わり算

〈3年〉
数の表し方に着目
乗法や減法との関係に着目

必要に応じて具体物や図などを用いて数の表し方や計算の仕方などを考える

・小数
・整数のかけ算・わり算

100　第2章　資質・能力ベイスの授業へ

3 単元の主張

単元を通して，整数のかけ算やわり算の計算をもとにして，小数の場合について考察していく。小数が整数と同じ仕組みで表されていることを理解するとともに，小数の四則演算の可能性が広がったことを感得し，生活に生かしていけるようにする。

整数の乗法・除法に帰着させながら計算の仕方を考える

小数の計算を新しい計算の仕方と捉えるのではなく，小数が整数と同じ仕組みで構成されていることをもとにして，既習の知識及び技能と結び付けながら新しい方法を見いだしていけるようにする。

「小数倍」へと「倍」の意味を拡張する

ある量の何倍かを表すのに小数を用いてもよいことを理解し，「基準量を1としたときに幾つに当たるか」という拡張した「倍」の意味について捉え直すことができるようにする。

4 単元計画

時	学習活動の概要	目指す子供の姿
1・2	○小数に整数をかける意味	・数直線をもとに整数のかけ算の場面と関連付けて演算決定する。
3・4	○小数に1位数をかける筆算	・整数のかけ算の筆算をもとにして，1位数の筆算について場面に着眼し計算の仕方を考える。
5・6	○小数に2位数をかける筆算	・さらに2位数の筆算だったらどうか，場面を広げて筆算の仕方を考える。
7・8	○小数を整数で割る意味	・乗法の逆の場面に広げ，場面を捉えて数直線をかき，整数のわり算の場面と関連付けて演算決定する。
9	○小数を1位数で割る筆算	・かけ算の場面での経験をもとに，わり算の場面に着眼する。整数のわり算の筆算をもとにして，筆算の仕方を考える。
10・11	○小数を2位数で割る筆算	・さらに2位数になったとき場面を広げ，筆算の仕方を考える。 ・商が純小数になる場合，一の位に0を立てるわけを説明する。
12	○余りのあるわり算	・割り切れない場面について問いを設定し，余りの大きさと小数点の位置について考える。
13	○割り進むときの筆算	・割り切れるまで計算するときや，商を小数第何位まで求めるか指示があるときなどに，割り進む筆算の仕方を考える。
14	○小数倍の表現【本時】	・何倍かを表すときには小数を用いることがあることを，整数倍と関連付けて考え，「倍」の意味を捉え直す。
15・16	○単元の振り返りと発展的な場面についての考察	・学習したことを振り返り，発展的な場面について話し合う。

見方・考え方が成長する単元デザイン

単元全体を通して，条件が変わったらどうなるか，場面が変わったらどうなるか，子供が自ら学び進んでいくようにデザインする。それぞれの場面で整数のかけ算やわり算に帰着させながら計算の仕方について考えていけるようにする。例えば，これまで20×4の計算を考えるとき，20を10の2個分とみて，2×4＝8とし，8の10個分で80と求めてきたことを想起しながら新しい場面についても数を構成する単位に着目して考えられるようにする。

小数のかけ算では，小数の仕組みを考えたときに用いた図や数直線を用いて，計算の仕方を考えられるようにする。また，計算の仕方と関連付けて筆算について考え，位をそろえないわけや，位をそろえるたし算やひき算の筆算との違いを説明できるようにする。

さらに乗法の逆の場面としてわり算について場面を広げる。わり算での割り進みは，筆算の途中に出てくる2を2.0とみるなどして計算を進めていく。また，2は0.1が20個，0.2は0.01が20個，0.02は0.001が20個など，数の多様な見方ができるようにしていく。

第4学年「小数のかけ算とわり算」　101

第4学年　「小数のかけ算とわり算」　Before

「Before」の課題
◆何倍かを問うだけの展開で，子供に問いが生まれないこと
◆既習である整数倍の内容が導入時に生かしきれていないこと

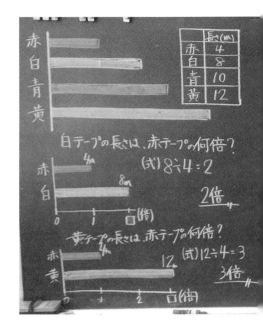

「資質・能力」の分析から

小数を用いて倍を表すことができるように倍の意味を拡張する

赤テープを基準としたときの，他のテープの長さが何倍と言えるかを考える中で，整数と小数の両方を扱い，倍について「幾つ分」という捉えから，「基準量を1とみたときに幾つに当たるか」という意味に捉え直していく。

「見方・考え方及びその成長」から改善のポイントを探る

整数倍のときの「幾つ分」の捉え直しをする

これまでは，ある量Aの2つ分のことを，Aの2倍などと，「倍」の意味を「幾つ分」として捉えてきている。第4学年では，ある量の何倍かを表すのに小数を用いてもよいことを理解し，「基準量を1としたときに幾つに当たるか」という拡張した「倍」の意味について捉え直すことができるようにする。

まずは既習である2倍，3倍を「4mを1とみたとき，2に当たる大きさが8m」「4mを1とみたとき，3に当たる大きさが12m」と表現することができることを確認し，小数倍へとつなげていく。

「ゴールの姿」について修正の方向性

修正前

「何倍かを表すときには，小数を使うことがある。」

・知識・理解のまとめだけで終わってしまっている。
・小数倍のよさについて考えられるようにしたい。
・これまでの学習とのつながりや生活経験などとつなげたい。

修正案

「倍を表すときにも小数が使える。」
「ぴったり○倍ではないものも，小数を使うと表すことができる。」
「先生の身長は，ぼくの身長の1.5倍，と使えそう。」

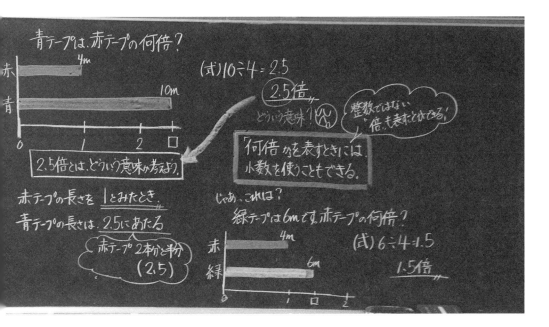

修正後の本時の主旨

> 整数倍から小数倍，小数倍から他の小数倍へと説明をつなぐ

既習である整数倍から導入し，「8mは4mを1とすると2に当たる」ということを「2倍」の意味として捉え直し，小数倍へとつないでいく。そして，2.5倍の意味をもとに3.7倍の意味を考え説明へとつなぎ，小数倍の意味についての理解を深めたい。

「子供の問い」について修正の方向性

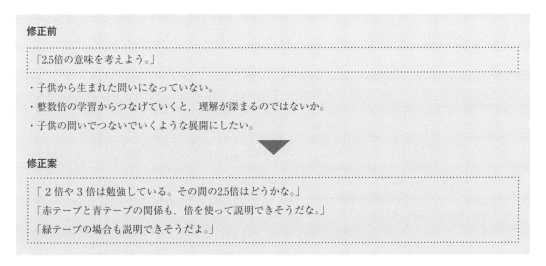

第4学年「小数のかけ算とわり算」

第4学年 「小数のかけ算とわり算」 After

見方：着眼点
◆青テープの長さと赤テープの長さの関係

考え方：思考・認知，表現方法
◆青テープの長さと赤テープの長さの関係を図や式で表現すること

見方・考え方の成長
◆他の場面での小数倍の意味について説明すること

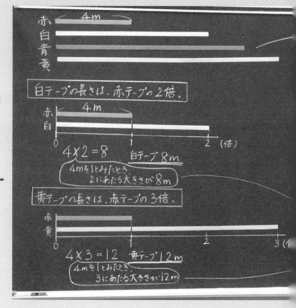

本時展開

整数倍で学習した乗法の意味について説明する	○問題場面を把握し，見通しをもつ ・白テープ，黄テープの長さと赤テープの長さの関係について調べる。 ○既習事項を整理し，「小数倍」と比較できるようにする。 ・整数倍の意味について確認する。**TCと分析①**
小数倍の意味について考察する	○問いの焦点化 ・青テープの長さと赤テープの長さの関係について調べ，小数を用いて倍を表すことができることを見いだす。**TCと分析②**
他の小数倍の意味についても同様に考察する	○他の場面での小数倍についての考察 ・緑テープの長さと赤テープの長さの関係について調べ，青テープのときと同様に小数倍について考える。 ・身の回りに使われている小数倍について想起し，本時と関連させて考える。**TCと分析③**

授業の実際　**TCと分析①**

T 白テープの長さは，赤テープの長さの2倍です。
　　白テープの長さはどれだけありますか。

C 2倍なので4×2で8mです。

C 4mが2つ分ということです。

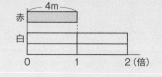

T 赤テープの長さ4mを1としたときに，…。

C 4mを1としたときに，2に当たる大きさが8mです。

T では，黄テープは？

> 　第3学年で学習した整数を用いた倍と比較しながら小数を用いた倍について考えることができるように，既習の問題から入る。

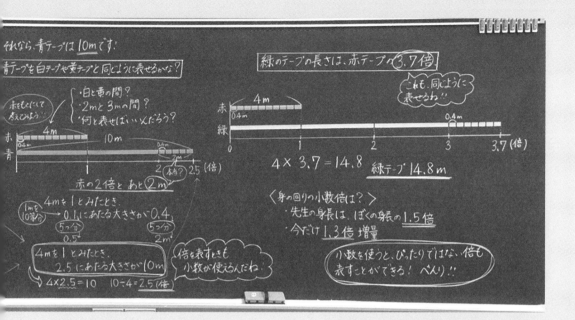

授業の実際 TCと分析②

T 青テープは10mあります。さっきの白テープや黄テープと同じように表せますか。
C 青テープは何倍と言えばいいのかな。
C 白と黄の間？ 2倍と3倍の間？
C 4×□＝10ということだから…。
C 10÷4で2.5倍？
C 2.5倍ってどういうことかな。

授業の実際 TCと分析③

T 3.7倍も同じように説明できるかな。
C 赤テープが3つ分と，赤テープを10等分したうちの7つ分の長さです。
C 3倍は，4mを1とみたときに，3に当たる大きさです。
　0.7倍は，4mを1とみたときに，0.7に当たる大きさです。
C ぴったり○倍じゃない倍の数も，小数を使えば表すことができるね。

「青テープ赤の何倍と言ったらよいのか」という問いをもつことで，小数は量を表すだけでなく，倍を表す場合があることを理解できるようにする。また，理解したつもりでいても，説明し始めると言葉が続かないことがあるので，一人一人が自分の言葉で説明する時間を確保するようにしたい。

本実践の価値

- 「何倍かを表すときには小数を使うことがある」という知識のまとめのみに終始するのではなく，そうすることでどんなよさがあるのか，新たに獲得した視点で身の回りの事象を見つめ直すとどうなるのか等，子供の思考をつなげていくとよい。
- 青テープまでではなく，さらに緑テープの長さについても考察し，他の小数倍も同様に説明することができるように育てようとしている。どのような子供の姿をゴールとして単元や本時を描いていくのかが重要である。
- 倍を表す数が小数になる場面によって，包含除の意味を拡張する。これまでのようにうまくいかない場合に出合ったとき，どうやって同じように考えることができるようになるのか，拡張するプロセスを子供が認知できるようにしたい。

第4学年「小数のかけ算とわり算」　105

教材分析と単元計画

第４学年「直方体と立方体」

1　本単元における資質・能力の分析

生きて働く「知識・技能」

ア（ア）ものの位置の表し方について理解すること。

> 　ものの位置を，表す場合には，横や縦，高さの要素が必要であることを理解する。それらの要素を数値化して，平面の上にあるものを横と縦，空間の中にあるものを横と縦と高さの数値を用いて表現する。そのために，マス目を使った作図を通して，これまでのような三角定規や分度器などの道具を使ってかくのではなく，マスを数えることで，頂点が決まることに気付かせる。そのとき，位置が決まる構成要素として，基準となる点の存在に気付くことができるようにする。

未知の状況にも対応できる「思考力・判断力・表現力等」

イ（ア）平面や空間における位置を決める要素に着目し，その位置を数を用いて表現する方法を考察すること。

> 　平面や空間での位置決定は既習の学習の比較によって，その要素を導き出せるようにする。例えば，二等辺三角形では，底辺に対してもう一点決めないといけない。それは，白紙上では，様々な道具で位置決定がなされるが，マス目上だとある点から数えたら位置決定できる。必ず，２数で位置を決めることができる。空間に発展したときに，立体の構成要素に着目して，３つの数で示せそうだと，これまでの学習を統合的に見られるようにする。

学びを人生や社会に生かそうとする「学びに向かう力・人間性等」

・数学的に表現・処理したことを振り返り，多面的に捉え検討してよりよいものを求めて粘り強く考える態度。
・数学のよさに気付き学習したことを生活や学習に活用しようとする態度。

> 　これまでの学習を振り返り，既習を別の視点から捉え直し，それを表現する活動を通して，発展的・統合的に物事を見ること，かつ，一つの事象を多面的に見ようとする態度を育成する。

2　数学的な見方・考え方の系統

〈１年〉
方向や位置を決める要素に着目

その表現する方法について考察すること

〈本単元〉
平面や空間における位置を決める要素に着目

その位置を数を用いて表現する方法を考察すること

〈中学〉
座標平面上にある点の位置を決める要素に着目

・二つの数量の変化や対応を調べ，比例・反比例を関数として捉え直す
・二つの数量の変化や対応を調べることを通して，一次関数について考察する

106　第２章　資質・能力ベイスの授業へ

3 単元の主張

　直方体や立方体の構成要素に着目し，既習の学習である平行や垂直関係で見直していく。さらに，ものの位置を表現する際に，これまでの既習の学習と比べ，新たな視点で物事を捉え直し，発展的に課題を解決することができるようにする。

新たな視点での捉え直し

　これまで位置を決定する場面は，主に作図のときに用いられていた。作図では，角度や長さなどに着目して位置決定を行ってきた。本単元では，座標の見方につながる，横，縦，2つの要素に着目し，位置決定ができる新たな見方を獲得できるようにする。

既習の学習での見直し

　4年生では，図形を構成する要素について，新たに位置関係という見方ができるようになった。その見方で，立体も見直せるようにしていく。

4 単元計画

時	学習活動の概要	目指す子供の姿
1・2	○立体の観察 ○立体の特徴や性質の理解	・身の回りのいろいろな箱や建物を，自分で視点を決め，仲間分けをする。どのような理由で分けたのか，特徴をもとに説明する。 ・面や辺，頂点の関係を見たり，既習の学習を想起しながら対象の立体を見たりしながら構成要素に着目し，直方体，立方体の特徴や性質を理解する。
3・4	○直方体・立方体の展開図をかく	・立体がどのような構造をしているのかを理解し，自分で作成する意欲をもつ。 ・展開図の意味を理解し，直方体や立方体の展開図をかく。 ・直方体や立方体の展開図をかき，組み立て，辺や頂点のつながりや，頂点や面の位置関係について考察する。
5〜7	○面や辺の垂直・平行 ○見取り図をかく	・日常場面で直方体や立方体が多く使われている理由について考察する。 ・直方体や立方体の中に，垂直や平行の関係を見いだし，面や辺，頂点の関係を考察する。 ・見取り図のかき方を考え，かき方を理解する。
8・9	○位置の表し方【本時】	・これまでの学習を生かしつつ，平行四辺形の作図と比べながら，平面上の位置関係の示し方を考える。 ・ものの位置の構成要素について理解する。 ・空間にある位置の示し方について考える。
10	○学習を総合する 　ものの位置と平面図形・立体図形	・平面上のものの位置について，図形を見いだし，構成要素や位置関係に着目して捉える。 ・場面を平面から立体に広げ同じように捉える。

見方・考え方が成長する単元デザイン

　単元の導入では，直方体や立方体を面や辺，頂点の関係について，平行・垂直といった位置関係で見つめ直す。子供が位置関係に着目できるように，具体物を使って，じっくりと観察できるようにする。

　ものの位置の表し方について考える場面では，白紙上で行う作図と，マス目上で行う作図の仕方について比較することで，基準点に着眼し，それぞれの点を決める要素が違うことに気付けるようにする。マス目上では，横，縦それぞれ基準点からどれくらい動いたか，2つの長さ（数）で位置を決めることができることに気付き，位置を決める新たな見方を獲得できるようにする。さらに既習の図形について，構成要素や位置関係に着目し頂点の位置を決める活動を位置付ける。その経験をもとに，平面では基準点と縦の線，横の線，ものの位置を見つめ，長方形を見いだせるように，立体では高さも加え直方体を見いだせるようにする。

　ものの位置を考える中で，図形を見いだしたり，図形の構成要素や位置関係に着目したり，総合して捉えることができるようにする。本単元を通して，中学での座標につながる見方・考え方の素地を培うとともに，これまでの学習を総合して捉えることで理解を深める。

第4学年「直方体と立方体」　107

第4学年 「直方体と立方体」 Before ──

「Before」の課題
◆新しい見方としては捉えられないこと
◆基準点の重要性に気付けないこと
◆関連性に乏しく，発展的に考えたとは言えないこと

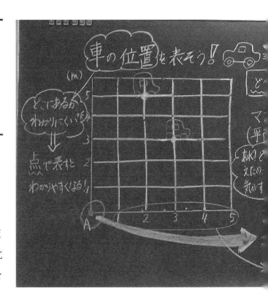

「資質・能力」の分析から

新たな視点として「位置を決める要素」を捉えさせる

作図では底辺をかいたら，残りの点を決める作業を行う。まさに，位置を決める要素に着目する場面である。この場面と比較させることで，マス目上で行ったときの位置を決める要素を新たな見方として獲得させたい。

「見方・考え方及びその成長」から改善のポイントを探る

平面上での位置を決める要素についてしっかりと着目させる

この単元では，ものの位置を決める要素について着目させるが，縦横の2方向からどのくらいの距離にあるかということだけでなく，基準点からどのくらいかということ。さらには，基準点が違えば表し方も変わることに気付かせたい。

「基準点を定め，そこから縦横2方向にどれくらいの距離にあるか」というところに着目することで，平面上の位置決定ができる。そこから，発展的に考え，空間の中の位置を決める要素についても類推して考えられるようにしていきたい。

「ゴールの姿」について修正の方向性

修正前

平面上の点の位置は，2つの数字で表し，空間にある点の位置は3つの数字で表すことができる。

・基準点について丁寧に扱っていなかったので，基準点を定める大切さが実感できていなかった。
・平面を丁寧に扱わないと空間について考えるとき，類推して考えるのは難しい。
・急にマスが出てきても，子供はどのような見方を働かせたのかが自覚できない。これまでの学習とのつながりを明確にする必要がある。

▼

修正案

「マスを使ってかくと，2つの数字で頂点の場所が分かるので，白紙の紙に作図するときに比べて楽にかける。」
「基準点を決めないと，表し方がみんなバラバラになる。」
「高さを表すためには，3つ目の数字が必要だ。」

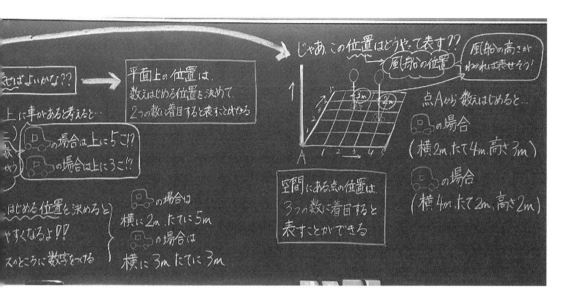

修正後の本時の主旨

2つの作図の方法から，位置を決める要素を見直す

　白紙上とマス目上での作図の仕方について考える。マス目上だと，簡単にかくことができる理由を考えることで，位置を決める新たな要素を見いだしていく。

見方が成長する姿を描く

　今回，新たに獲得した見方を成長させていくには，発展的に考えることが必要であると考えた。「高さという3つ目の要素に着目できれば，空間の位置も捉えられる」という，見方を自ら成長させていける態度につなげたい。

「子供の問い」について修正の方向性

修正前

「マス目を利用した点Dの表し方を考えよう。」
「点Bから考えて点Eはどう表す。」
「立体ではどうなる。」

・どのようにして位置決定をしたのかが，子供たちの中で明確にならない。
・ひし形で考えるのは難しい。点を表す活動を取り入れると子供たちも実感が湧くのでは。

▼

修正案

　3つの問いにつないでいく。
「マスを使ってかくと，どうして簡単にかけるのだろう。」
「位置あてゲームをやるときに，みんな表し方が違うのはどうして。」
「位置あてゲームに，旗が立ったよ。この旗の位置はどうやって表したらよいのだろう。」

第4学年「直方体と立方体」

第4学年 「直方体と立方体」 After —

見方：着眼点
- ◆平面における位置を決める要素
- ◆図形の構成要素や位置関係

考え方：思考・認知，表現方法
- ◆位置を数を用いて表現する方法の考察
- ◆平面から立体へ場面を発展させる

見方・考え方の成長
- ◆平面における位置を決める要素に着目し，数を用いて表したり，立体においても発展的に考えたりする

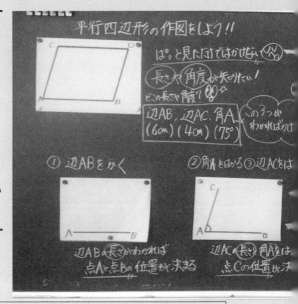

本時展開

問題場面を把握し，問題解決に必要な平面における位置を決める要素を見いだす	○問題場面を丁寧に共有する ・平行四辺形の頂点の決定方法について確認する。 ○問いの焦点化 ・「頂点を決定するときに，マスがある方が簡単にできる」というのはなぜかという問いをもつ。 **TCと分析①**
日常の場面から基準点の必要性を実感したり，どんな位置でも2数で示せる簡易性を実感したりするとともに，原点の表し方や横列，縦列の場所の表し方を考える	○新たな視点で，点の位置を決める要素について捉える ・実際にマスの上で作図を行い，操作を通して簡単に描ける理由を探る。 ○体験的な活動を通して，よさを実感するとともに，新たな問いをもつ ・「位置あてゲーム」を通して，どんな位置でも2数で表せるよさを実感する。 ・マーカーの置いてある位置を表す際，一人一人の表し方が異なっていることに疑問をもち，それが基準点を定めていないことが原因であることに気付く。**TCと分析②**
空間における位置の表し方について平面の学習から類推して考える	○発展的に考える ・平面で考えていた場面を，空間に変えることでどのように表せばよいか考えるようにする。 ・平面での学びから類推して考え，空間における位置の表し方についても発展的に考えられるようにする。

授業の実際　TCと分析①

C　マスがないときは，辺の長さや角度を測りながら作図していたね。

T　では，マスがあるときはどうかな。

C　マスがあると縦と横にどれだけ進んだかを見ればよいので簡単にかけるはず。

　平行四辺形の作図の仕方について振り返っていく中で，マスがあったら簡単にかけるという意見が出てきた。このように，子供はマスのよさを実感している。では，それは「なぜなのか」という問いをもたせることで，その理由を考えさせ，本時のねらいへと近づけていく。

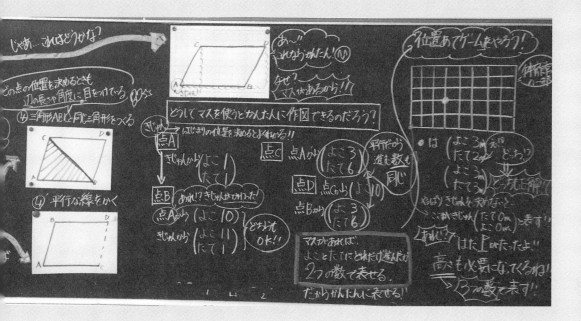

授業の実際　TCと分析②

C　みんなの答えが違う。でもみんな正解だよ。どうして。
C　分かった。どこから数えているかが違うからだよ。数え始める場所を決めないと。
C　横3m・縦0mという表し方もあるんだね。だったら、数え始めの場所は、横0m・縦0mね。
C　旗が立ったよ。あの旗の位置はどうやって表せばいいの。
C　高さを入れればいいんじゃない。3つ目の数字だ。

「位置あてゲーム」という体験的な活動を行うことで、基準点が違うと表し方も変わることに気付き、基準点を定めることの重要性にも気付ける。また、この活動では、座標につながる見方や空間の中で位置を決定する見方にもつながった。

本実践の価値

- 中学校での座標平面へまで見方・考え方を貫き、ゴールの姿を設定している。また、平行四辺形に合同な直角三角形を見いだして説明するなど、図形を見る目を豊かにする本時デザインとなっている。
- 既習である平行四辺形の作図から導入することで、点の位置を探すのは方眼上が容易であるという経験を掘り起こしている。方眼をかぶせると、コンパスや分度器を使わなくても定規だけで図形をかくことができる。これまでの作図では、例えば「60°に3cm」などというふうに点の位置を決めていた。その他にも位置の決め方があり、直交座標へとつなげている。「だから横と縦が大事なんだ！」と子供の見方・考え方を働かせるように本時のデザインを行っている。
- 空間の中にあるものの位置を表すにはどうすればよいのかを、平面の学習から類推して考えられるようにしている。「じゃあ、あそこだったら？」と旗を立てることで、高さを入れればいいというアイデアを引き出している。

第4学年「直方体と立方体」

教材分析と単元計画

第４学年「簡単な場合についての割合」

1　本単元における資質・能力の分析

生きて働く「知識・技能」

ア（ア）簡単な場合について，ある二つの数量の関係と別の二つの数量の関係とを比べる場合に割合
　　　　を用いる場合があることを知ること。

> 　二つの数量の関係が，基準とする数量を１とみたときに，もう一方の数量が，２倍，３倍，４
> 倍など，簡単な整数で割合が表される場面についての学習を行う。二つの数量の関係どうしを比
> べる際に，差に着目するだけでなく，割合に着目して比較できることを理解できるようにする。

【未知の状況にも対応できる「思考力・判断力・表現力等」】

イ（ア）日常の事象における数量の関係に着目し，図や式などを用いて，ある二つの数量の関係と別
　　　　の二つの数量の関係との比べ方を考察すること。

> 　日常事象における増えたり，減ったりする量に着目し，どれくらい増えたり減ったりしたのか，
> 筋道立てて判断・表現できるようにする。図などで関係を調べたり，式で関係を表したりして，
> 数量の関係どうしを比べること。差で比べるだけでなく，割合に着目して比べられることを，日
> 常事象の特徴に応じて説明する。

学びを人生や社会に生かそうとする「学びに向かう力・人間性等」

・数学的に表現・処理したことを振り返り，多面的に捉え検討してよりよいものを求めて粘り強く考
　える態度。
・数学のよさに気付き学習したことを生活や学習に活用しようとする態度。

> 　二つの数量の関係は差で表すだけでなく，割合でも表すことができることに気付き，場面に
> よって差で比べたり，割合で比べたりしてよりよく問題を解決していこうとする態度の育成を目
> 指す。そして，関係が小数や分数で表される場合を扱う，第５学年の学習に，関係の比べ方や調
> べ方を生かしていく。

2　数学的な見方・考え方の系統

〈本単元〉

二つの量の関係に着目

図や式などを用いて，ある二つの数量
の関係と別の二つの数量の関係との比
べ方を考察する

・簡単な割合

〈５年〉

二つの量の関係に着目

図や式などを用いて，ある二つの数量
の関係と別の二つの数量の関係との比
べ方を考察し，それを日常生活に生か
す

・割合，百分率
・単位量当たりの大きさ

〈６年〉

二つの数量の関係に着目
比例関係に着目

図や式などを用いて数量の関係の比べ
方を考察し，それを日常生活に生かす

・比

112　第２章　資質・能力ベイスの授業へ

3 単元の主張

単元を通して二つの数量の関係に着目し，その関係どうしを比較していく。差で比較したり，割合で比較したりして，どんな場合に割合で表せるのか，割合で表す方がよいのか判断する力を育てる。

日常の事象について数を用いて，明瞭・的確に表現する

日常の事象には，ゴムの伸び具合，値段の上がり具合など「～具合」などと表現されるものがあり，多くは二つの数量の関係を表現している。感覚的な「～具合」を明瞭・的確に表現して比べようとすることを通して，数に着目して判断できるようにする。

二つの数量の関係に着目し，差や割合で表現する

まずは，児童が二つの数量に着目する必要に気付けるようにする。そして，目的に応じて，差で比べる方がよいか，割合で比べる方がよいか考えていく。さらに，比例関係に着目することで，割合で比べてよいことの根拠を明確にしながら，二つの数量の関係どうしを比べ，大小を判断していく。

4 単元計画

時	学習活動の概要	目指す子供の姿
1	○割合に着目した二つの数量の関係と別の二つの数量の関係の考察【本時】	・ゴムの伸び具合を図や式に表し，差で比べることの限界を知ることで，割合に着目して考察する。 ・割合で比べることの特徴やよさについて考える。
2	○割合に着目した比べ方の日常への活用	・値上がりについて割合に着目して考える。 ・差で比べるのがよいか，割合が比べるのがよいか検討する。
3	○割合と乗法の関係の統合的な考察	・基準量と割合が分かっている場合の比較量の求め方を考える。 ・基準量，比較量，割合の関係を乗法や除法の式に表現し，関係を考察する。

見方・考え方が成長する単元デザイン

本単元は，第5学年での割合に向けて段階的に理解を深められるように，簡単な場合として位置付いている。日常生活での感覚的な経験や，算数の学習でこれまで培ってきた割合の見方・考え方を，整数で表される場面で割合として整理する。差で比較するか，割合で比較するか，場面に応じて二つの数量の関係に着目し，それらの関係どうしについて捉える力を育成する。

単元の導入では，ゴムの伸び具合を比較する場面を扱う。全体が伸びるゴムの性質により倍のイメージを捉えさせたい。はじめは感覚的に，どちらが伸びているか比べるが，はっきりしないことに子供は気付く。そこで，はじめの長さと伸ばした後の長さを調べ，何とか的確に判断，表現しようとする。2種類の伸び方を示すことで，それぞれ伸びる前後の長さに着目して，どちらが大きく伸びたかに子供が問いをもてるようにする。そして，子供はゴムの伸び具合を差で表したり，何倍か（割合）で表したりすることについて振り返り，差と割合のどちらで表した方が，場面を的確に表現しているか検討することで，差で比べることと割合で比べることの特徴について考察する。

ゴムの伸び具合の場面で学習したことを今度は，値上がりの具合のような異なった場面にも適用し考える。数量の関係に着目し，どのような場合に割合に着目するとよいのか考えたり，割合に着目できる場合には比例の関係が内在していることに気付いたりすることで，さらに他の場面に適用しようとしていこうとする子供の姿を目指す。

このような学習を通して，二つの数量の関係を表現する方法には差と割合があることをまとめ，他の場面についても，その場面の特徴に応じて差で表すことや割合で表すことを自在に活用していけるようにする。

第4学年「簡単な場合についての割合」　113

第4学年 「簡単な場合についての割合」 # Before

「Before」の課題
- 日常の事象を扱っているが，解決したことが，実際の生活につながらないこと
- 差で比べたり，割合で比べたりすることに子供が問いをもてないこと

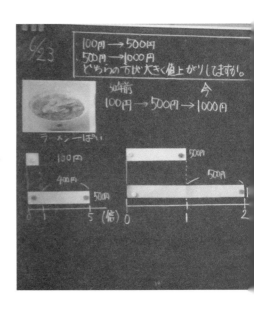

「資質・能力」の分析から

割合で比べた方がよいことの根拠を語り，生活へ生かそうとする

　こづかいの値上がりの具合と買う物の値上がり方を比べることで，損をしないように考える。考える必然性を感じられるようにするとともに，さらに生活に生かそうとする態度を育てたい。

「見方・考え方及びその成長」から改善のポイントを探る

差で比べることと割合で比べることの2つの比べ方を比較する

　これまでは差で比べることに慣れてきている。ここではさらに割合で比べることも扱うが，差で比べることに親しんできた子供にとって，割合で比べることの価値が分からなければ，これから割合で比べることもしていこうとは考えない。どちらもあるというだけでなく，それぞれにどんな意味や価値があるのかを場面に即して考えられるようにしたい。そうすることで，これまで身に付けてきた二量の関係を差で表すことに加え，割合（何倍か）でも表し，場に応じた比較の方法を考えることができるようにしたい。

「ゴールの姿」について修正の方向性

修正前
「ラーメンは10倍になったのに，こづかいは2倍にしかなっていない。」
「わり算で何倍かを求めて比べた方がよいこともある。」

- 解決の結果をまとめるだけでなく，これからの生活に生かそうという意欲をもてるようにする。
- 差で比べるのでは，感覚的に捉えていることをうまく説明できない場面に出会い，これまでと違う比べ方に着目していくようにする。

修正案
「元の長さがそろっていると，差で比べることができる。」
「倍では，元の長さがそろっていなくても比べられる。」
「元の長さがそろっていなくても比べられるので，何倍かで比べる方法はいつでも使えて便利。」

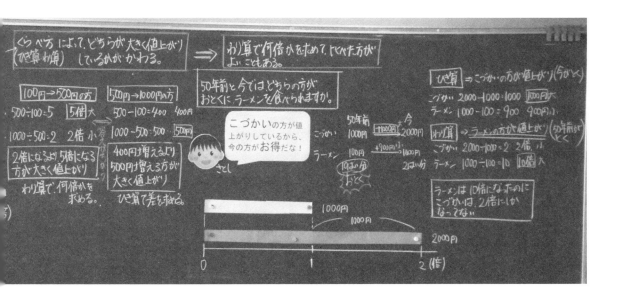

修正後の本時の主旨

日常事象から割合で比べる必要に気付く

単純に差で比べることもできるが,それでよいのか立ち止まって考えるようにする。差で比べる以外の見方ができないか考えることで,割合(何倍か)を見ていこうという意欲をもたせたい。

数量の比べ方が多様になり広がっていく姿を描く

子供が必要性を感じて,二量の関係を差で表す方法に加え,割合(何倍か)で表す方法についても考えていく。このことを通して,数量の比べ方に新たな方法が加わったことに子供が気付けるようにしたい。

「子供の問い」について修正の方向性

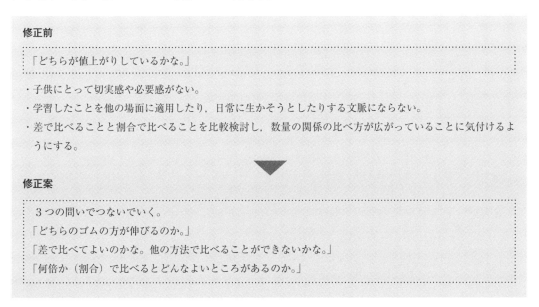

第4学年「簡単な場合についての割合」　115

第4学年 「簡単な場合についての割合」 **After**

見方：着眼点
◆元のゴムの長さと伸びた後のゴムの長さとの関係

考え方：思考・認知，表現方法
◆元のゴムの長さと伸びた後のゴムの長さとの関係を数や式で表現すること

見方・考え方の成長
◆場面や目的に応じて，二つの数量の関係どうしを差で比べたり，割合で比べたりすること

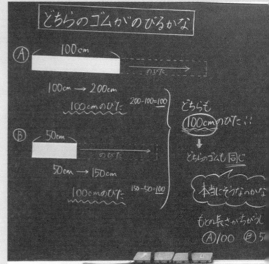

本時展開

ある二つの数量の関係と別の二つの数量の関係に着目する	○ゴムの伸び具合について考える ・ゴムAとゴムBどちらの方が伸びたのかを考える。 ○問いの焦点化 ・差での比較をもとに同じ伸び具合というアイデアについて，本当に同じ伸び具合だと言えるのか考える。 TCと分析①
ある二つの数量の関係と別の二つの数量の関係どうしの比べ方を考察する	○ゴムの伸び方を差だけでなく，何倍か（割合）でも表現する ・反対に伸びた状態から元に戻し，差で比べた場合と割合で比べた場合を比較して，どちらの方がよいのか考え説明する。 TCと分析②
割合に着目して，二つの数量の関係を表したり，具体的な数量を考えたりする	○割合に着目したことを用いて，AとBのゴムの伸び具合についてもう一度考える ・倍の見方を用いると，ゴムBの方がAよりも伸びると言えることを説明する。 TCと分析③

授業の実際　TCと分析①

T　AのゴムとBのゴムがあります。まずAのゴムを伸ばします。
C　100cmの伸びた！
T　Bのゴムを伸ばします。
C　100cm 伸びた！
C　AもBも100cm 伸びたね。
T　AとBどちらのゴムの方がよく伸びると言えるかな。
C　どちらも100cm 伸びているから同じだよ。
C　でも，元の長さが違うよ…。

　実際にゴムを伸ばして，伸びた長さが同じであることを確認する。そして，AとB2つのゴムの伸び具合が「本当に同じと言ってよいのか」という問いを引き出す。

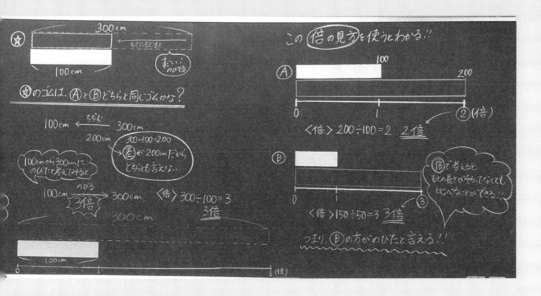

授業の実際　TCと分析②

T　この伸ばしたゴムはどれくらい伸びているでしょうか。

C　元の長さが分からないとどれくらい伸びたのかが分からないよ。

C　100cm から 300cm に伸びているから 200cm 伸びている。

C　3倍伸びているとも言えるよ。

授業の実際　TCと分析③

T　AのゴムとBのゴムは，何倍伸びたと言えますか。

C　200÷100で，Aは2倍。

C　150÷50で，Bは3倍。

C　これで考えると，Bの方が伸びるゴムだと言えるね。

C　何倍で考えるとよいときもあるんだね。

差で比べると判断できないが，何倍で比べると判断できる。数量の関係を捉える際に基準量と比較量の関係を何倍として捉えることが，この場面では有用であることに気付けるようにする。

本実践の価値

- ・割合では数量の関係を捉えて問題を解決したり，事象を考察したりする活動を通し，的確に判断し表現するよさに気付き，活用していく態度を養う。倍は基準に対しての比較量の関係。割合はその関係性。倍はその両者間のみの関係だが，割合はその関係がどこでも保持されている関係と考えることができる。つまり比例を前提，仮定とする考え方であると言える。数量の関係を「表現」として捉えていく倍と，「基準の置き方」として捉えていく割合。倍の関係は，基準を一方に置いたときの表現を考える。割合は基準をどこに置くかを考える。場面に応じて基準を置かなければ，事象を適切に捉え，問題解決を図ることができないためである。倍の関係は割合に基づくと考え，数量の関係の捉え方，その概念形成という点から系統を検証していくことが必要である。
- ・4年の中で，この学習に関わることが3ケ所出てくる。1つはC領域，「変化と関係」の中での「変わり方調べ」，それからこの単元。そして，わり算の計算の範囲の拡張ということで，小数倍の学習である。どのような順で指導していくかも研究の対象となる。
- ・これまでの経験から，一方（A）からもう一方（B）を見つめた場面だけでなく，逆にBからAを見つめる場面に子供が着眼するような本時デザインにより，第5学年の割合に向けてののりしろとなっている。

教材分析と単元計画

第4学年「資料の整理」

1 本単元における資質・能力の分析

生きて働く「知識・技能」

ア（ア）データを2つの観点から分類整理する方法を知ること。

> 　日時や曜日などの観点から目的に応じた項目を2つ選び分類整理できるようにする。また，2つの観点からデータを調べるときに，物事を分類整理したり，論理的に起こりうる場合を調べたり，落ちや重なりがないように考えたりできるようにする。

未知の状況にも対応できる「思考力・判断力・表現力等」

イ（ア）目的に応じてデータを集めて分類整理し，データの特徴や傾向に着目し，問題を解決するために適切なグラフを選択して判断し，その結論について考察すること。

> 　判断や考察したい事象を問題場面として設定し，その解決すべき問題に関するデータを収集し分類整理できるようにする。その際，結果の見通しをもたせデータを集める観点をはっきりさせたり，特徴や傾向をつかむことができる表現方法を選択したりできるようにしたりする。そこから得られた結論が，問題解決にかなうものであるか，誤っていないかなどを考えられるようにもする。

学びを人生や社会に生かそうとする「学びに向かう力・人間性等」

・数学的に表現・処理したことを振り返り，多面的に捉え検討してよりよいものを求めて粘り強く考える態度。
・数学のよさに気付き学習したことを生活や学習に活用しようとする態度。

> 　日常事象から算数の問題を見いだし，集めたデータから何を考察するのか。「Aからはこう言えるが，Bからは必ずしもそう言えない。Cも考えると，〜ことが言えるから，○○するのはどうか」など，日常生活の改善など目的に応じて粘り強く多面的に考えられる態度を育成する。また，正しい結果が得られるように間違いをなくしていこうとする態度も育成する。

2 数学的な見方・考え方の系統

〈3年〉

データを整理する観点に着目

身の回りの事象について表やグラフを用いて考察して，見いだしたことを表現する

・簡単な二次元表
・棒グラフ

〈本単元〉

目的に応じてデータを集めて分類整理し，データの特徴や傾向に着目

問題を解決するために適切なグラフを選択して判断し，その結論について考察する

・折れ線グラフ
・二次元表

〈5年〉

目的に応じてデータを集めて分類整理し，データの特徴や傾向に着目

問題を解決するために適切なグラフを選択して判断し，その結論について多面的に捉え考察すること

・円グラフ
・帯グラフ

118　第2章　資質・能力ベイスの授業へ

3 単元の主張

PPDAC を回すことを少しずつ子供に委ねながら進めるために，これまでの経験を生かしながら，目的意識を明確にもつこと，データを集めて分類整理するために，目的に応じて，観点に着目することなどを確認しながら進める。データを集めて分類整理する場面では，目的に応じ，ある観点から起こりうる場合を分類し，項目を決めることを丁寧に行う。

批判的にデータを見る

これまでの経験から，一次元の表に整理して分析した結果について，子供の違和感をもとに批判的に捉え，「本当にそうなのか」という子供の問いをもとに，二次元表で分析する必要を引き出す。

分類整理したデータの観察

目的に応じてデータを集めて分類整理した表について，じっくりと観察し，議論しながら表を多面的に見られるようにする。複数の項目を比較することで，判断するために必要なデータを取り出して考えるようにする。

4 単元計画

時	学習活動の概要	目指す子供の姿
1	○問題把握 ○収集計画の立案	・日常生活を振り返る中で，ケガが多いという問題が生じていることに気付き，その原因究明に向けた解決策について見通しをもつ。 ・問題を解決していくためには，データの収集が必要だということに気付き，収集計画を立てる。
2	○データの収集 ○表への整理	・ケガの状況を，子供が見いだした場所・時間帯・種類という 3 つの観点で収集し，その一つ一つを表で整理する。
3	○整理した表をもとに，特徴や傾向を把握【本時】 ○振り返り	・観点別に整理した表から，特徴や傾向を把握する。その中で，2 つの観点を抽出し，二次元表にすることで，新たな特徴や傾向を発見し，課題の解決策を具体的に考え実行していく。
4	○新たな課題の発見	・これまでの学習過程で身に付いた力を活用して，ケガの防止策について自分が調べたいことや疑問に思っていることをはっきりさせる目的で表を作成して考察し，二次元表の見方・考え方を深める。 ・4 項目を，二次元表で表し，そのよさを実感できるようにする。

見方・考え方が成長する単元デザイン

日常の事象から問題意識をもち，その解決を目的として共有するプロセスを丁寧に描く。既習を生かし，目的に応じてデータを収集するために，データを整理する観点に着目する。子供が設定したいくつかの観点で収集したデータについて，二次元表に分類整理する必要がある文脈を描くとともに，落ちや重なりに着目して整理できるようにする。

単元の導入では，自分たちの日常生活を振り返る中で，ケガに注目して問題意識を共有する。ケガを減らしたいという思いから，原因を探るために，ケガの種類や場所，時間など，子供がデータを収集する観点に着目できるようにする。単元全体の見通しをもち，まずデータを集め，分類整理する。分類整理する場面では，目的に応じ，定めた観点から起こりうる場合を分類し，項目を決めることが必要であることについて共有する。

そして，収集したデータを，一次元表や二次元表などに整理することで，その特徴や傾向を把握し課題解決に向けて生かせるようにする。正しい結果がうられるように間違いをなくしていこうとする視点も大切にする。二次元表について，はじめから与えるのではなく，一次元表で得られた解釈について，「本当にそう言えるのか」と批判的に考え，組み合わせた表の必要感を引き出してから二次元表に出合うようにする。

多面的に見ることで，これまでと違った解釈を得ることができたことを価値付け，1 つの解釈について他の見方はないかと考えていこうとする姿につなげる。

第 4 学年「資料の整理」　119

第4学年　「資料の整理」　# Before

「Before」の課題
- 一時間でPPDACのプロセスをたどるが，一つ一つの活動が具体的ではなく，特徴や傾向の把握が深まらない
- 二次元表のよさが実感しにくいこと

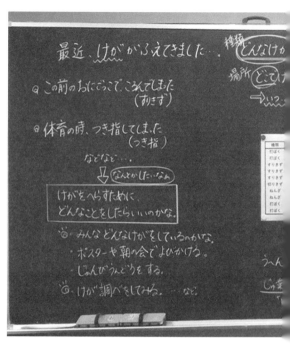

「資質・能力」の分析から

表を多様に考察する

分析する活動を一時間じっくり行う。そうすることで，整理した表をじっくりと観察し，そこから多くの特徴や傾向を把握することができる。また，二次元表に表すよさも実感することができる。

「見方・考え方及びその成長」から改善のポイントを探る

目的にある2項目に着目して表を整理し直す

この単元で育てたい見方・考え方は，目的に応じて整理し，特徴や傾向に着目し，問題解決に向けて適切な表を選択していく力である。そのためには，解決する問題をはっきりさせ，どのような観点で調べていくべきかをクラス全体で共有する必要がある。その目的や観点が明確になることで，一次元表で整理した表だけでは，課題解決につながらないことに気付き，そこから2つの観点を抽出し，二次元表に表すことで，解決に向けて特徴や傾向をつかむことができるようにする。

「ゴールの姿」について修正の方向性

修正前

「表にすると，ごちゃごちゃしていたものがスッキリして見やすくなる。」

- 表にまとめるという気付きだけでは，二次元表のよさの実感につながっていない。
- 問題の解決に適した表を選択できるようにしていきたい。
- 表をじっくりと観察できる時間がなく，特徴や傾向の読み取りが不十分。

▼

修正案

「表にまとめると，特徴や傾向が見えてきて問題の解決に生かすことができる。」
「2つの観点を決めて表に表すと，問題解決につながる結論を得ることができた。」

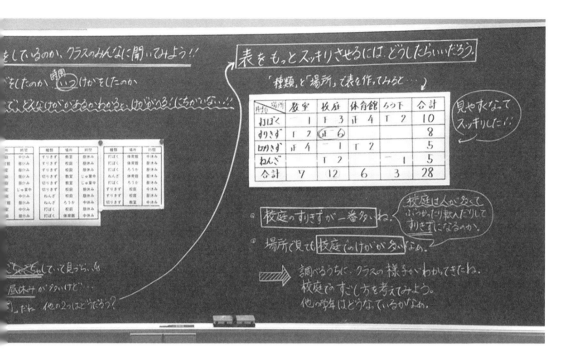

修正後の本時の主旨

<u>問題を解決するために適切な表を選択することができる場面の設定</u>

　本単元では，問題を解決するために適切な表を選択できる力の育成をねらいとしている。一次元表を分析した結果だけでは，自分たちの問題解決には有効でないことに気付かせるようにしていきたい。

<u>特徴や傾向に着目して考察する中で，二次元表のよさを実感する</u>

　一次元表では，解決できなかったことが二次元表に整理し直すことで，これまで知りえなかった新たな特徴や傾向をつかむことができ，課題解決に生かすことができた。こういった活動から二次元表に表すよさを実感できるようにしていく。

「子供の問い」について修正の方向性

修正前

「表がごちゃごちゃしていて分かりづらい。どうしたらよいかな。」

・課題解決のために表を選択するという学習活動が行えていない。
・バラバラな情報をスッキリさせるために，二次元表に整理し直すことも大切だが，課題解決のために，表を整理し直そうと思える展開にしていくことの方が重要である。また，この問いをもたせることが二次元表のよさの実感につながる。

▼

修正案

次のような流れで子供の問いでつないでいく。
「3つの表からいろいろなことが分かったけど，本当にこの気付きだけで対策を考えてよいのかな。」
「表を整理し直すと，さっきの気付きと違う気付きが見つかったよ。他にもっと分かることはないかな。」

第4学年「資料の整理」　121

第4学年 「資料の整理」 After

見方：着眼点
◆ 目的に応じてデータを集めて分類整理し，データの傾向や特徴に着目する

考え方：思考・認知，表現方法
◆ 問題を解決するために適切な表を選択して，その結論について考える

見方・考え方の成長
◆ データの傾向や特徴に着目し，課題解決に向けて表を整理し直し，その結論について考察する

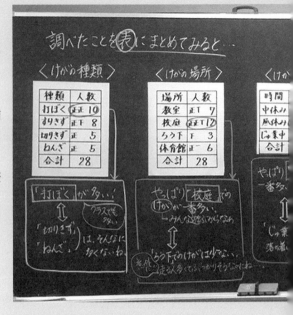

本時展開

前時で整理した表から特徴や傾向に着目し，考察する	○一次元表の分析 ・3つの観点（ケガの種類・時間帯・場所）でそれぞれ整理した表を特徴や傾向に着目して考察する。 ○問いの焦点化 ・分析したことが，本当に課題の解決につながるかを話し合う。 TCと分析①
課題の解決に向けて表を整理し直す 整理し直した表から結論について考察する	○二次元表へと整理し直す ・一次元表で，明らかになったことが課題解決につながらないことに気付き，2つの観点を合わせた表に整理し直す。 ○二次元表を分析し，考察する ・特徴や傾向に着目して，二次元表を分析した結果，新しいことに気付き，課題の解決に向けて見通しをもてるようにする。 TCと分析②
二次元表のよさを実感する	○学習を振り返り，二次元表のよさを実感する ・二次元表にすることで，不確かだった情報が明確になり，さらに，新たな発見もできたことを振り返り，二次元表のよさを実感する。

授業の実際　TCと分析①

T それぞれの表から様々なことが分かりましたね。これで，ケガを防ぐ方法が見つかりそうかな。

C ちょっと待って，本当に校庭での打撲が多いのかな？

C 確かに，表の一つ一つを見れば，そうだけど保健室の先生は，すり傷が多いと言っていたような気がする。

　一つ一つの表で分かったことを組み合わせるだけでは，その分析は確かではないことに気付かせたい。そのためには，調査をする段階で，ケガのことに対して様々な見解をもてるようにしておく。表から得た結果と調べたときの感覚を照らし合わせて批判的にも見ることができるようにしていきたい。

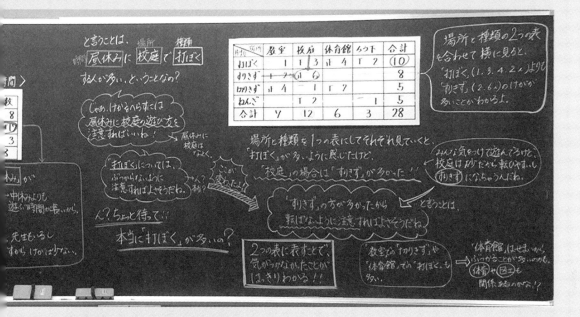

授業の実際　TCと分析②

C　場所とケガの種類を合わせて表にすると一番多いのは，校庭での打撲ではなく，校庭でのすり傷だったね。

C　本当だ！これは意外。

C　確かに，人が多いからぶつからないように気を付けているもんね。

C　校庭は，砂でできているから，転んだときにすり傷になることが多いからね。

C　ということは，ぶつかる人より転ぶ人の方が多いってこと？

C　これが分かると，昼休みの遊び方を変えるだけでケガが防げそう。

> 二次元表にしたことで，新たな発見をする場面。一次元表では見えなかったことが明確になることで，課題の解決に向けて具体的な方策も考察することができるようにしていく。

本実践の価値

・クラスの日常を振り返ることで，課題が自分事となり，主体的に取り組むことができていた。

・PPDACサイクルをしっかりと計画立てることで，子供たちが常に見通しをもって活動することができていた。また，このサイクルを少しずつ子供だけで回すことができるようになるように，子供の実態を捉えながら単元を進めていくことが大切。

・一次元表を整理し直すことで，二次元表のよさをより実感できていた。また，二次元表だとより多面的に見ることができ，課題解決に向けて考察も深まった。

・一次元表を批判的に見るためには，単元を通してそのように見ていく経験を繰り返し行っていく必要がある。分析を行うときには，自分の活動経験としっかり照らし合わせ，子供の違和感を丁寧に共有することが物事を批判的に見ることにもつながる。

・自分たちの生活改善に生かすことができたとき，そのことをしっかりと振り返ることで，統計を使うよさを知ることにもつながる。

第4学年「資料の整理」

教材分析と単元計画

第5学年「整数の性質」

1 本単元における資質・能力の分析

生きて働く「知識・技能」

ア（ア）整数は，観点を決めると偶数と奇数に類別されることを知ること。
　（イ）約数，倍数について知ること。

> 　偶数と奇数は単に数を順に分類した数の分け方であるという捉えから，2で割った余りによって分けられた数という見方に変えることができるようにする。また，ある数の約数や倍数の全体を，それぞれ一つの集合として捉えられるようにする。

未知の状況にも対応できる「思考力・判断力・表現力等」

イ（ア）乗法及び除法に着目し，観点を決めて整数を類別する仕方を考えたり，数の構成について考察したりするとともに，日常生活に生かすこと。

> 　「2で割ると1余る数」や「2で割ると商が整数となり，割り切れる数」など，乗法や除法に着目した観点で，整数全体を類別する方法を考える。また，日常生活の場面とも関連付けながら，数が大きくなっても簡単に処理することができるというように，整数についての理解を深め，数の見方を広げる素地となるようにする。

学びを人生や社会に生かそうとする「学びに向かう力・人間性等」

・数学的に表現・処理したことを振り返り，多面的に捉え検討してよりよいものを求めて粘り強く考える態度。
・数学のよさに気付き学習したことを生活や学習に活用しようとする態度。

> 　整数を観点を決めて類別したり，乗法的な構成に着目して集合を考えたりするなど，新たな視点から整数を捉えていくことにより，整数の見方や数に対する感覚を豊かにしていく。

2 数学的な見方・考え方の系統

〈4年〉

数のまとまりに着目

大きな数の大きさの比べ方や表し方を統合的に捉えるとともに，それを日常生活に生かす

・億，兆の単位
・整数の除法

〈本単元〉

乗法及び除法に着目

観点を決めて整数を類別する仕方を考えたり，数の構成について考察したりするとともに，日常生活に生かす

・偶数，奇数
・約数，倍数

〈6年〉

数の意味と表現，計算について成り立つ性質に着目

計算の仕方を多面的に捉えて考える

・分数の乗法，除法

124　第2章　資質・能力ベイスの授業へ

3 単元の主張

　単元を通して，整数を類別して集合と捉えたり，乗法的な構成に着目して集合を考えたりするなど，新たな視点から整数を捉え直し，様々な場面に活用するとともに，数に対する感覚をより豊かに育てていく。

観点を決めた数の類別

　本単元では，整数そのものを考察の対象としながら類別する方法を考えていく。整数をある観点を決めて考察することで，無限に並ぶ整数も，いくつかの集合に分類できるというように，整数についての理解を深めていく。

日常場面との関連

　より具体的な場面に即して問題を取り扱うことで，意味の理解を図ることができるようにしていく。事象を数理的に捉える見方・考え方を働かせ，日常生活に課題解決したことを生かしていこうとする態度を育成する。

4 単元計画

時	学習活動の概要	目指す子供の姿
1	○偶数と奇数の意味や性質 ○整数を類別する仕方	・2つのグループ分けの観点を考えることを通して，整数は，観点を決めると偶数と奇数に類別されることを理解する。 ・偶数と奇数は，2で割った余りによって類別された数という見方ができることを見いだし，整数についての理解を深める。
2・3	○倍数，公倍数，最小公倍数の意味 ○公倍数を適用した問題解決	・いくつかのグループ分けの観点を考え，倍数の意味やその見つけ方を数直線や表などで表して考える。 ・学級の給食当番と，委員会の当番の重なりを考え，その過程を振り返ることで，公倍数，最小公倍数の意味を理解する。
4・5	○約数，公約数，最大公約数の意味と求め方【本時】 ○素数の意味	・リレーのチーム分けの仕方を考えることを通して，約数の意味やその見つけ方を数直線や表などで表して考える。 ・公約数，最大公約数の意味を理解する。 ・素数の意味を理解する。
6	○日常の生活場面について問題解決する	・既習事項を想起しながら，観点を決めて整数を見ることで，整数への理解を深める。 ・数の構成について考察するとともに，日常生活に生かそうとすることができるようにする。

見方・考え方が成長する単元デザイン

　単元の導入では，身近な場面を通して類別するという観点から整数を見ていくことができるようにする。様々なグループの分け方ができると子供たちが見いだしていく中で，乗法や除法に着目するとよいのではないかという子供の見方を取り上げて進めていく。子供の着眼を生かし，単元全体を通して場面を広げながら，それぞれの場面に応じて観点を決めて類別していく。

　学級の給食当番と，委員会活動の当番の日が重なる日を求める場面では，それぞれが回ってくるときを考え，それらが重なる周期には乗法や除法に着目したきまりがあることを見いだしていく。このように，子供たちにとって自然な思考の流れで数の性質に着目していけるように，具体的な場面を設定する。さらに，その問題解決の過程を振り返ったときに，偶数や奇数，倍数や約数などを結び付けるような授業展開にしていくことで，整数の見方や整数に対する感覚を豊かにしていく。

　単元を通して，具体的な場面と結び付けながら，観点によって類別するという新しい視点で見ることができることに気付けるようにする。数学的な見方・考え方を成長させながら学習し，数を多面的に捉えようとしたり，集合で物事を捉えようとしたりする資質・能力を，この先の学習や日常生活に活用しようとする態度を養っていく。

第5学年「整数の性質」　125

第5学年 「整数の性質」 # Before

「Before」の課題
◆ 問題解決の方法と意味理解の結び付け方が曖昧であったこと
◆ 約数と倍数についての捉えが混同していたこと

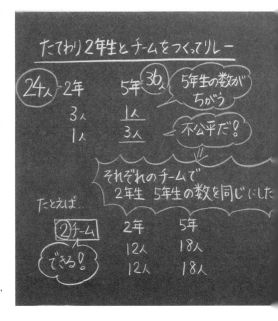

「資質・能力」の分析から

問題解決の過程をより丁寧にする

　子供の問いが生まれてから解決するまでの過程をより丁寧に振り返ることを大切にしたい。約数，公約数の意味理解と結び付ける場面であったが，問題解決のどの考え方を表しているのか，子供の思考を価値付けながら捉えていく。そして，その有用性まで子供たちが感じられるようにしたい。

「見方・考え方及びその成長」から改善のポイントを探る

乗法とつなげて見ることのできる手立て

　本時では，除法に着目した観点で整数を類別する方法を考えることをねらいとしていたが，既習である倍数の捉えと混同している子供の様子があった。九九が使えない数を問題場面として設定することや，表の表し方などの手立てを工夫することで，倍数の観点から考えた方がよいのか，約数の観点から考えた方がよいのかを議論するような授業展開にすることも考えられる。乗除の扱いについても子供たちと見方を広げ，リレーチームの数から捉えているのか，学級の人数から捉えているのかを課題として取り上げていくと，乗除の関係に着目していくきっかけになると考える。

「ゴールの姿」について修正の方向性

修正前

「平等にチーム分けをするには，両方とも割り切れる数である公約数を見つけるとよい。」

- 約数や公約数だけでなく，乗法に着目した見方も大切に扱う必要がある。
- 問題場面に即した見方として，乗法なのか除法なのかを子供たちと吟味できるようにしたい。
- 本時での問題場面だけでなく，日常生活でも活用して考えることができることに気付くようにしたい。

修正案

「倍数の考え方も使えるけれど，数が大きくなってくると時間がかかって大変になる。」
「何チームに分けられるのかを考えるときには，わり算で公約数を見つけると無駄な計算をせずにぱっと分かる。」

126　第2章　資質・能力ベイスの授業へ

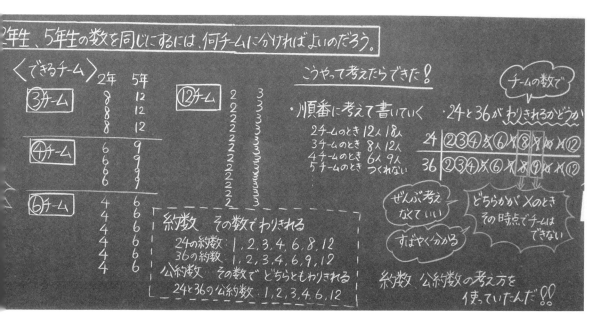

修正後の本時の主旨

問題解決の過程を知識・理解と結び付ける

　それぞれの整数の約数からなる集合の共通の要素を見いだす過程を子供たちと大切に扱っていきたい。リレーのチーム分けという具体的な場面から子供の問いを引き出し、その過程を振り返ったときに、知識・理解と結び付けるような授業展開にしていく。

数の見方を豊かにする

　数を捉えるときに乗法に着目するのか、除法に着目するのかを見いだせるようにしたい。どちらの見方も認めながら、問題場面に合った見方ができるように成長させたい。

「子供の問い」について修正の方向性

```
修正前

「2年生と5年生の数を同じにするには、何チームに分けたらよいのだろう。」
```

・何チームに分けるとよいのか、結果を求めることだけが目的とならないようにする。
・チーム数を求めることを通して、どのような見方・考え方をもとにしていたのかという振り返りにつながるようにする。
・倍数として考えていくよさや約数として考えていくよさに目を向けられるようにする。

▼

```
修正案

3つの問いでつないでいく。
「2年生と5年生の数が同じチームをつくるには、どうしたらよいか。」
「同じになるかどうか、どのように表すと見やすいのだろう。」
「倍数の考え方と約数の考え方では、どちらがよいのかな。」
```

第5学年「整数の性質」　127

第5学年 「整数の性質」 After

見方：着眼点
◆乗法や除法に着目

考え方：思考・認知，表現方法
◆倍数と同じように，約数も集合として捉えること

見方・考え方の成長
◆場面に応じて乗除に着目すること
◆数に対する感覚を豊かにすること

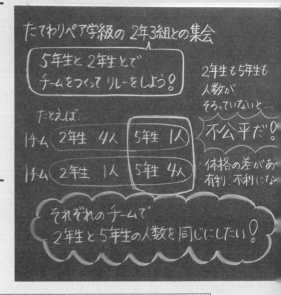

本時展開

問題場面を把握し，問題解決に必要な条件を見いだす	○問題場面の共有 ・リレーの場面を想起し，不公平なチーム分けができてしまうことを捉える。 ○問いの焦点化 ・平等なチーム分けにするために，それぞれのチームの2年生，5年生の人数を同じにしたいという思いをもつ。 **TCと分析①**
乗除に着目しながら，チーム分けを考えたときの過程を考察する	○乗除に着目した数量関係の捉え ・表や数直線などを使い，どのようなチーム分けができるのかを見いだしていく。 ○根拠を明らかにして自分の考えを説明する ・乗法と除法どちらに着目して解決したのか，自分のかいた表や数直線などを用いて説明する。 ・除法に着目すると，無駄なく簡潔に求められることを見いだす。 **TCと分析②**
解決過程を振り返り，約数や公約数の考え方と結び付け，日常事象への活用につなげる	○学習を振り返り，知識・理解と結び付ける ・問題解決を振り返り，チーム数を求めていた過程には，除法に着目した集合の捉え方があったことを共有する。 ・実際に何チームでリレーができそうか，他にもどのような場面で同じような数の見方が活用できそうかなど，日常生活へつなげる。

授業の実際 **TCと分析①**

C　2年生と5年生の数が違うと，どうしても不公平になってしまう。

T　それぞれの人数を同じにしないといけないんだね。

C　最初に2年生と5年生の数をたして÷2したら？ 60÷2で30人ずつ。

C　2年生と5年生を合わせてしまってからそれを割ると，2年生と5年生がごちゃごちゃになって分からなくなってしまうから結局不公平になる。

　　2年生との集会でのリレーを問題場面とし，1チームの2年生と5年生の人数を同じにしてよりよく集会を行うためにはどうすればよいかを考えていこうとする場面。2年生24人と5年生36人を別々に考えていくのではなく，全体として60人として見ていく考え方も出てきた。より簡潔に解決していくことをねらいとした考え方であったが，本時の「不公平にならないように」という視点に立ち返って，吟味していく子供たちの姿が見られた。

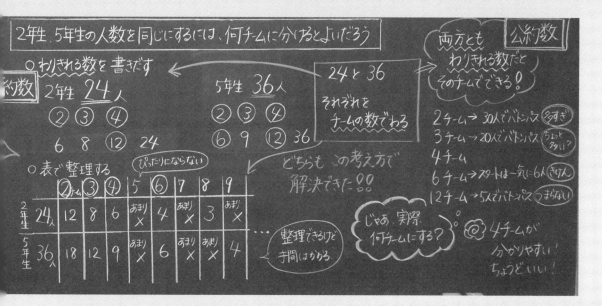

授業の実際 TCと分析②

T それぞれの人数が不公平にならないように成り立つチームが見えてきたけれど，実際にやるときは何チームがよいかな。

C 2チームだと，人数が多すぎて待ち時間が長くなってしまうと思う。

C 12チームだとチームの人数が少なすぎてすぐに勝負がついてしまっておもしろくない。

C もし6チームだったら，一気に6人走ることになるから，危ないのではないか。

C 4チームが2年生にとっても分かりやすいと思う。

> 両方ともわりきれないと公約数がつかえないことが分かって，おもしろいと思いました。これから，チーム分けをすることがあれば，人数の約数をだして，ちょうど何人ずつかに分けて，こうへいなチーム分けをしたいです。

2年生や5年生の人数がそれぞれのチームで同じになるようなチーム分けを考える中で，どのような思考がその背景にあったのかを考察していく場面。そして，見いだした解決法を考察し，日常に返していくことで，さらに数に対する見方が豊かになると考える。

本実践の価値

- 教師から提示された問いではなく，子供たちから生まれる問いを意識して，子供の日常から授業が作られていた。
- 単元を通して，観点を決めて類別することを子供が意識しており，今回の場面ではどのように類別するか，これまでに学習したかけ算やわり算は使えないか，と子供が自ら着眼していこうとする姿があった。
- 日常をどのように算数・数学の舞台にのせていくのか，どのように見方・考え方を成長させていくのかということが丁寧に描かれていた。子供の思考を大切に本時がデザインされている。
- 授業の中で，子供たちの数の見方が成長する場面が見られた。教師が「なぜわり算を使って考えていたのか」と問い返す場面では，除法に着目して問題解決につなげることができた自分たちのプロセスを振り返ることができており，他の日常場面でも活用しようとする姿勢が見られた。
- 実際の問題場面を解決する方法を考え，見いだした解決方法を考察した上で日常の場面に返していた。学習したことを授業の中で閉じるのではなく，生活の中でも数学的なものの見方を養っていけるようにすることに価値がある。

第5学年「整数の性質」 129

教材分析と単元計画

第5学年「四角形と三角形の面積」

1 本単元における資質・能力の分析

生きて働く「知識・技能」

ア（ア）三角形，平行四辺形，ひし形，台形の面積の計算による求め方について理解すること。

> 既習の長方形等の面積の求め方に帰着し，乗法を用いて基本図形の面積が求められるようにする。底辺と高さの関係について，底辺をどこにとるかで高さが決まることを理解し，求積に必要な長さを見つけることができるようにする。

未知の状況にも対応できる「思考力・判断力・表現力等」

イ（ア）図形を構成する要素などに着目して，基本図形の面積の求め方を見いだすとともに，その表現を振り返り，簡潔かつ的確な表現に高め，公式として導くこと。

> 「等積変形」「倍積変形」「分割」などの考えを用いて，求積可能な図形の求積方法をもとに，基本図形の面積の求積方法を考える。基本図形の面積を見いだしたら，元の図形のどこの長さに着目すると面積が求められたのかを振り返って考える。いつでも同じ要素などに着目すると，面積が求められるかを確かめることで，公式として簡潔かつ的確な表現に高める力を育成する。

学びを人生や社会に生かそうとする「学びに向かう力・人間性等」

・数学的に表現・処理したことを振り返り，多面的に捉え検討してよりよいものを求めて粘り強く考える態度。

・数学のよさに気付き，学習したことを生活や学習に活用しようとする態度。

> 一般四角形から既習の図形を見いだして，面積の求め方を考えたり，発展的に考察したりしようとする態度や，乗法を用いると単位面積の総数を求められるよさを見いだし，既習と統合的に考えようとする態度を育成する。

2 数学的な見方・考え方の系統

〈6年〉

図形を構成する要素などに着目

基本図形の面積の求め方を見いだすとともに，その表現を振り返り，簡潔かつ的確な表現に高め，公式として導く。

・円の面積

〈本単元〉

図形を構成する要素などに着目

基本図形の面積の求め方を見いだすとともに，その表現を振り返り，簡潔かつ的確な表現に高め，公式として導く

・図形の面積

〈4年〉

面積の単位や図形を構成する要素に着目

面積の求め方を考えるとともに，面積の単位とこれまでに学習した単位との関係を考察する

・平面図形の面積

3　単元の主張

　求積という測定の活動を通して，既習の図形について，底辺と高さ及びそれらの関係に着目して面積の求め方を見いだし，乗法の理解を深めるとともに図形の見方を成長させる。

底辺と高さに着目

　これまで子供は，平面図形を，辺や角，対角線に着目して捉えてきた。本単元では，構成要素となる底辺と高さに着目し，面積の測定を通して図形の考察を図る。底辺が決まれば，高さが決まり，面積も決まるという新たな見方を獲得できるようにする。

求積の過程を式や図を関連付けて振り返り，簡潔かつ的確な表現に高める

　例えば，「A × B は平行四辺形であるから，A × B ÷ 2 は平行四辺形の半分の形である三角形と見られる」「ひし形の面積は A × B ÷ 2 であったから，ひし形は三角形に変形できるのか」など，求積の過程を振り返り，図形の構成要素に着目して一般図形のより深い理解につなげる。

4　単元計画

時	学習活動の概要	目指す子供の姿
1〜4	○平行四辺形の面積の求め方の考察，理解 ○底辺と高さの関係の理解 ○平行四辺形の求積公式を導く，及びその適用	・平行四辺形の面積を，既習の長方形に変形して求める。 ・「底辺に並んでいる単位正方形の数」と「底辺の長さを表す数値」が一致すること，「積み重なっている段の数」と「高さを表す数値」が一致していることから，平行四辺形も乗法が使えることを確認し，公式をつくり出す。 ・底辺（よこ）と高さ（たて）を一定にし，長方形から平行四辺形へと動的に変形させて見せることで，底辺と高さを見いだす。 ・底辺，高さ，面積の関係に着目し，比例関係を見いだす。
5〜8	○三角形の面積の求め方の考察，理解 ○底辺と高さの関係の理解 ○三角形の求積公式を導く，及びその適用【本時】	・三角形の面積を，既習の長方形や平行四辺形に変形して求める。 ・高さが形の外にある三角形の面積について考える。平行四辺形の半分という見方をすることにより，三角形の面積が底辺と高さに依存していることを理解する。 ・三角形の公式をつくり出す。 ・底辺，高さ，面積の関係に着目し，比例関係を見いだす。
9・10	○台形の面積の求め方の考察，理解，求積公式を導く，及びその適用	・台形の面積を，既習の図形に変形して求め，公式をつくり出す。 ・台形の上底が 0 のとき三角形になることを動的に見ることにより理解し，台形と三角形を統合的に見る。
11・12	○ひし形の面積の求め方の考察，理解，求積公式を導く，及びその適用	・ひし形の面積を，既習の図形に変形して求め公式をつくり出す。 ・ひし形と三角形の公式を関連付け，ひし形の対角線を動かすと三角形に見られることから，ひし形と三角形を統合的に見る。
13	○多角形，円の求積への発展的思考	・一般四角形や多角形の面積を三角形の公式を適用して考える。 ・円も乗法を使って求積できるか目を向ける。

見方・考え方が成長する単元デザイン

　単元の導入では，既習の単位面積の数を乗法で数えるという考えが，他の図形でも使えるかという問いを引き出す。まず平行四辺形を扱い，何とか長方形を使えないかということに着眼できるようにする。次に，平行四辺形の面積は，1 段目の面積（1 c㎡×底辺）を一つ分とし，それが高さ分（倍）で求められるとみることで，底辺が決まると高さが決まり，その結果，面積も決まることに気付けるようにする。

　条件を変えていき，底辺と高さを一定にし，平行四辺形から長方形へと動的に見せることによって，どちらも底辺と高さによって面積が決まるという点で統合していく。安易に公式と結び付けるのではなく，「どのような平行四辺形でも，底辺と高さが同じなら面積も同じになるのか」という問いを子供から引き出す。その中で，高さが形の外にある平行四辺形について取り上げていく。このように学習のプロセスを振り返り，三角形や台形，ひし形の面積など，場面が変わったらどうなるか，条件が変わったらどうなるかと，働かせた見方・考え方を生かし次の学びを自ら描いていけるようにすることで，子供が見方・考え方を成長させていけるようにする。

第 5 学年「四角形と三角形の面積」　131

第5学年 「四角形と三角形の面積」 Before

「Before」の課題
- 面積の求め方ではなく，底辺と高さ，面積の関係を考える展開にすること
- 公式化するためには，様々な形の三角形について調べる必要があること

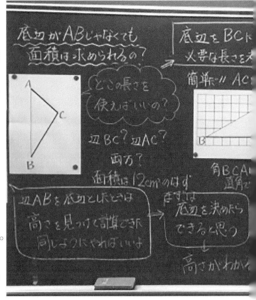

「資質・能力」の分析から

既習の図形に変形させることを目的にしない

既習の図形に変形するアイデアは，この時間では必要としない。前時に見いだした三角形の底辺と高さに着目し，三角形の面積も平行四辺形と同じように，底辺と高さで決まるのかと，様々な形の三角形で検証していこうとする姿勢を養うことが大切。

「見方・考え方及びその成長」から改善のポイントを探る

三角形の底辺と高さに着目し，平行四辺形と関連付けて考える

この単元で着目させたい図形を構成する要素とは，底辺と高さのことである。それにどのように着目させるかを考えていく必要がある。今回は，高さが形の外にある三角形の高さを，平行四辺形と関連付けることによって見いだしていけるようにする。倍積変形することで，三角形と平行四辺形の高さが一致する。その結果，三角形も平行四辺形と同じように，高さは底辺に対して垂直な長さであると統合できる。また，「(底辺×高さ)÷2」という式の側面からもう一度三角形を捉え直し，三角形は平行四辺形（底辺×高さ）の半分の形（÷2）という見方ができるように成長させていきたい。

「ゴールの姿」について修正の方向性

修正前

「底辺に垂直の考えで高さが見つかる。」

- 高さを見つけることが目的ではなく，どのような考えで高さを見つけられたのか，平行四辺形の底辺と高さが一定ならば面積も一定であるという学びと関連付けて考えさせたい。
- 三角形の面積は何によって決まるのか，底辺と高さに着目して考えさせたい。

▼

修正案

「三角形の面積は，平行四辺形の半分と言える。」
「三角形から平行四辺形を見いだすと，どれだけ傾いた三角形でも，高さや面積が分かるようになる。」

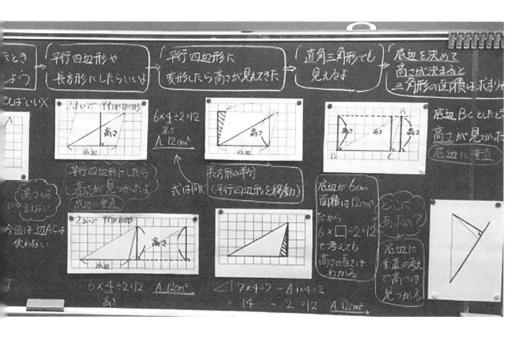

修正後の本時の主旨

平行四辺形と関連付けて考える

　高さが形の外にある三角形の高さを見いだすために，平行四辺形に着目する。三角形の形がどれだけ傾いても，「三角形の面積は平行四辺形の半分」という関係性を見いだすことによって，高さを見いだし，面積が求められるようにする。

底辺と高さが一定ならば，どんな三角形でも面積が等しくなるのか検討する

　三角形を傾けて見せることにより，どの三角形も本当に面積が等しいのかという問いがもてるようにする。三角形から平行四辺形を見いだすことによって，平行四辺形の底辺と高さが変わらないのだから，面積は平行四辺形の半分のまま一定であると説明ができるようにする。

「子供の問い」について修正の方向性

修正前

「底辺をBCにしたとき，必要な長さを考えよう。」

・形の外に高さがある三角形について考える必要性を，子供から生み出される文脈にする。
・1つの三角形で学びを閉じるのではなく，他の三角形でも同じことが言えるかと帰納的に考えられるようにする。

▼

修正案

3つの問いでつないでいく。
「底辺と高さが同じなら，形を変えても三角形の面積は，どれも同じになるか。」
「（高さが形の外にある）三角形の高さはどこになるか。」
「（極端に傾いた三角形も）本当に同じ面積なのか。」

第5学年「四角形と三角形の面積」　133

第5学年 「四角形と三角形の面積」 After-

見方：着眼点
- ◆三角形の底辺と高さ，面積の関係
- ◆平行四辺形の底辺と高さ，面積の関係

考え方：思考・認知，表現方法
- ◆平行四辺形と関連付けた考察
- ◆平行四辺形の求積との統合

見方・考え方の成長
- ◆三角形から平行四辺形を見いだし，底辺と高さ，面積の関係について統合すること

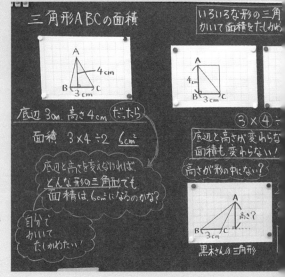

本時展開

問題場面を把握し，問題解決に必要な既習の図形と構成要素を見いだす	○問題場面の共有 ・底辺と高さが一定ならばどんな形の三角形でも面積が等しくなるのか，自分でかいて調べる。 ○問いの焦点化 ・子供のかいたものの中から，高さが形の外にある三角形を取り上げる。高さに当たる長さはどこになるのかを考える。　**TCと分析①**
図形を構成する要素に着目しながら，根拠を明らかにして説明する	○既習の図形と関連付けて，三角形の高さを見いだす ・既習の図形に変形させて求積することで，高さを見いだし解決する。 ・平行四辺形や直角三角形と関連付けると，高さが見いだせたことを説明する。 ○底辺と高さに着目し，三角形を構成する底辺と高さについて発展的に考える ・三角形がさらに傾いた場合の高さはどこになるか，面積は変わらないのかをどのようにして調べるとよいかを考える。 ・平行四辺形と関連付けると，高さが見いだせ，面積も求められたことを説明する。 **TCと分析②**
学習を振り返り，学びの価値を見いだす	○学習を振り返り，考えたことを共有する ・なぜ平行四辺形を見いだしたのか，三角形の見方がどのように広がっていったのか，底辺と高さ，面積にはどのような関係があったのかなど，問題解決を振り返り，それぞれのプロセスで何が大切であったかを共有する。

授業の実際 　TCと分析①

T　三角形も底辺と高さが等しければ，どんな形の三角形でも面積は等しくなるのかな？

C　自分でかいて調べてみたい。（図①）

C　平行四辺形と同じように，底辺と高さが等しければ面積も等しくなることが分かった。

C　この三角形でも同じことが言えるかな？（図②）

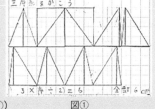　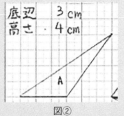
図①　　　　　　　　　　　　　　図②

　三角形の底辺と高さが一定ならば，面積も一定であるという性質を見いだす場面。自らが作図した三角形について調べることで，三角形の新たな見方につながった。また，オープンアプローチでの導入によって図②のように本時の核心に迫る問いが子供から出された。

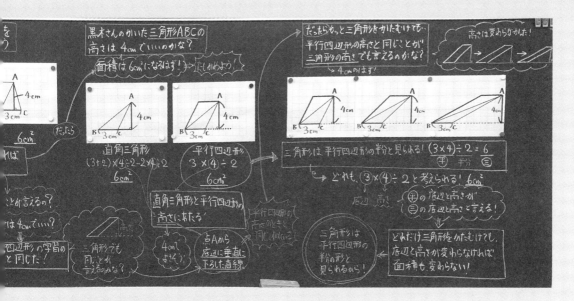

授業の実際　TCと分析②

C　三角形が傾いていくと，面積が小さくなっていくように見えるけど変わらないのかな。

C　どうやって面積を調べるといいかな。

C　平行四辺形にすれば簡単だよ。

C　三角形は平行四辺形の半分の形だったから，高さも面積もさっきのものと変わらないと思う。

C　三角形を平行四辺形の半分とみると，解決できるね。

本実践の価値

〜ふり返り〜
今日は，底辺と高さが同じだったら面積は同じということを使って，最後のもんだいができたのでよかったです。Cさんの，"三角形は平行四辺形の半分"ということを使って求めているのは，おもしろかったです。今度は，2つの考も使いたいし，他の考えも見つけてやってみたいです。そして，今度は他の友達の考えを見てみたいです。

　三角形から平行四辺形を見いだし，傾いた三角形の高さと面積について考えている場面。三角形の面積を測定するときに，三角形をどのように見るかという視点を得られていることから，図形の見方が広がっていると考えられる。

- 平行四辺形での学習を想起させながら，三角形の面積に場面が変わったらどうなるか，底辺と高さの関係は平行四辺形と同じようにみていいのか，さらに条件が変わったらどうなるかと，働かせた見方・考え方を生かし次の学びを描いていこうとする子供の姿が見られた。
- 高さが形の外にある三角形について考える場面で，底辺に対して垂直な直線を高さと言葉で捉えていた子供たちを，どう取り上げるかがポイントである。子供たちの発言は，平行四辺形からの類推であり，全ての三角形でも同じことが言えるのか，実は決着がついていない。「本当にそこを高さとしてもいいのか？」「高さが形の外に出ていても同じことが言えるのか」等，問い返しにより，問いを焦点化することが大切である。
- 「つなぐ」ことがよく意識されていた。平行四辺形と三角形をつなぐ，面積と合同の学習をつなぐ，平行四辺形と三角形の高さをつなぐ，様々なやりとりの中からつないだことを通して，見えなかったもの（本時では高さ）が見える形につないでいくことが大切。このつながりにより子供の学びが深まりを増す。

第5学年「四角形と三角形の面積」　135

教材分析と単元計画

第5学年「割合」

1 本単元における資質・能力の分析

生きて働く「知識・技能」

ア（ア）ある二つの数量の関係と別の二つの数量の関係とを比べる場合に割合を用いる場合があることを理解すること。

　（イ）百分率を用いた表し方を理解し，割合などを求めること。

> 　ある二つの数量の関係と別の二つの数量の関係において，基準にする大きさが異なる場合には，差や和を用いた比較では妥当性を欠くことがある。このとき割合を用いて，数量の関係どうしを比べることができることなど，子供が実感を伴い理解できるようにする。また，天気予報や割引など日常生活で使われる場面を取り上げ，不確定な事象などに関しても用いられるなどの特徴を理解できるようにする。

未知の状況にも対応できる「思考力・判断力・表現力等」

イ（ア）日常の事象における数量の関係に着目し，図や式などを用いて，ある二つの数量の関係と別の二つの数量の関係との比べ方を考察し，それを日常生活に生かすこと。

> 　二つの数量どうしを比べるときに数量の関係を図や式などを用いて表したり，図や式から数量の関係を読み取ったりする活動を通して，何を基準量，比較量にすればよいかを適切に判断できるようにする。また，どんなときでも基準量を1と捉えることができるようにする。

学びを人生や社会に生かそうとする「学びに向かう力・人間性等」

・数学的に表現・処理したことを振り返り，多面的に捉え検討してよりよいものを求めて粘り強く考える態度。

・数学のよさに気付き学習したことを生活や学習に活用しようとする態度。

> 　日常生活で用いられている割合の場面を取り上げ，数理的な処理のよさに気付かせ，進んで生活や学習に活用しようとする態度を育てたり，日常に起こりうる曖昧な部分を算数を用いて正しく判断していくことを通して，物事を批判的に分析しようとする態度を育成したりする。

2 数学的な見方・考え方の系統

〈6年〉

伴って変わる二つの数量やそれらの関係に着目

目的に応じて表や式，グラフを用いてそれらの関係を表現して，変化や対応の特徴を見いだすとともに，それらを日常生活に生かす

〈本単元〉

伴って変わる二つの数量やそれらの関係に着目

図や式などを用いて，ある二つの数量の関係と別の二つの数量の関係との比べ方を考察し，それを日常生活に生かす

〈4年〉

伴って変わる二つの数量やそれらの関係に着目

図や式などを用いて，ある二つの数量の関係と別の二つの数量の関係との比べ方を考察する

136　第2章　資質・能力ベイスの授業へ

3 単元の主張

　子供は第4学年で「簡単な割合」について学んでいる。本単元では割合が小数で表される場合でも二つの数量の関係に着目し，図や式などを用いて，二つの数量の関係どうしの比べ方を考察し，日常生活に生かす力を伸ばしていくことをねらう。また，割合を用いた比べ方のよさに気付き，学習や生活に生かそうとする態度や考察の方法や結果を振り返り，よりよく問題解決する態度を養う。

日常生活に生かす

　学習過程で学んだことを，算数の問題場面だけに閉じずに日常生活に生かすことを大切にする。本単元では，比べる対象を自ら決め，目的に照らして，基準量やその大きさの決め方について判断できるようにする。割合を用いた比べ方のよさに気付き，他の日常場面にも生かしていけるようにする。

考察の方法や結果を批判的に捉える

　二つの数量の関係どうしの比較について，考察によって得られた結果を日常の事象に戻してその意味を考えたり，考察の方法や結果を批判的に振り返ったりすることで，よりよく問題解決する態度を養う。

4 単元計画

時	学習活動の概要	目指す子供の姿
1・2・3	○二つの数量の関係どうしの比べ方についての考察 ○割合・百分率・歩合の意味とその表し方	・比べる対象を明確にし，比べるために必要となる二つの数量の関係を，比例関係を前提に割合でみてよいかを判断する。 ・二つの数量の関係に着目し，問題の条件や割合の求め方をもとに，何を基準量とし，何を比較量とするかなどを筋道を立てて考える。 ・「百分率」「歩合」を知り，関係を多様な表現方法で表すことができる。
4・5	○他の場面での割合を活用した日常生活における問題の解決	・全体と部分の関係どうし，部分と部分の関係どうしの比べ方を考察し，得られた割合の大小から判断したり，割合を使って計算をした結果から問題を解決したりする。
6・7	○日常生活における割合の考察【本時】	・日常生活の基準量が変わる割合の場面について，批判的に考え，数直線を使って構造を捉える。 ・数量の関係どうしの比較について，基準量の大きさに着眼して判断したことを言葉，数直線，式を関連付けて説明する。 ・学習を振り返り，日常生活の場面どうしを比較して話し合い，場面に応じてどのように考えていったらよいか，他の具体的な場面を用いて議論する。

見方・考え方が成長する単元デザイン

　単元の導入では，既習を振り返り，割合が整数の場合と小数になる場合について，数直線を使って捉え，二つの数量の関係に着目して考えられるようにする。また，基準量が1に対する比較量の割合や，基準量が100に対する比較量の割合など，基準量の大きさを目的に応じて子供が判断し，その基準量に対する比較量の大きさを求められるようにすることで，多様な割合の表現方法を選択する力を育てる。

　様々な日常生活における問題に目を向け，二つの数量の関係どうしの比べ方を考察し，得られた割合の大小から判断したり，割合を使って計算をした結果から問題を解決したりする。数直線を用いて丁寧に場面を構造化し，どこに着眼し，どのように解決に向けアプローチしていくのか，プロセスを振り返れるようにしたり，考察によって得られた結果を日常の事象に戻してその意味を考えたり，考察の方法や結果を批判的に振り返ったりすることで，見方・考え方の成長につなげる。

　単元の終末には単元全体を振り返り，場面どうしについて比較する。問題解決のプロセスを振り返り，3項関係について，二つの数量の関係どうしの比較について，場面を構造化して考え，的確に判断していくことについて議論する。身近なところで割合は多く使われている。そのような日常生活における割合に注目し，さらに場面を広げていこうとする態度につなげる。

第5学年「割合」　137

第5学年 「割合」 Before

「Before」の課題
- 切実感のある問いになっていないこと
- 問題ありきになってしまい、「見方・考え方」で授業がつながっていないこと
- 終末が日常生活に戻っていないこと

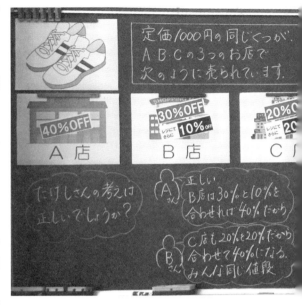

「資質・能力」の分析から

日常生活に生かす

4年生での学習内容から、割合が小数で表される場合に考察の対象を広げる。二つの数量の関係に着目し、図や式などを用いて、二つの数量の関係どうしの比べ方を考察するだけではなく、割合を用いた比べ方のよさを感じて、日常生活に生かしたり、物事を批判的に見たりしていきたい。

「見方・考え方及びその成長」から改善のポイントを探る

二つの数量の関係に着目して基準量やその大きさの決め方について判断する

この単元では、日常の事象において、比べる対象を明確にし、比べるために必要となる二つの数量の関係を自ら見いだしたい。これまでは、この二つの数量を子供たちに考えさせることをせずに、明示してしまう場面が多くあったように感じる。

しかし、ここでは比べる対象を子供自らが見いだす活動を行う。そこで二つの数量の関係どうしを比べるときに、基準とする数量やその大きさをどのように決めるかは、何を目的としているかによって異なってくる。目的に照らして、基準量やその大きさの決め方について判断することのできる子供の姿を目指したい。

「ゴールの姿」について修正の方向性

修正前

「基準量が変わるから、値段も変わる。」

- 割合を求めるときは、基準量（1とみる金額）に気を付けて考えることが必要である。
- 何を基準量とし、何を比較量とするかを子供自らが見いだしていきたい。本時だけではなく、単元全体を通してその見方ができる子供に育てていきたい。
- 数量の変化を割合でみる見方を広げ、日常生活の中で用いられている便利な表現であることに気付くことができるようにしていきたい。

修正案

「割引をたして求めてはいけない。もとにする量が変わると値段も変わる。」
「もとにする量に気を付けないと損してしまう。」「今度買い物に行ったときに気を付けてみよう。」

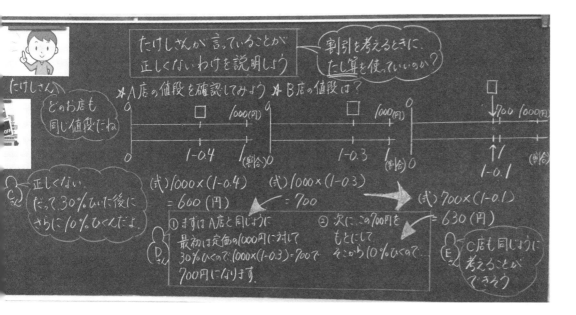

修正後の本時の主旨

日常の事象を合理的に判断する

割合の中でもよく日常に見かける「割引」の場面。図や式などをもとに正しく判断し，筋道立てて説明する学習を通して，論理的思考を育む。

割合を用いた比べ方を日常生活に生かすこと

割合のよさに気付き，進んで生活や学習に活用しようとする態度を養うようにする。

「子供の問い」について修正の方向性

修正前

「割引を考えるときに，たし算が使えるのかな。」

・問いが子供から出されていなく，「〜を説明しよう」と教師側から与えられている文脈になっている。
・正しいか否かを説明するときに，相手を納得させるために根拠となるものがなく，言葉だけのやり取りになっている。
・数直線が計算と思考の両方の過程を示すものとなるようにする。また，そこに基準量や比較量が変わっていくことが明確に分かるようにしていきたい。

修正案

3つの子供の問いでつないでいく。
「(20%offのさらに20%off)と(40%off)って同じ値段かな。」
「20%offのさらに20%offってどんな計算で求めればいいのかな。」
「別の買い物の場面でも同じように考えられるのだろうか。」

第5学年「割合」　139

第5学年 「割合」 After

見方：着眼点
◆基準にする大きさへの着目

考え方：思考・認知，表現方法
◆3つの店の値段を比較検討し，筋道立てて考える
◆図や式で表現し，根拠を明らかに説明する

見方・考え方の成長
◆基準にする大きさが変わっても，何を基準量とし，何を比較量とするか筋道立てて考える

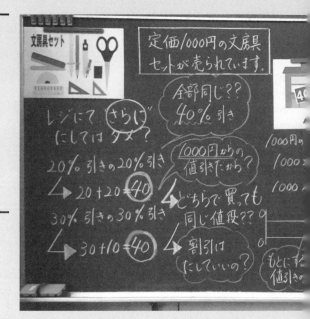

本時展開

日常事象における数量の関係に着目し，比べる場合に割合を用いる場合があることを理解する	○「割合」が使われている場面を把握する ・割引のさらに割引の場面で，数量の変化を差でみるのか，割合としてみるのか，問題場面を把握する。 ○問いの焦点化 ・数量の変化を差でみるのか，割合でみるのか，問いを共有する。 TCと分析①
図や式を用いて，ある二つの数量と別の二つの数量の関係との比べ方を考察する	○基準にする大きさに着目する ・何を基準量とし，何を比較量とするかを考える。 ・数直線や式を根拠にして，変化する基準量に着目する。 ○根拠を明らかにして自分の考えを説明する ・基準量や比較量をどこに見いだすのかを考え，根拠を明らかに説明する。
割合を用いた比べ方を日常に生かす	○割合の理解と割合を使うことのよさを実感する ・なぜ割引のさらに割引の場面はたし算で考えてはならないのか，問題解決を振り返り，それぞれのプロセスで何が大切であったかを共有する。 TCと分析② ・日常生活で割合が使われている場面を提示し，課題解決のための思考が適用され，割合を用いた考え方のよさを共有する。

授業の実際 TCと分析①

C　どれもたしたら40%だよ。
C　全部同じ40%引きだから，どこも同じ値段なんじゃないかな。
C　でも，なんか違う気もする。
C　20%offのさらに20%offってどういうことかな？
C　20%と20%をたしていいのかな？
C　○○%offに「さらに」がついているときの計算を考えないといけないんじゃないかな。

　　割引のさらに割引の問題に対して，和で求めるのか，割合で求めるのか議論している場面。この「問い」が生まれる場面の設定を丁寧に描いた。子供たちの思いや願いを大切に，かつ数学的価値のある課題設定をしていきたい。

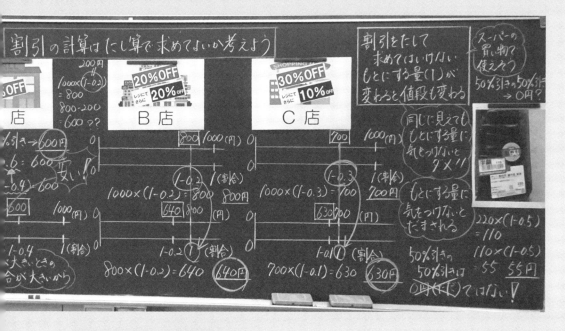

授業の実際 TCと分析②

T この場面を振り返ってどうですか？
C 「さらに」がポイントだった。
C 20%offしたものを1と考える。
T ということは？
C 1000ではなく，800がもとになる。
C 「さらに」だともとにする数が変わる。
C なんかずるい気がする。40%と勘違いしてしまう。
C スーパーとかで買うときに，損しないように注意したい。

子供たちが自分たちの思考のプロセスを全体で共有し，それぞれが学んだこと（ゴール）を整理している場面。基準量や比較量をどこに見いだすのかを，筋道立てて考え，表現している。課題解決を振り返り，日常に生かそうとしている表れだと捉えられる。

本実践の価値

・日常生活の場面を算数・数学の舞台にのせていくこと，導入の場面で様々な日常事象がある中で問いを焦点化し，その問いに対して数直線を用いて構造を捉え，解決し説明していくという授業デザインが行われていた。その問いが，子供の思いや願いを大切にして，子供に生起した問いとなっており，かつ数学的に価値のあるものとして設定されていた。

・単元全体を通して，基準量・比較量を子供が自ら見いだすことを行ってきたことが，本実践でも生かされていた。また，「割引のさらに割引」の場面であることから，基準量が変化するが，単元全体を通して子供たちにその見方・考え方ができるように単元デザインがされていた。

・授業の終末で，算数の学習だけで閉じないで，さらに日常生活の場面に戻し，見方・考え方を日常に生かせるようにしていた。割合についての理解を深め，日常事象を批判的に捉えようとしたり，他の場面でも学んだことを生かそうとしたりする子供の姿が見られた。

第5学年「割合」 141

教材分析と単元計画

第5学年「帯グラフと円グラフ」

1 本単元における資質・能力の分析

生きて働く「知識・技能」

ア（ア）円グラフや帯グラフの特徴とそれらの用い方を理解すること。
　（イ）データの収集や適切な手法の選択など統計的な問題解決の方法を知ること。

　　円グラフと帯グラフの特徴を理解し，それぞれを目的に応じて使い分けることができるようにする。統計的な問題解決の過程（PPDAC）の5つの段階を経て問題解決する方法を知り，その方法で考察できるようにする。既習の分析手法の中から目的に応じた分析やデータの集め方を考えることができるようにする。

未知の状況にも対応できる「思考力・判断力・表現力等」

イ（ア）目的に応じてデータを集めて分類整理し，データの特徴や傾向に着目し，問題を解決するために適切なグラフを選択して判断し，その結論について多面的に捉え考察すること。

　　身近な興味や気付きなどから，判断や考察したい事象を問題場面として設定する。集めたデータの分析は，既習の表やグラフ等の表現から適切なものを選択して表し，特徴や傾向をつかみ，判断する必要があること。出した結論やデータを，別の観点から見直すことで，異なる結論が導き出せないか考察できるようにする。

学びを人生や社会に生かそうとする「学びに向かう力・人間性等」

・数学的に表現・処理したことを振り返り，多面的に捉え検討してよりよいものを求めて粘り強く考える態度。
・数学のよさに気付き，学習したことを生活や学習に活用しようとする態度。

　　自分自身が問題に感じたことに対して，データを通じて客観的に捉えようとする見方を養い，適切なデータ収集方法や分析の仕方を含めた問題解決の進め方を学び，進んで生活に生かそうとする態度を育てる。また，得られた結論や問題解決の方法の各段階が適切な選択に基づいていたか，振り返って考え直す態度を育成する。

2 数学的な見方・考え方の系統

〈4年〉

データの特徴や傾向に着目

問題を解決するために適切なグラフを選択して判断し，その結論について考察する

・二次元の表　・折れ線グラフ

〈本単元〉

データの特徴や傾向に着目

問題を解決するために適切なグラフを選択して判断し，その結論について多面的に捉え考察する

・円グラフ
・帯グラフ

〈6年〉

データの特徴や傾向に着目

代表値などを用いて問題の結論について判断するとともに，その妥当性について批判的に判断する

・ドットプロット
・柱状グラフ
・平均値　・中央値
・最頻値　・階級

142　第2章　資質・能力ベイスの授業へ

3 単元の主張

　既習の表やグラフ等の表現とともに，円グラフと帯グラフの特徴を理解し，それぞれを目的に応じて使い分けたり，総合して考えたりできるようにする。多面的に分析する力やPPDACを自ら回し問題解決する力等を育み，統計を進んで生活に生かそうとする態度を育てる。

割合の見方を日常生活に生かす

　日常生活から問題を見いだし，解なき問いに納得解を得るために割合を用いて判断する。割合をグラフで表すことで，割合の大きさについてイメージしやすくなることや，既習のグラフと総合して考えることにより，より多面的に事象を捉えることができることに気付くようにする。これらの経験により，割合のよさについての捉えを広げ，日常生活に生かしていこうとする子供の姿を目指す。

結果を多面的に捉え考察する

　着眼点により結果が変わることを理解するとともに，グラフを用いながら自分の考えの幅を広げ，出した結果を多面的に捉え考察し，PPDACを自ら回し，統計的に問題解決する力を伸ばす。

4 単元計画

時	学習活動の概要	目指す子供の姿
1	○問題場面を共有し，統計的に解決していく見通しをもつ	・「手洗い・うがいの大切さ」について学習をした5年生が，本当にかぜをひいていないかという問題場面を共有する。 ・これまでの学習を振り返り，統計を使ってどのように解決していくか見通しをもつ。
2	○データ収集の計画 ○データの分類整理	・どのようにデータをとるか，分析を見通した計画を考える。 ・これまでの学習を生かしながら，分類の観点を決めデータを整理する。
3〜5	○帯グラフや円グラフの理解 ○目的に応じたグラフや表に表す ○複数のグラフを比べ，分析する。	・割合についてグラフで表すことができるかどうか問いをもち，帯グラフと円グラフについて知る。 ・目的に応じて，これまでに学習している表やグラフから適切なものを選択して表し，データの特徴や傾向をつかみ判断する。 ・合計量が異なる場合は，見た目の割合の大きさだけでは比較できないことを見いだす。
6	○一応の結論をまとめ，新たな問題を見いだす 【本時】	・結論について観点を変えて整理し直すことで，異なる結論を導き出せないかどうかを考察する。
7	○新たな視点でデータを分析する方法について考える	・別の視点からの分析の計画を立てる。 ・新たに必要なデータを収集したり，データの分類整理を視点に沿って行ったりする。
8	○別の種類のグラフも踏まえて，解釈をまとめる	・コンピュータを用いて，一つのデータから棒グラフや折れ線グラフ，円グラフなどのいろいろなグラフを表す。 ・複数のグラフを重ね，どのようなことが言えるか，グループごとに解釈をまとめる。
9	○総合的な結果を出し，単元を振り返る ○生活改善に生かす	・それぞれの解釈について議論し，納得解を得る。 ・単元全体を振り返り，統計的な問題解決のプロセスで，どのようなことが重要だったか，今後どうしていきたいか話し合う。

見方・考え方が成長する単元デザイン

　身の回りの事象について，興味・関心や問題意識に基づき統計的に解決可能な問題を共有する。既習を想起し，納得解を得るために統計を活用していく見通しを立てる。第5学年では，割合のグラフを知り，問題の解決に活用する。また，これまでの経験を生かして子供がPPDACを回していく。実態に応じて適宜，助言をしたり問い返したりしていく。目的に応じてデータを集め分類整理し，データの特徴や傾向に着目し，問題解決に適切なグラフを選択して判断し，一応の結論を出す。さらにその結論に対して，別の観点から見たらどうなるか，別の観点を加えたらどうなるかなど，多面的に捉え考察するアイデアを引き出し，PPDACの2周目を子供が回していけるようにする。多面的な分析により，自分たちの納得解に近づけたという経験を価値付け，今後のデータの活用に関わっていく態度の育成につなげたい。

第5学年「帯グラフと円グラフ」　143

第5学年 「帯グラフと円グラフ」 Before

「Before」の課題
- ◆身近な興味や気付きから，判断や考察したい事象を問題場面としていないこと
- ◆進んで生活に生かそうとする態度を育てる展開になっていないこと

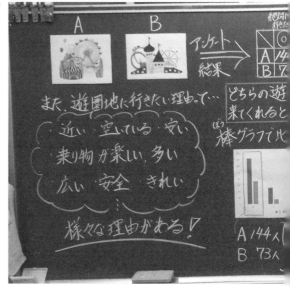

「資質・能力」の分析から

割合で比べることを目的としない

円グラフや帯グラフを目的に応じて使い分ける判断力を養うとともに，出した結論やデータを，別の観点から見直すことで，異なる結論が導き出せないか考察できるようにしたい。適切なデータ収集方法や分析の仕方を含めた問題解決の進め方を学び，進んで生活に生かそうとする態度を育てることを目指したい。

「見方・考え方及びその成長」から改善のポイントを探る

データの特徴や傾向に着目し，結論について多面的に考察すること

データの特徴や傾向に着目するためには，子供たち一人一人が，問題解決の目的をもち，どのような観点で考察しようとしているのかを明らかにしておく必要がある。様々な観点から，データの特徴や傾向に着目していくことで，多面的に考察する機会が生まれる。こうした過程を，新たなデータを入手しながら繰り返すことで，的確な判断が可能となっていく。

観点の決め方によって，データの特徴や傾向が変わっていくことや，多面的に考察することによって，結論を導き出す適切な判断ができることに気付けるようにしたい。

「ゴールの姿」について修正の方向性

修正前

「どちらも割合は同じくらいだが，人数の差が大きい。」

- 解決する目的を明確にして，どのようなデータで，しかもどのような観点で整理し，データの特徴や傾向をつかみ，判断していくかが大切。
- 従来の割合を求めて解決する展開で授業を閉じず，データとグラフをつなぐことで，自分たちの目的に合った特徴を捉えやすい表現があることに気付き，そこから多面的に考察することが大切。

▼

修正案

「～だという結論が出せる。本当にそう言えるのか，他の観点ではどうかな。」
「観点を変えたことで，新たに疑問が出てきた。」

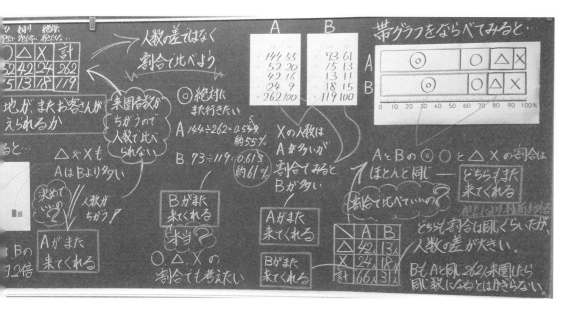

修正後の本時の主旨

単元を通してPPDACの5つの段階を構成する

　統計的な問題解決のプロセスを大切にし，身の回りにある事象の因果関係や傾向を漠然と捉えるだけでなく，データに基づいて判断する力を育んでいく。

観点を変え，多面的に捉え考察する授業展開

　自分たちが出した結論やデータについて，別の観点から見直してみることで，異なる結論が導き出せないか考察できるようにする。見方を変えてデータを整理し直してみることが必要となる。さらなる問題を見いだすことを大切にしていく。

「子供の問い」について修正の方向性

修正前

「どちらの園が，客がまた来てくれると思うか調べよう。」

・いったん出た結論を別の観点から見直し，異なる結論が導き出せるかを考察する文脈が必要。
・割合によって処理することが目的ではない。どの項目を関連付けて割合で表すと，自分たちの知りたいデータが手に入れられるのかを考えることが大切。
・複数の観点を整理し，もっと比較しやすくしたいという思いをもたせることが必要。

▼

修正案

「手洗い・うがいの学習をした5年生の方が元気に学校生活を過ごしているのか。」
・子供の問題意識を大切にし，単元を通して問題解決のプロセスを意識していく。データをどのように捉えていくのか思考し続けていけるようにする。

第5学年「帯グラフと円グラフ」　145

第5学年 「帯グラフと円グラフ」 After

見方：着眼点

◆データの特徴や傾向

考え方：思考・認知，表現方法

◆適切なグラフを選択して判断する
◆結論を多面的に考察する

見方・考え方の成長

◆割合のグラフでの比較を通し，結論を多面的に考察する
◆割合と量の両面から見直し，観点を変えて整理し直す

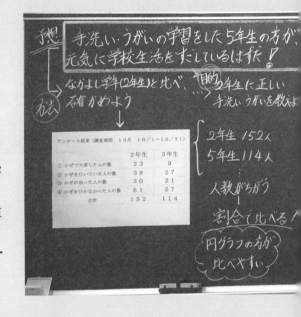

本時展開

問題場面を把握し，量と割合の両面から問題解決の方向を探る	○問題場面を整理する ・学年により児童数が異なることから，量での比較ができないことに気付いたこと，割合に着目して考えることを共有する。 ○分析したそれぞれの解釈を共有する ・「手洗い・うがいについて学習した5年生の方が元気に学校生活を過ごしている」といってよいのか，根拠をもって説明している。
結論について多面的に捉え考察する	○「欠席者」「かぜをひかなかった人」の割合に着目して考察する ・一つの観点で結論を導き出し，本当にそう言えるのか子供自ら問いをもつ。 ○「かぜをひいている」や「かぜが治った」の割合に着目し，異なる観点から結論を捉え直し，多面的に考察する ・異なる観点からアンケートの分析を行い，視点を変えることで，結論の妥当性を吟味し，多面的に考察する。 **TCと分析①**
さらなる問題を見いだし，解決への方向を探り，粘り強く考える	○どちらの学年も同じくらいかぜをひいた（ひいている）のに，欠席者数に違いがあるのはなぜかという問題を見いだし，さらなる調査の必要性を探るなど，粘り強く考える態度の育成を図る ・予想をもち，統計的な問題解決の方向性を探る。 ・欠席した日を明らかにすることで，結論を見いだすことができるという見通しをもち，よりよい判断をしようとする態度の育成を図る。 **TCと分析②**

授業の実際　**TCと分析①**

C　欠席者は，2年生が15%，5年生が8%，かぜをひかなかった人が40%，50%なので，5年生の方が元気に学校生活を過ごしていると言えます。

T　欠席者の割合はずいぶん違っているように見えますがどうですか？

C　かぜをひいている人・かぜが治った人の割合は同じぐらいだから，そうは言い切れないと思います。

C　「言い切れない」というのは，どういうことですか？

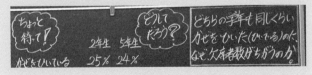

結論について多面的に捉え考察する場面。観点を変え，出した結論に対して再度検討していこうとする姿が見られた。

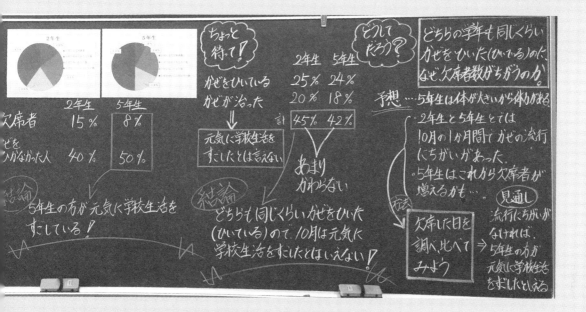

授業の実際　TCと分析②

T　観点を変えたことで、これまでと違う結論が導き出されましたね。

C　観点を変えたことで、新たに疑問に思ったことがあります。

C　どちらの学年もかぜをひいた（ひいている）のに、なぜ欠席者数の割合に違いがあるのか。

T　なぜだと思いますか。

C　5年生は体が大きいから。

C　確かに。しかしそれでは、算数で考えることができないので、欠席した日を調べてみると、結論が導き出されると思います。

> さらなる問題を見いだし，解決への方向を探り，粘り強く考える場面。観点を変えたことで，さらなる問題を子供自ら見いだし，解決の方向性を考え始めた。本当にこれでよいのか，別の見方はないのかと多面的に捉えていこうとする子供の姿が見られた。統計的な問題解決にこだわり，追究しようとする態度につながっている。

本実践の価値

- 統計的な問題解決を日常生活に活用しようとする態度の育成につながっている。
- 円グラフや帯グラフを読んだり、かいたりするだけの単元構成ではなく、単元を通して、データ（円グラフや帯グラフなど）を活用し、データという根拠をもった結論を導き出そうとするものであり、子供が自ら学び進めていくことができる単元だった。
- グラフを用いながら割合の見方についても深めることができていた。単元をいかにつくっていくか、単元で、いかに資質・能力の育成を図るか考えることが大切である。
- 一つの観点で結論付けたことに対し、学級での議論を重ね、異なる観点から結論を再度検討することで、多面的に捉える力が育成された。新たな観点の必要は、PPDACの2周目を回すことにつながっている。PPDACも1周で終わるのではなく、サイクルとして何周もできることを子供がつかみ、より多面的に捉えることができ、最善解、納得解に近づくことができるという経験につながった。
- 第5学年では子供がPPDACに関わり、自らサイクルを回せるようにする。これまでの経験を想起させながら、主体的に取り組んでいけるように単元の中で授業展開を柔軟に行っていくことが大切である。

第5学年「帯グラフと円グラフ」　147

教材分析と単元計画

第6学年「分数のわり算」

1 本単元における資質・能力の分析

生きて働く「知識・技能」

ア（ア）乗数や除数が整数や分数である場合も含めて，分数の乗法及び除法の意味について理解すること。

（イ）分数の乗法及び除法の計算ができること。

（ウ）分数の乗法及び除法についても，整数の場合と同じ関係や法則が成り立つことを理解すること。

> 小数の除法の計算の考え方をもとにして，除数が分数の場合の除法の意味について理解できるようにする。また，分数についても整数や小数と同じように交換法則，結合法則，分配法則が成り立つことや除法の性質が成り立つことを理解できるようにする。

未知の状況にも対応できる「思考力・判断力・表現力等」

イ（ア）数の意味と表現，計算について成り立つ性質に着目し，計算の仕方を多面的に捉え考えること。

> 分数の意味を多面的に捉えながら，具体的な問題場面でも使えるように，数直線や図などを用いて，立式の根拠を筋道立てて考えることができるようにすること。

学びを人生や社会に生かそうとする「学びに向かう力・人間性等」

・数学的に表現・処理したことを振り返り，多面的に捉え検討してよりよいものを求めて粘り強く考える態度。

・数学のよさに気付き，学習したことを生活や学習に活用しようとする態度。

> 小学校において学ぶ数についての四則計算のまとめとして，多面的に考え，計算の仕方を考えていこうとする態度の育成を目指す。そして中学数学での「負の数」「無理数」といった数を拡張したときの計算の考察につなげる。

2 数学的な見方・考え方の系統

〈5年〉

数とその表現や計算の意味に着目

目的に合った表現方法を用いて数の性質や計算の仕方などを考察する

〈本単元〉

数とその表現や計算の意味に着目

発展的に考察して問題を見いだすとともに，目的に応じて多様な表現方法を用いながら数の表し方や計算の仕方などを考察する

〈中学〉

数の範囲を拡張して数の範囲に着目

数の性質や計算について考察したり，文字を用いて数量の関係や法則などを考察したりする

148　第2章　資質・能力ベイスの授業へ

3 単元の主張

単元を通して，分数の乗法及び除法の計算の仕方を考え，それらの計算ができるようにする。また，数の意味と表現，計算に関して成り立つ性質に着目し，多面的に捉え，計算の仕方を筋道立てて考えていく。

多面的に捉えて解決

これまで学んできた分割分数，単位分数，量分数，商分数，割合を表す分数をもとに多面的に分数の意味を考える。また，解決の仕方を多面的に捉え，いつでも使える考えを見いだすことが大事になると考える。

筋道立てた既習の活用

分数だけでなく，小数や整数を用いた乗法や除法において，それに関わる知識や技能と併せて，計算の方法を考える過程で，整数や小数を分数で表したり，これまでの乗法及び除法を分数の乗法及び除法と関連付けて考えようとする態度を育成する。

4 単元計画

時	学習活動の概要	目指す子供の姿
1・2	○除法の演算決定【本時】 ○除数が分数の場合の計算の仕方	・除法の計算の意味を用いて，除数が分数の場合でも除法で表してよいかを考えることを通して，既習内容をもとにしながら数学的に表現したり，根拠を明らかにしたりして論理的に考え説明する。 ・除数が分数である場合の除法の計算の仕方について，数直線を用いたり，計算の性質を用いたり根拠を明らかにして論理的に考えて説明する。
3・4	○計算の仕方のまとめ	・除数が分数の除法の計算の仕方を乗法の形にまとめる。逆数の意味を理解し，除法は除数の逆数をかける乗法になることをまとめる。帯分数の場合の除法の計算の仕方を考え，計算する。
5・6	○整数や小数と分数が交じった計算の仕方 ○被除数と商の大きさの関係	・整数や小数の計算も分数の乗法の形に置き換えることができることを考え計算する。 ・除数が1より小さい場合は商が被除数より大きくなることを確認する。
7・8	○数直線を用いた除法の演算決定 ○割合の考えの拡張	・演算決定にあたって，数直線を用いるようにさせて，数直線と式を関連付けて捉えられるようにする。 ・数直線を用いて考え，割合の考え方を分数の場合まで拡張する。

見方・考え方が成長する単元デザイン

単元を通して場面や条件を変えたらどうなるか追究していく。導入では，第5学年の小数の乗法及び除法の意味の理解をもとにして，分数の乗法についての計算の意味を理解できるようにしてきたことを生かして，分数の除法でもこれまでの考えをもとに計算の意味に着目し考えられるようにする。計算については，計算の性質や計算のきまりをどのように用いればよいかという子供の着眼を取り上げて，問いを焦点化し計算の仕方を考える。これまでの学習経験を生かし，交換法則，結合法則，分配法則などを具体的な数を当てはめて調べたり，きまりを活用して計算の仕方を考えたりすることで，根拠を筋道立てて説明できるようにする。

場面を広げ，整数や小数，分数が交じっている計算について考え進む。数の表現に着目し，そろえることができないかという見通しをもち，どうしたら簡潔に計算できるかという問いを引き出す。分数で表すよさ，乗法で整理するよさに気付き，正確に処理していこうとする態度につなげる。

構造を把握し演算決定の根拠として数直線は欠かせない。数直線を自在に用いて説明する力を本単元でも伸ばす。商の見当をどのようにつけたらよいかという子供の問いに対しても，被除数と商の大きさの関係に着目し，除数が1より大きいか小さいかで商が被除数より大きくなるか小さくなるか判断できることを，数直線を使って説明する。

第6学年「分数のわり算」　149

第6学年 「分数のわり算」 Before −

「Before」の課題
- 「逆数をかける」という知識や技能の習得に重きが置かれていること
- 除数が整数や小数の場合と分数の場合を関連付けて見ていないこと

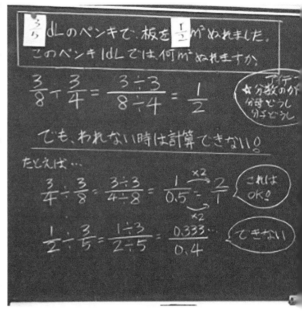

「資質・能力」の分析から

逆数をかける知識の習得を目的としない

逆数をかける理由を考えるのではなく，数の表現に着目し，計算の仕方を多面的に捉え考えることを大切にしたい。数の表現としては，除法の性質が分数でも成り立つことを生かして，表せるようにしたい。

子供のゴールの姿としては，「分数でも，これまでの計算と同じように整数にしたり，計算のきまりを用いたり，もとにする量を決めたりすると計算で求めることができた」としたい。

「見方・考え方及びその成長」から改善のポイントを探る

分数の乗法や整数，小数の除法と関連させる

この単元では，既習事項の生かし方や数学的な表現に着目したい。また，整数や小数の乗法，除法はどれも分数の乗法，除法として統合して捉えるようにしたい。

そこにつながる考え方として，小数の計算や分数の乗法のときと数直線を用いた計算の仕方を考察することでこれまでの学習と統合・発展していけるのか考えられるようにしたい。そして，単位分数に当たる大きさを求め，それを活用して分数倍を求めることができることに気付けるようにしたい。

「ゴールの姿」について修正の方向性

修正前

> 「割る数の逆数をかけると分数どうしのわり算ができる。」
> 「整数に直したり $\frac{1}{5}$ をもとにすると，わり算の仕組みが分かる。」

- 逆数をかける理由を考えるのではなく，計算の性質を活用できるようにしたい。
- 既習をどのように使うかを大切にした授業へと変える必要がある。
- 数の範囲を拡張していく見方・考え方を大切にしたい。

修正案

> 「分数÷分数の計算は，割る数を整数に直すと計算の仕方を考えることができる。」
> 「小数の計算や分数のかけ算と同じように数直線に表すと，もとにする数が見えて問題を解決しやすくなった。」
> 「数直線をかくところを見直してみると計算のきまりが見えてきた。」

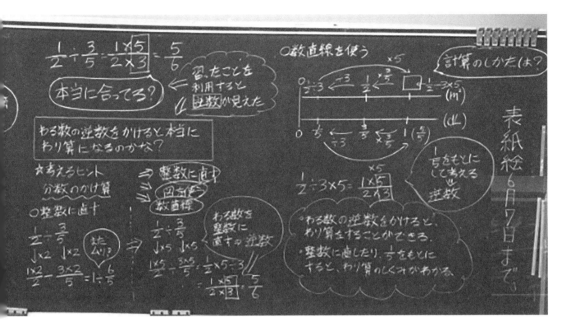

修正後の本時の主旨

筋道立てた既習事項の活用

　整数の場面でできたことや分数の乗法でできたことと関連付けて考える。数直線や図を用いて確認しながら，立式の根拠や計算の仕方を筋道立てて考えていけるようにする。

多面的に分数の意味を捉える

　交換法則，結合法則，分配法則などが，分数に数の範囲を拡張しても成り立つことを理解し，計算の意味や具体的な場面での適用を考え，論理的に説明することにより，自分の解決方法を振り返る態度につなげたい。

「子供の問い」について修正の方向性

> **修正前**
>
> 「なぜ割る数の逆数をかけると分数どうしのわり算ができるのかな。」
>
> ・既習の計算の仕方と関連付けて考える文脈となっていない。
> ・逆数をかければいいという知識が先になっている。分数の表現方法や除法の計算のきまりに着目することが大切である。
> ・子供の既習を用いる思考から，割る数を整数にすればできるのではないか導くようにする。その際，数学的な表現の系統として，数直線の系統を意識できるようにする。
>
> ▼
>
> **修正案**
>
> 　3つの問いでつないでいく。
> 「分母どうし，分子どうしを割るやり方はいつでも使えるのか。」
> 「割る数を整数にできないかな。」
> 「これまでと同じよう数直線に表したら考えやすいかな。」

第6学年「分数のわり算」　151

第6学年 「分数のわり算」 After —

見方：着眼点
- ◆分数の意味と表現
- ◆除法に関して成り立つ性質
- ◆数直線をかく過程

考え方：思考・認知，表現方法
- ◆計算の仕方を多面的に捉える
- ◆多面的に分数の意味を捉え統合的に考える

見方・考え方の成長
- ◆数直線をかく過程を振り返り観察することを通して，除数を整数化し計算するために，計算のきまりを使うなどの考え方を統合しようとする

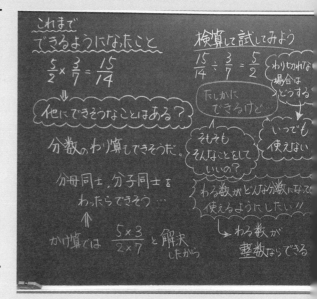

本時展開

既習の分数の乗法の学習を振り返り，分数の除法場面を検算から考える	○問題場面の共有 ・分数のかけ算から，分数のわり算を想起する。 ・分数のかけ算の検算で，わり算の計算の答えが出ることを確認する。 ・分数のかけ算と同じ方法で，分数のわり算も解ける場合があることに気付く。 ・その方法ではできない場面があることを見いだす。 **TCと分析①** ○問いの焦点化 ・割る数がどんな分数になっても計算できるようにするには，どうしたらよいか考える。
既習の計算の仕方についての問題解決過程と関連付ける	○計算の仕方について既習と関連付けた考察 ・数直線に表すと分数のかけ算を解決できたことから，分数のわり算も数直線に表せるか考える。 **TCと分析②** ・除数を整数化すれば計算できるという見通しをもち，自力解決する。
数直線をかく過程の観察	○数直線をかく過程の共有 ・数量の関係を明確にできるようにする。 ○計算のきまりとの関連付け ・「割る数を整数に直す」「数直線を活用する」「単位分数をもとにして考える」などの「既習の計算のきまり」や「数の見方」を想起する。 ・数直線をかいていく過程を振り返り，観察することで計算のきまりが使えそうなことに気付く。

授業の実際　**TCと分析①**

C　かけ算のときは分子×分子，分母×分母だったので，同じように，分子÷分子，分母÷分母をして，14÷7で2が分母。分子は15÷3で5。答えは$\frac{5}{2}$です。

C　分数のかけ算のときと同じように考えたんだね。

C　いや，ちょっと待って。できないときがあるよ。

C　1÷3みたいに割り切れないとき。$\frac{1}{2}÷\frac{3}{5}$とか。

　　分数のかけ算の計算の仕方と統合的に考えて解決しようとしたことから，批判的に考えて一般化できるか子供たちが考える姿が見られた。具体例をあげたことで，できない場合があることに気付いた。

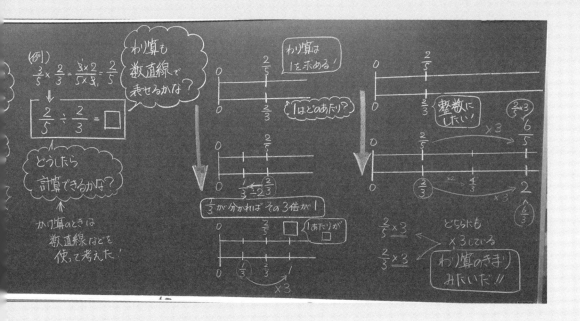

授業の実際　TCと分析②

C　じゃあ、分数÷分数ってどうやって計算したらいいの？
C　困ったときは数直線を使えばいい。
C　分数のかけ算。かけ算はわり算の反対だから。
T　かけ算ではどんなアイデアを使ったの？
C　あっ、整数に直すんだ。
C　割る数を変えるのか。
C　じゃあ、数直線に表せるの？
C　まず $\frac{2}{5}$ と $\frac{2}{3}$ がかけるね。

> 私は、整数に直す考えや数直線で表すことが思いつかなかったのでそういう考え方ができるようにしたいです。整数に直したら、逆数が出たことがおどろきました。

既習の計算のきまりや数の仕組みを活用し、数直線を用いて論理的に考えようとしている場面。論理的に考えることで、説明する力が育つように、多様な考え方を統合していく必要が、この後の授業展開で考えられる。

本実践の価値

- これまでに学習したことをもとに、場面や条件を変えたらどうなるか追究していくデザインになっている。教師が教えたいことを細切れに教えていくのではなく、子供が「こういう場合はどうか」「こういうときはうまくいくが、こういう場合はうまくいかないのではないか」「どうしたら、この場合もうまくいくのか」など自ら学び進んでいくことをコーディネートすることが大切である。
- かけ算とわり算の関係、わり算の式の設定など、子供の思考の流れを大切にした構成になっている。資質・能力を育成する授業で子供が学びを進めていくためには、柔軟に単元を捉え、45分でその時間は終わるが、学習は続いていて例えば75分で一つの場面を考えていくなどのデザインも考えられる。
- 数直線は思考の結果を表しているため、かけている子供はその思考のプロセスを理解しているが、かけていない子供の中にはそのプロセスが分からないでついていけなくなってしまう子供もいる。本実践では、数直線をかくプロセスを丁寧に共有している。$\frac{2}{3}$ から 1 を見つけるには、半分の $\frac{1}{3}$ を見つけて、その3倍のところにあたる。数直線をかいていくこのプロセスにより、整数のわり算と、整数のかけ算で求める方法が見えてくる。全ての子供が解決に向かえる仕掛けとなっている。

第6学年「分数のわり算」

> 教材分析と単元計画

第6学年「拡大図と縮図」

1 本単元における資質・能力の分析

生きて働く「知識・技能」

ア（ア）縮図や拡大図について理解すること。

> 拡大図や縮図について，大きさを問題にせず形が同じであるかどうかの観点から図形を捉え，図形間の拡大や縮小の関係について捉え理解できるようにする。縮図や拡大図の意味や特徴について，作図することを通して理解できるようにする。

未知の状況にも対応できる「思考力・判断力・表現力等」

イ（ア）図形を構成する要素及び図形間の関係に着目し，構成の仕方を考察したり，図形の性質を見いだしたりするとともに，その性質を基に既習の図形を捉え直したり日常生活に生かしたりすること。

> 合同での学習をもとに，図形の性質を見いだし，構成の仕方について筋道を立てて論理的に説明できるようにすること。大きさは異なるが形が同じに見える図形について，角の大きさや辺の長さに着目する。辺の長さが異なることから，対応する辺の長さの比に着目し，「同じ」を捉え直す。また，日常生活のどのようなところで，どのように活用されているか，活用できるかを考えることができるようにする。

学びを人生や社会に生かそうとする「学びに向かう力・人間性等」

・数学的に表現・処理したことを振り返り，多面的に捉え検討してよりよいものを求めて粘り強く考える態度。

・数学のよさに気付き，学習したことを生活や学習に活用しようとする態度。

> 「同じ」とみる図形の見方を拡大図・縮図によって広げ，日常生活でどのような場面でどのように活用されているか探るとともに，自ら図形を見いだし問題解決に生かしていこうとする態度の育成を目指す。そして2つの図形が相似な関係にあることとして捉える中学3年での学習につなげる。

2 数学的な見方・考え方の系統

〈5年〉

図形を構成する要素及び図形間の関係に着目

構成の仕方を考察したり，図形の性質を見いだし，その性質を筋道を立てて考え説明したりする

〈本単元〉

図形を構成する要素及び図形間の関係に着目

構成の仕方を考察したり図形の性質を見いだしたりするとともに，その性質をもとに既習の形を捉え直したり日常生活に生かしたりする

〈中学〉

図形の構成要素の関係に着目

三角形の相似条件などをもとにして図形の基本的な性質を論理的に確かめる
平行線と線分の比についての性質を見いだし，それらを確かめる
相似な図形の性質を具体的な場面で活用する

154　第2章　資質・能力ベイスの授業へ

3 単元の主張

単元を通して，図形間の角の大きさが等しく，対応する辺の長さが同じ割合になっていることに着目していくことで，これまでの学習における「同じ」とみる図形の見方を，統合・発展させていく。

図形を見いだして解決

学習を進める中で子供たちは，辺の長さの比には着目できるようになることが多いが，図形として形や角度が「同じ」ことについては，統合したことが生かされにくくなる。そこで，日常の場面から既習の形を見いだし，縮図をかくことでその性質を活用して問題を解決する経験が大事になると考える。

間接測定のよさ

実際には測定できない長さを知る方法を考え，拡大図や縮図を進んで生活に生かそうとする態度を育成する。

4 単元計画

時	学習活動の概要	目指す子供の姿
1・2	○合同という図形の見方を活用した考察 ○拡大図，縮図の意味や性質の理解	・タブレットの縦画面と横画面の写真を比べ，写真の形や写真に写っている図形を見て，大きさが違うが形が同じ図形について捉えることができる。 ・合同と比較し，角の大きさや辺の長さの比に着目し，「同じ」について捉え直すことができる。
3・4	○拡大図や縮図の作図	・拡大図や縮図の性質を活用してかき方を考えることができる。 ・作図のプロセスについて，拡大図，縮図の性質を用いて，筋道を立てて説明することができる。
5〜7	○縮図の利用 ○縮尺の意味と表し方の理解	・合同な図形が敷き詰められた床や壁などの模様から，縮図や拡大図を見つけ，合同と縮図や拡大図の関係について，理解を深める。 ・地図上の長さと縮尺をもとに，実際の長さを計算で求めることから，縮尺の意味について理解する。 ・校舎の高さについて，縮図を用いて計算で求めることができる。
8	○日常の生活場面について縮図を用いて問題解決する【本時】	・運動会の万国旗のロープの長さについて，直角三角形や台形を見いだし，縮図の性質を活用して問題を解決する。 ・解決のプロセスを振り返り，どのようなことに着目したら，他の場面についても同じように活用できるか考える。

見方・考え方が成長する単元デザイン

単元の導入では，日常から図形を見いだし，形について「同じ」かどうか，図形間の関係に着目し，構成要素である角の大きさや辺の長さの比を根拠に考えられるようにする。拡大図・縮図について知り，次にどのように作図したらよいかという子供の問いを取り上げる。合同での学習経験を生かし，図形の性質を根拠に筋道立てて論理的に説明できるようにする。また，コピー機や社会科等で子供が手にしてきた地図を取り上げ，縮尺について知るとともに，身近なところで拡大図・縮図が利用されていることに気付くようにする。

図形が見えている場面について長さを求めることを振り返り，校舎の高さなど，直接長さを求めにくいものの長さは考えられないかという子供の問いを引き出す。そしてどうにかして縮図を利用できないか議論しながら解決できるようにする。見えないところに直角三角形を見いだし，縮図を利用して間接測定して長さを求めることができたというプロセスを振り返り，他の場面にもさらに活用していこうとする態度につなげる。

目に見える図形について，拡大図，縮図で捉えられるようになることから，見えないところにも自ら図形を見いだし，図形間の関係に着目し縮図を活用して解決できるようになり，拡大図・縮図に関して学習したことを日常生活に活用していけるようにする。

第6学年「拡大図と縮図」　155

| 第6学年 | 「拡大図と縮図」| # Before

「Before」の課題
- ◆技能の習得のみに重きが置かれていること
- ◆性質を活用するために，図形を見いだせていないこと
- ◆結果を出して閉じてしまっていること

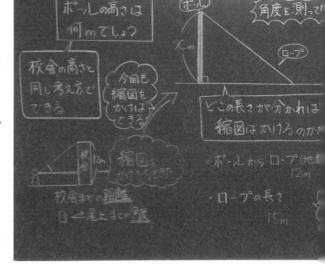

「資質・能力」の分析から

かくことを目的としない

　縮図のいろいろなかき方を考えることではなく，拡大図・縮図の性質を日常生活で生かすために，図形間の関係に着目して考えることを大切にしたい。性質を生かしやすい場面として，直接測定できないものを用いて，そこに図形を見いだすことができるようにしたい。

「見方・考え方及びその成長」から改善のポイントを探る

図形間の「関係」に着目して自ら図形を見いだす

　この単元で着目したい拡大図・縮図の構成要素は，中心点から頂点までの長さと対応する角度であるが，それだけではなく，辺の長さの比に着目したい。また，図形間の関係に着目し，構成の仕方を考察することで，子供が図形を自ら見いだして考えるようにする。
　そして，縮図や拡大図の性質を活用することで，測定しにくい場面でも長さを求めることができることに気付けるようにする。

「ゴールの姿」について修正の方向性

修正前

「直角三角形の直角以外の角の大きさが分かっていなくても，辺の長さの比に着目すれば，縮図をかくことができる。」

- ・縮図をかくことができることのために構成要素を考えるのではなく，性質を活用できるようにしたい。
- ・長さの測定を大切にしていたこれまでの授業と変える必要がある。
- ・拡大図・縮図を比で考えるだけでなく，図形の見方を広げ，日常生活で活用されていることに気付いていきたい。

▼

修正案

「直接測ることができなくても，縮図をかいて計算で求められる。そのためには見えないところに直角三角形を見いだすことが大切。」

「縮図を使って測ることができない長さを求めるためには，直角三角形を見いだし，辺の長さの比が同じことに着目することが大事。」

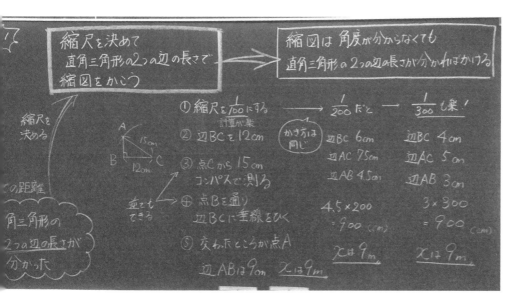

修正後の本時の主旨

日常から図形を見いだす

拡大図・縮図のかき方は合同の学習と関連付けて考える。作図はできるがその活用の仕方が分からないとならないように，日常から図形を見いだし，主体的に問題解決できるようにする。

図形の見方が成長し発展させていく姿を描く

図形の見方が豊かになることと豊かに図形を見いだすことは，相互に関係し合って成長していくと捉える。そのプロセスで論理的に説明することにより，他場面について考えるなど自ら発展させていく態度につなげる。

「子供の問い」について修正の方向性

修正前

「どこの長さが分かれば縮図をかけるのか。」

・構成要素として中心点から頂点の長さの比を考える文脈となっていない。
・縮図をかくことが目的ではない。そこから性質や図形を見いだすことが大切である。
・実際の場面から，余計な情報を捨象して，板書に図で表せるようにする。その際，前時の学習と比較することで，表した図の中に直角三角形を見いだせるようにする。

▼

修正案

3つの子供の問いでつないでいく。
「直接測れなくても長さが求められるのか。」
「縮図を活用するにはどこに着目したらよいか。」
「別の場面でも同じように考えられるか。」

第6学年「拡大図と縮図」 157

第6学年 「拡大図と縮図」 After

見方：着眼点
- ◆実際と縮図の直角三角形の関係
- ◆辺の長さの比

考え方：思考・認知，表現方法
- ◆縮図の性質を根拠にした説明
- ◆発展的に考えること

見方・考え方の成長
- ◆図形を見いだし，図形間の関係に着目し，縮図の性質を活用して間接測定したり，他場面での活用を考えたりすること

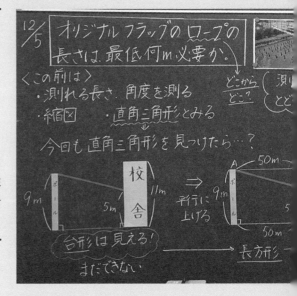

本時展開

問題場面を把握し，問題解決に必要な既習の図形と構成要素を見いだす	○問題場面の共有 ・「運動会の万国旗のロープの長さは最低何m必要か」という場面を捉える。 ・測定できない長さの測定について問いを共有し，縮図の活用に目を向ける。 ○問いの焦点化 ・縮図を用いて解決するためにどうしたらよいか考える。 **TCと分析①**
図形間の関係に着目しながら，根拠を明らかにして説明する	○既習の図形を見いだし，図形間の関係に着目 ・どこにどのような図形を見いだすことで解決できるか考える。 ・直角三角形や台形を見いだし，縮図を用いて解決する。 ○根拠を明らかにした自分の考えの説明 ・どのように縮図をかいて解決したのか，自分のかいた縮図を用いて友達と説明し合う。 **TCと分析②**
縮図のよさに気付き，日常事象への活用につなげる	○学習を振り返り，図形を活用して考えたことを共有 ・なぜ直角三角形を見いだしたのか，どのようにして見いだしたのか，図形間の関係に着目しどのように縮図をかいて計算で求めたのか，など問題解決を振り返り，それぞれのプロセスで何が大切であったかを共有する。 ・解決のプロセスで出てきた誤差の処理や，他のどのような場面で同じように活用できそうかなど，この先考えていきたいことを共有する。

授業の実際　**TCと分析①**

T　ロープは斜めだから測れないね。では求められないのかな。
C　縮図を使えないかな。
C　写真から見えているのと見方を変えて，図書室側から遊具の方を見れば，図形が見える。
T　図形？どのように図形が見えるのかな？

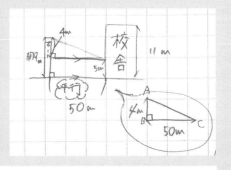

　見方を変えて真横から場面を捉え，図として考えていこうとする場面。これまでの学習経験から，何とか場面から図形を見いだせないかという表れが見られた。どのように図形を見いだすか，どのような図形を見いだしたらよいか，全体の問いとして共有したい。

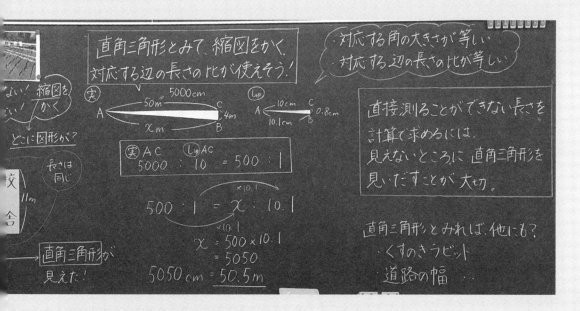

授業の実際　TCと分析②

C （班の）みんな100分の1の縮図を利用したのだね。何cmだった？

C 50.4cmだったよ。

C 私は50.3cm。

C ぼくは50.4cm。

C 1mm違うね。1mmならそんなに変わらないかな？

C でも100分の1だから，100倍になるよ。

C 100倍ということは，10cmも違うね。

C でも実際のロープだったら10cmくらいの誤差は出てくるんじゃない。伸びたりとか。

C 確かにそう考えると大した誤差ではないね。

子供たちが自分たちの測定の違いから，「誤差」について考え進めている場面。違いによって対話が必然となった。結果を振り返り，日常に戻して考えられている表れだと捉えられる。

本実践の価値

- 日常生活の中でも様々な拡大図・縮図が役立っているという経験を繰り返していくという新学習指導要領の理念にのっとって単元デザインを行っていた。
- 日常をどのように算数・数学の舞台にのせていくのか，どのように子供たちに見いださせるのか。見いだすことが初めてならとまどってしまうが，丁寧に単元を計画して進めてきている中で，子供たちは既習を頼りにしながら図形を見いだすということに取り組んでいくことができたのではないか。
- この後の時間では，自分たちのやったことを振り返って妥当性を検討したい。どうしてこれだけ誤差が出てしまったのか，より誤差を小さくするにはどうしたらいいのか，どれくらいなら認められるかを全体で話し合って考えていきたい。
- 今日の授業の中で「台形が見える」「長方形が見える」「直角三角形が見える」など様々な図形を見いだし，台形と，直角三角形の斜辺が議論にあがったのはよかった。
- 日常生活に図形を見いだし解決するプロセスで，図形のよさにも気付いていく。

第6学年「拡大図と縮図」　159

教材分析と単元計画

第6学年「比」

1 本単元における資質・能力の分析

生きて働く「知識・技能」

ア（ア）比の意味や表し方を理解し，数量の関係を比で表したり，等しい比をつくったりすること。

> $a:b$という比の表し方，比の相等（等しい比）及びそれらの意味を明らかにし，比について理解できるようにする。これに関連し，$\frac{a}{b}$を$a:b$の比の値ということや，比の値を用いると比の相等（等しい比）を確かめることができることを理解できるようにする。数量の関係を比で表したり，等しい比をつくったりすることができるようにする。

未知の状況にも対応できる「思考力・判断力・表現力等」

イ（ア）日常の事象における数量の関係に着目し，図や式などを用いて数量の関係の比べ方を考察し，それを日常生活に生かすこと。

> 二つの数量の関係どうしを比べる際に，割合で比べてよいかを判断し，どちらか一方を基準にすることなく，簡単な整数の組としての二つの数量の関係に着目する。そして，比例関係がその背後にあることを使って，数量の関係を考察できるようにする。
> 目的に応じて，図や式を関連付けたり用いたりしながら，数量の関係を考察し，結論を導いていく。また，考察によって得られた結果を，日常の事象に戻して，その意味を考え，必要に応じて，考察の方法や表現方法を見直すことができるようにする。

学びを人生や社会に生かそうとする「学びに向かう力・人間性等」

・数学的に表現・処理したことを振り返り，多面的に捉え検討してよりよいものを求めて粘り強く考える態度。
・数学のよさに気付き，学習したことを生活や学習に活用しようとする態度。

> 比を用いて日常生活の問題解決をするだけではなく，その問題解決過程や結果を振り返ることで，比と分数や除法，比例との関連を明らかにしていきたい。統合的に考え，数学のよさやおもしろさを子供が実感することが大切である。比が様々な場面での問題解決に有効なものであることを味わわせ，進んで比を活用しようとする態度の育成につなげる。

2 数学的な見方・考え方の系統

〈中学〉
数量の変化や対応，関数関係に着目

関数関係を見いだす
その特徴を表，式，グラフを相互に関連付けて考察する

〈本単元〉
日常の事象における数量の関係に着目

図や式などを用いて数量の関係の比べ方を考察し，それを日常生活に生かす

〈5年〉
伴って変わる二つの数量やそれらの関係に着目

変化や対応の特徴を見いだして，二つの数量の関係を表や式を用いて考察する

160　第2章　資質・能力ベイスの授業へ

3 単元の主張

日常事象の数量の関係に着目し，図や式などを用いて数量関係どうしの関係を考察する。そして，その問題解決の過程を振り返ることにより，既習との関連に気付かせる。そのような学習の繰り返しを通して比を使って問題解決をするよさを味わわせ，発展への意欲を高めていく。

比例を前提に割合とみてよいかを判断

日常の事象の数量関係どうしの関係を，比例関係を前提に割合でみてよいかを判断することにより，比で表して解決できそうだという見通しをもつことができる。それにより，日常の事象に比を積極的に活用してみようという態度の育成につなげる。

既習と関連付け，統合的・発展的に考察

一応の問題解決が終わったら，そこまでの過程を振り返る。既習との関連はないかという統合的な視点での振り返りを単元の中で繰り返し行うことにより，一見違ったところに潜む共通な部分を探そうという目を養っていく。そして，学んだことを別の場面でも使ってみようとする発展的な考えの育成にもつなげていく。

4 単元計画

時	学習活動の概要	目指す子供の姿
1 · 2	○二つの数量の関係についての考察 ○比を用いた表現	・二量を比較する際に，既習を生かし，割合を用いて考える場面かどうかを判断している。 ・二量の割合を表す場合に「$a:b$」という比の表し方について理解している。
3	○比の値の表し方と，割合との関連の考察	・比の値の表し方を知り，その意味について考える。 ・比の値を，基準にする量（後項）を 1 としたときの比較する量（前項）の数値であると捉え，既習の割合と統合的に考えている。
4 · 5	○比の相等の考察 ○分数・除法の性質との関連の考察 【本時】 ○連比の場面の考察	・二つの数量の関係どうしの関係を比で表し，その比が等しいかどうかを比例の考えや比の値を用いて調べている。 ・比の値には分数の性質がそのまま使えることを明らかにし，分数との関係を統合的に考えている。 ・三つの数量の関係も比で表せることを知り，比の表現のよさに気付いている。
6 · 7	○比を活用した問題解決とそのよさの実感 ○異種の二量の割合との関連 ○比例配分	・日常生活の中から比が用いられている事象を探したり，それらを活用して物事を処理したりしている。 ・異種の二量の数量関係を比で表し，比例の表と関連付けて考えている。 ・全体と部分の関係について考えている。

見方・考え方が成長する単元デザイン

本単元では，ものを分けたり大きさを比べたりする際に，違いやその程度を簡単な整数の組を用いて簡潔に表すことができるようにする。また，これまで学んできた割合を，比の値と同義であると見直したり，比の値には分数の性質がそのまま使えることを明らかにしたりすることで，これまでの学習との関連を図ることができ，統合的・発展的な考えを育てる。

日常生活では比はいろいろなところで活用されている。算数・数学の学習でも，今後「拡大図・縮図」「比例・反比例」との関わりが深い。よって，具体的な日常場面や図形と関連させた場面を単元の冒頭から積極的に扱う。そのような問題解決を通して比の性質や比の値といった知識・技能が生きて働くものになるようにしていく。

そして，目的に応じて比で捉えることやその処理のよさを感じて，それらを学習や生活に生かそうとする態度の育成につなげていく。

第6学年「比」　161

第6学年 「比」 Before

「Before」の課題
◆ 知識・技能の習得のみになっていること
◆ 比例の関係を前提に，割合でみてよいかを判断していないこと
◆ 日常事象と関連付いていないこと

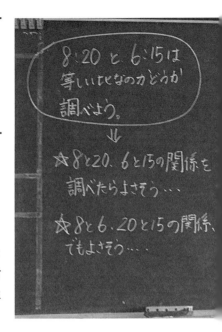

「資質・能力」の分析から

日常事象における数量の関係に着目していないこと

比があらかじめ提示されているので，比例関係を前提に割合でみてよい場面か判断していない。問いが不在で，解決して得られたことを日常や数学の事象の問題解決に積極的に活用しようという態度の育成や，生きて働く知識・技能の獲得につながりにくい。

「見方・考え方及びその成長」から改善のポイントを探る

比を日常や数学の事象の問題解決に活用し，そのよさを実感する

比は子供たちの日常生活とも，算数・数学の学習とも関連が深い。6年生の「拡大図・縮図」や「比例・反比例」，中学校の「相似」など，これから発展していくことを考えると，事象を比で捉えることや，その処理のよさを味わい，他の場面でも活用できそうだと考えて単元の出口を開いておくことが重要であると考える。単なる比の相等を調べる手続きの習得に終わらせず，比のよさを味わったり，比と既習との関連を図ったり，連比や扱っていない別の日常事象への広がりなど，子供が発展させたいという意欲をもつことを大切にしたい。

「ゴールの姿」について修正の方向性

修正前

「等しい比を求めることができたね。」
「等しい比の求め方が分かった！」

・比例の関係に着目し，比を使って解決できたことのよさを実感させたい。
・比と既習の分数や除法との関連に気付かせ，数学のおもしろさを味わわせたい。
・比のよさの実感から，他の数量関係も考察してみたいという発展への意欲を引き出したい。

修正案

「比はたくさんの場面で使えて便利だね。」
「比を使ったら大きさの違う同じ形が簡単に分かったね。」
「比を簡単にすることと，約分やわり算のきまりは同じことを表しているんだね。」
「3つの比も表せそうだね。」

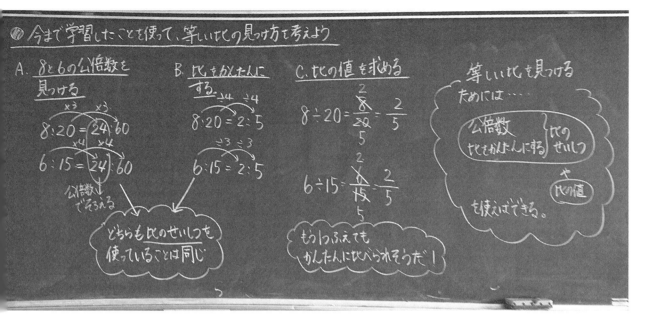

修正後の本時の主旨

比の相等について，解決過程を振り返って比と分数や除法を関連付けて考え，統合的・発展的に捉えることができる

　本時では，日常事象の問題解決場面（国旗の縦と横の長さの比）の数量関係を捉え，比例関係を前提として割合でみてよいかを判断する。
　比の性質や比の値など，単元での既習を生かして問題を解決する。そこで学習を終わらせず，解決過程を振り返って同じところを探すなど統合的な視点から眺めてみることにより，分数や除法の性質など，繰り返し使ってきた既習との関連に気付かせていきたい。そして比を用いて問題解決をしたことのよさを共有することで，発展への意欲付けにつなげていきたいと考える。

「子供の問い」について修正の方向性

修正前

「等しい比はどのように求めたらいいのかな？」

・比例関係に気付かせ，それまでとは違った場面になっても，比例関係を前提に「比で表して解決できそうだ」という類推が働くようにしたい。そして実際にそれを用いて解決できたことで，比のよさに気付かせたい。それをもとに，さらに他の場面でも比を使えないか，子供が自ら比の適用場面を広げていけるように，発展への問いをもたせていきたい。

▼

修正案

「比で表して解決できそうかな。」（比例関係への関心）
「今まで学習した何を使えば等しい比が分かるかな。」（素地経験の検索）
「今でのどんな学習と似ているかな。」（統合的に振り返る）
「他にどんなことができそうかな。」（発展への意欲付け）

第6学年「比」　163

第6学年 「比」 After

見方：着眼点
◆ 基準量と比較量・割合の関係

考え方：思考・認知，表現方法
◆ 数量関係どうしの関係を論理的に考察する
◆ 他の数量関係に発展する

見方・考え方の成長
◆ 比の適用場面の広がり
◆ 比と分数や除法との関連を捉える

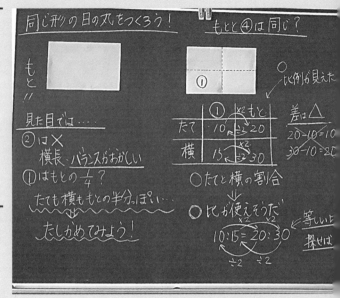

本時展開

問題場面を把握し，二量の関係を捉える	○問いの生起　**TCと分析①** ・比例関係を捉え，割合でみてよい場面かを判断する。 ・形が同じ＝比が同じと捉え直し，等しい比を求めている場面として思考対象を焦点化する。
比の相等についての考察	○基準量と比較量の関係を考察 ・比例の考えを使って，比の前項・後項どうしの関係を用いて解決する。 ・比の値を用いて解決する。
問題解決の結果を振り返り，統合的に考える	○振り返りと既習との関連付け・よさの実感　**TCと分析②** ・解決過程を振り返り，分数の約分の手続きやわり算のきまりとの関連に気付かせる。
別の数量関係を捉える	○別の数量関係の考察に発展 ・旗の長方形の縦や横の長さと円の直径の長さに着目し，それぞれの紙の場合に円の直径の長さをいくつにすればいいかについて，比の性質や比の値を使えば解決できそうだという見通しをもつ。

授業の実際　**TCと分析①**

T 同じ形の日の丸を作るための紙はどれを選んだらいいですか？
C ②は絶対に違う。バランスがおかしい。
C 長さが分かればできそうだ。（長さの提示）
C ①は同じだ。縦も横も元の大きさの半分だ。
C 比例の関係があるね。
C ということは，この場面も比で解決できるかもしれないね。試してみたい！
C 観覧車のゴンドラの数。
C 一周する速度と乗車定員が分かればできそう。

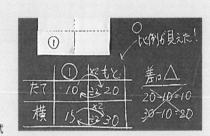

> 日常の事象における数量関係に着目し，比例関係を前提に割合でみてよいかを判断しようとしている場面。長方形の縦と横の長さに着目し，①の長方形の縦と横の長さが元のそれぞれ半分になっていることから，割合の見方の必要性に気付いた。

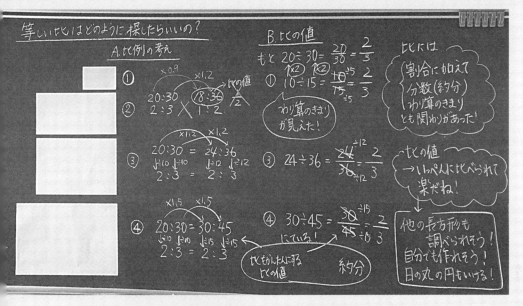

授業の実際　TCと分析②

C　Aの比例の考えで，④の比を簡単にしたときと，比の値を求めて約分したときの数字が同じです。

T　いいところに目を付けたね。これはたまたまですか？

C　そう言われてみれば，②も③も同じだ。

C　たまたまじゃない。同じことしているんだね。

T　比を簡単にすることと，約分をすることの手続きは同じなんだね。他にも同じものはある？

C　比の性質を調べたときのかけた数も同じです。

C　これを比の値を求めたわり算とつなげると何が見えるかな？（①と元の関係に書き込む）

C　わり算のきまりだ！

C　これも比と関係があったんだ。すごいね！

処理のときの数字が同じという発言から，統合的な視点で振り返りを行った。解決過程を改めてその視点から眺めてみたことにより，既習との関連に子供たちは気付いていった。「比はすごい！」という感想が多く見られた。

本実践の価値

- 比の相等の場面で，単なる等しい比を求めるための手続きの理解に終わらせず，日常事象の問題解決場面との関連を図ったり，既習と関連付けたりしたのは，資質・能力育成の観点から価値がある。
- 比は，6年生の学習では「拡大図・縮図」「比例・反比例」と密接に関わっている。中学校では，ここで育成した資質・能力が「数と式」領域，「関数」の領域で生かされていく。特に，「相似」や「平行線と線分の比」など，図形領域との関わりが深い。そのような観点からも，比を日の丸の旗の形（長方形）という図形と関連付け，その処理のよさを子供が味わったことにも価値がある。
- このような，既習やこれから学習することを念頭に置き，授業プランや単元計画を立てる。子供がそのよさを感得するような学習を何度も繰り返すことで，自ら数学を発展させ，自ら学び進んでいく子供の育成につながっていく。

第6学年「比」　165

> 教材分析と単元計画

第6学年「データの調べ方」

1 本単元における資質・能力の分析

生きて働く「知識・技能」

ア（ア）代表値の意味や求め方を理解すること。

（イ）度数分布を表す表やグラフの特徴及びそれらの用い方を理解すること。

（ウ）目的に応じてデータを収集したり適切な手法を選択したりするなど，統計的な問題解決の方法を知ること。

> 平均値や中央値，最頻値の意味を理解し，用いる目的を明確にして，データの特徴を読み取ることができるようにする。資料の散らばりを調べることで，集団の傾向を平均よりも詳細に捉えることができることを知る。また，度数分布をもとに柱状グラフを作ったり読んだりできるようにする。

未知の状況にも対応できる「思考力・判断力・表現力等」

イ（ア）目的に応じてデータを集めて分類整理し，データの特徴や傾向に着目し，代表値などを用いて問題の結論について判断するとともに，その妥当性について批判的に考察すること。

> 一連の統計的な問題解決ができるように課題解決に向けて見通しをもって資料を整理したり，それをもとに表した柱状グラフの形状から，資料の特徴や傾向，様子を解釈したりする。柱状グラフのよさや働きに関心をもってグラフを積極的に活用する態度や批判的に考察する力を伸ばす。

学びを人生や社会に生かそうとする「学びに向かう力・人間性等」

・数学的に表現・処理したことを振り返り，多面的に捉え検討してよりよいものを求めて粘り強く考える態度。

・数学のよさに気付き，学習したことを生活や学習に活用しようとする態度。

> 子供たちが身の回りの事象をグラフに表し考察する中で，グラフを適切に読み取り，傾向を捉えるだけでなく，データを活用し，根拠をもって予測や推測をしようとする態度を養いたい。また，統計的な表現を批判的に見ようとする態度を身に付けたい。

2 数学的な見方・考え方の系統

〈5年〉

目的に応じてデータを収集し，データの特徴や傾向に着目

表やグラフに的確に表現し，それらを用いて問題解決したり，解決の過程や結果を多面的に捉え考察したりする

〈本単元〉

身の回りの事象から設定した問題について，目的に応じてデータを収集し，データの特徴や傾向に着目

適切な手法を選択して分析を行い，それらを用いて問題解決したり，解決の過程や結果を批判的に考察したりする

〈中学〉

データの分布や複数の集団のデータの分布に着目
標本と母集団の関係に着目

その傾向を比較して読み取り批判的に考察して判断したり，不確定な事象の起こりやすさについて考察したりする
母集団の傾向を推定し判断したり，調査の方法や結果を批判的に考察したりする

3 単元の主張

　これまでの学習を総合して活用し解決する文脈を描く。

目的に応じたデータの収集，整理

　整理された表やグラフからだけでは集団の特徴を捉えきれないような場面を用意する。子供自身が足りないデータに気付き，目的を明確にしながらデータを収集，整理するようにする。

妥当性について批判的に考察

　自分たちが出した結論や問題解決の過程を振り返り，判断が妥当なものであるかどうか検討する。互いに提示し合った統計的な結論が根拠を伴っているかどうかなど，批判的な考察を続けていく。

4 単元計画

時	学習活動の概要	目指す子供の姿
1	○目的の明確化と資料収集の計画	・「SNS 等を長時間使うと学習内容が消える」というデータや全国学力・学習状況調査での「テレビやスマホ等を見る時間」の結果を受け，中学校に向けて生活を見直したいという意識をもつ。
2	○データの分類整理　目的に応じた資料の整理と集団の特徴の読み取り	・収集した資料から表に整理し平均を求める。時間の最大，最小などについても観察する。 ・全体の傾向についての必要感をもち，数直線上に散らばりの様子を表していく。平均との関係に気付きながら観察する。
3・4	○度数分布表に表す方法と考察 ○柱状グラフに表す方法と考察	・分布の様子を数量的に捉えやすくしたいという子供の思いから，度数分布表を知りまとめる。 ・平均を求めただけでは分からなかった特徴に気付き，度数分布表に表すよさを考える。最大値や最小値，中央値，最頻値の属する階級を理解する。 ・散らばりをグラフに表せないかという子供の思いから柱状グラフを知る。 ・度数どうしの関係が見やすいこと，最頻値や分布の範囲が分かりやすいこと，グラフの概形から集団の特徴が捉えやすいことなどよさを共有する。
5	○一応の結論　グラフの見直しの必要を見いだす	・整理した表，グラフなどを根拠に説明したり判断したりして課題解決にグラフを活用する。 ・柱状グラフをもとに判断したことが妥当かどうか振り返り批判的に捉え，グラフを見直すことで多面的に事象を考えていこうとする。
6	○グラフを見直し，新たなデータの取り出しの必要に気付く。【本時】	・グラフについて取り出す時間を変えて考察するという新たな視点から傾向や特徴の相違を明確にしていき，各学年に合った改善方法やグラフの生かし方を考える。 ・さらに，別の観点からデータを取り出して分析し，総合的に判断していくことを共有する。
7	○データの焦点化した取り出しと分類整理	・相手の納得を得るという目的に向けて，必要に応じてデータを取り出し，割合や代表値で表す。 ・量的データと時系列データに着目して，データを分類整理する。
8	○データを多面的な分析から総合して判断する	・データの取り出し方を変えた割合のグラフや各代表値，データの種類を総合して，判断する。 ・それぞれの判断したことについて，根拠を明らかにしながら議論し，納得解，最善解について学級としての合意形成をする。
9	○生活改善への活用 ○振り返り	・具体的にどのように相手に伝えて納得を得るか話し合う。 ・単元を振り返り，統計的な問題解決のプロセスで身に付けた力，大切にしていきたいことを話し合う。

見方・考え方が成長する単元デザイン

　これまでの経験を生かし PPDAC を必要に応じて何周でも子供が回していけるようにする。子供自身の生活改善を目的として，統計を用いて解決していく。単元の中で散らばりを表す必要を子供から引き出し，度数分布表，柱状グラフについて捉える。データを解釈，判断するために代表値やグラフの概形に着目し，子供たちが議論し一応の結論を出す。学級全体の十分な納得まで分析しきれていないことを掘り起こし，結果を批判的に捉える中でグラフをさらに見直す必要を見いだし，取り出すデータを変えて考察する。

　さらに，目的に向けてより多面的に考察していこうとする思いを引き出し，データの種類や割合に着目しデータをさらに分析する。データを多面的な分析から総合して判断し，自分たちの納得解，最善解について学級全体の合意形成をする。統計で問題を解決したことを生活改善に生かすとともに，単元全体を振り返り中学での統計の学習につなげていく。

第6学年「データの調べ方」　167

第6学年 「データの調べ方」 Before

「Before」の課題
- PPDACのサイクルになっていないこと
- 様々な視点から多面的に吟味できていないこと
- 問題解決の過程を批判的に考察できていないこと

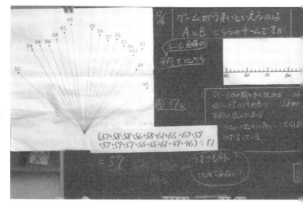

「資質・能力」の分析から

資料の特徴を捉えることを目的としない

資料の平均や散らばりを調べ、統計的に考察したり表現したりするだけでなく、目的に応じたデータの収集や分類整理などのPPDACのサイクルを回したい。また、量的データの特徴や傾向に着目して、代表値などを用いて問題の結論について判断するとともに、その妥当性について考察することができるようにしたい。

「見方・考え方及びその成長」から改善のポイントを探る

この単元で着目したいデータの特徴や傾向は、量的データに対しての分布の中心やばらつきの様子などである。

データの収集方法に偏りがないか、観点を変えると異なる特徴や傾向が見いだされることから、分析の仕方やそこから導き出した結論は本当に妥当なものであるかどうか、振り返って検討することが大切である。

統計的な問題を多面的・批判的に考察できるように、着目する観点やデータの特徴や傾向によって、主張の仕方もいろいろあることについて、単元を通して経験する必要がある。

「ゴールの姿」について修正の方向性

修正前

「平均の値が同じチームを比べるには、散らばりを見ると比べられる。」

・視点を変えると分析した結果や結論が変わることに気付くだけでなく、自分たちが出した結論や問題解決の過程が妥当なものであるかどうかを別の観点や立場から検討したい。
・問題解決の過程や結果を、目的に応じて図や式などを用いて数学的に表現し伝え合えるようにしたい。

修正案

「柱状グラフからデータ全体の様子で見ると、改善の呼びかけの説得力が増す。」
「それぞれの学年の具体的な傾向を知るには、それぞれに合った違うデータで見ると、一人一人の生活の改善につながる。」

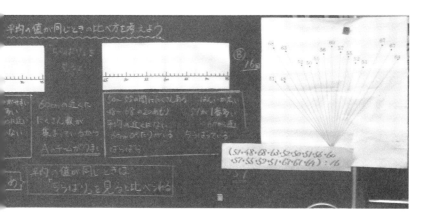

修正後の本時の主旨

　単元全体を通して，集団や個人の生活習慣の改善に生かす統計的な問題解決活動を行い，本時では子供が何のために6年と3年の柱状グラフを考察するのか目的意識を強くもつことを重視する。4月の頃に比べ，スマホ等の画面に向かう時間は減っているのか，現在の実態を考察し，中学に向けて生活改善の必要性を考える。また，3年生と比較し，最高学年と中間の学年の傾向から全校生に問題意識をもってもらえるよう朝会等で考察結果を発表することが目的である。3年と6年の画面に向かう時間は特徴があると予想し，柱状グラフをもとに視点を変えてグラフの見直しを行っていく。示された統計的な情報の妥当性を吟味しながら考察する力を育てていきたい。

「子供の問い」について修正の方向性

修正前

「平均の値が同じだと，比べられないのか。」

・比べるための視点だけに着目していて，知識のゴールになってしまう文脈になる。
・問題解決の過程や結果を，目的に応じて分かりやすく表現し，他者と伝え合うなど対話的に学べるようにしたい。
・単元全体でPPDACのサイクルを回し，量的データの分布の様子を把握できるようにしたい。

修正案

　3つの子供の問いでつないでいく。
「60分から300分の幅にいる全員が危険だと言っていいのかな。」
「8時間超えの人が，6年生全体の平均時間をあげているのではないか。」
「人数が大幅に違うのだから，危険ラインを超えているのが3年生の方が多いというのは違うのではないか。」

第6学年 「データの調べ方」 After

見方：着眼点
◆ データの特徴や傾向

考え方：思考・認知，表現方法
◆ データをもとに出した結論が妥当であるかどうか批判的に考え，目的を明確にするためのグラフで表現する

見方・考え方の成長
◆ 目的のために必要な時間や項目を取り出してグラフを考察し，3年と6年のそれぞれのグラフの特徴に気付き，生活改善点を明確にすることができる

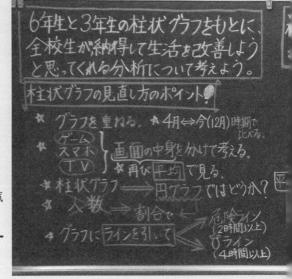

本時展開

目的の再確認をし，2つのグラフを批判的に考察する	○目的の再確認 ・2つのグラフの特徴をつかむためにはどうすればよいか見直す方法を考え，柱状グラフのよさを生かし，2つのグラフを重ねて見直す。 ○問いの焦点化 ・広さで単純に比較してよいのかという考察をする。 ・4月のデータと比較し，原因を柱状グラフから説明できるのかどうか吟味し，特徴が表れた原因を追究する必要性があることに気付く。
必要な情報を取り出して，比較し直す	○目的に合った情報の選択・活用 ・生活改善点を見いだすために必要な時間を選んで取り出し，分析する。 ・学力低下の折れ線グラフと結び付けて比較することで，データを取り出す必要性をつくり出す。 ○新たな視点から考察した結果を共有・分析 ・個々に比較するだけでなく，1つのグラフに合わせて考察する。 **TCと分析①**
結論を出し，生活改善への意欲をもつ	○比較・分析結果のまとめ ・重ねて比較，割合で比較などのグラフをもとに，視点を変えて比較することで見えてきたことから生活に生かそうという思いをもつ。 ○自分たちの生活改善への挑戦 ・学年全体の実態から自分の生活を振り返る。 ・柱状グラフや既習のグラフを活用して，学年の特徴に応じて効果的に伝える方法や伝えたい考察結果を話し合う。 **TCと分析②**

授業の実際　**TCと分析①**

C　8時間以上になると，3年生は一人もいない。

C　6年生は3人8時間以上の人がいる。

C　6年生はちょっと依存状態になっていると感じられるから，6年生は生活改善をした方がいいと思います。

C　でも，同じ時間で比べたとき，人数多かったりもしたから，2つの学年とも生活改善をして見直していった方がいいと思います。

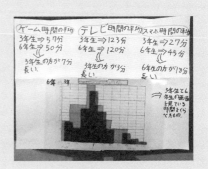

平均時間に着目して比較していたが，柱状グラフの全体の形に着目し，2つのグラフの大きな違いに気付いた場面。「平均だけで比べてよいのか？」という問いにつなげるために，他者が提示してきた資料の妥当性を判断する必要がある。

170　第2章　資質・能力ベイスの授業へ

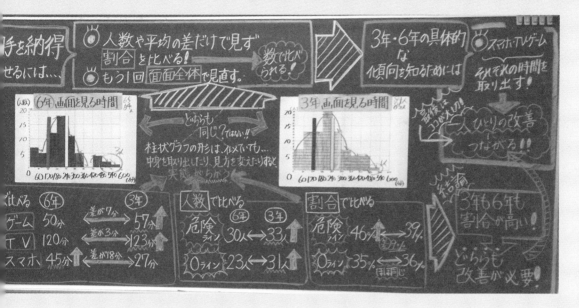

授業の実際　TCと分析②

- C　2時間と4時間の2つの時間のラインで知らせた方がいいと思う。
- C　2時間以上が『危険ライン』，4時間以上が学習内容は0に近くなる『0ライン』。
- C　6年生は危険ラインの人が30人います。0ラインを超えている人は23人もいるから，この生活だと成績も下がる。
- C　3年生は，危険ラインの人が33人で，0ラインを超えている人は31人で，6年生よりも多いから，3年生もそこをちゃんと見直した方がいいと思う。
- C　6年と3年ではもともとの人数が違うよ。

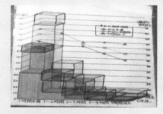

　　時間で目安を伝えることが，生活改善につながりやすいという利点について，話し合うことができた場面。柱状グラフを作り直し，どの程度呼びかけが必要か分析することにつながった。「もともとの人数が違う」という見方をしたことで，柱状グラフの広さで比べられるというよさを生かして，割合で柱状グラフを作り直し，分布の特徴が直観的にさらに比べやすくなることを共有したい。

本実践の価値

- ・子供の身近な問題を取り上げることで，目的が明確になり主体的に取り組もうとする姿につながっていた。生のデータの扱いは難しいがオーセンティックな学びこそ，資質・能力の育成につながる。
- ・批判的に考察することで，データの見直しの必要性が生じ，PPDACサイクルがさらに回りだす。この資質・能力の大切さが改めて見えてきた。
- ・批判的に考察する力を高めるために，判断の結果だけではなく，その根拠を問うことが必要である。そこを問い返し続けることで，子供同士の判断にずれが生じ，問いにつなげることができていた。
- ・単元を通して子供が問い続けられる文脈が大切である。子供たちの議論をうまくコーディネートし，「本当にそう言えるのか」「他の見方はないのか」「相手はそれで納得するのか」などの思いを引き出すことによって，子供たちが多面的に分析し納得解，最善解に近づいていこうとする姿が見られた。

第3章

挑戦
－前進し続ける研究会へ－

　資質・能力を育成する授業改善について研究を進めていく中で，これまでの研究を見つめ直し，常に授業づくりをアップデートしていこうとチャレンジしています。本章では，「割合」に焦点を当て，あえて割合そのものを学習する4・5年生の前後の学年（2，3，6年生）に着目した3事例について取り上げます。

　子供にとって割合が少しでも難しいものとならないようにするために，割合における数学的な見方・考え方にフォーカスして分析し，二つの数量の関係をどのように見るのか，捉えるのかということについて，子供の具体の姿を描きました。下学年から素地を培うべきことは何か，さらに割合を学んだ子供がその先どのように学び進むことができるのか，これらについて2年「かけ算」，3年「分数」，6年「比と比の値」の3本の授業での提案です。

　割合を捉えるときに必要な見方・考え方について，また，どのように数学的な見方・考え方を成長させるのか，これらについて具体的な授業について語ることで，授業をどのように変えていったらよいか，協議会で議論が深まりました。研究会での，清水美憲先生，齊藤一弥先生，池田敏和先生，蒔苗直道先生によるミニシンポジウムの様子も掲載します。

2年「かけ算」

1. 単元で育成する資質・能力

①生きて働く「知識・技能」
（ア）乗法の意味について理解し、それが用いられる場合について知ること。
（イ）乗法が用いられる場面を式に表したり、式を読み取ったりすること。
（ウ）乗法に関して成り立つ簡単な性質について理解すること。

ものの全体の個数を、一つ分の数が決まっていて、その幾つ分と捉えて数えるときに、乗法が用いられることを知り、同数累加の簡潔な表現として乗法による表現を用いることを理解できるようにする。また、「×」を用いると式が短く、まとまりや幾つ分が分かりやすいことにも気付けるようにする。意味を拡張し、もとにする量の何倍かに当たる量を求めるときにも乗法を用いることにも気付けるようにする。乗数が1増えれば積は被乗数分だけ増える性質や交換法則について調べていけるようにする。

2. 単元デザイン

①本時	②	③④	⑤⑥⑦
ある数のまとまりの幾つ分で表すよさ	乗法の意味、式表示	乗法のきまり （同数累加）	乗法の意味の拡張 倍概念の基礎 かけ算探し（式で表現）
具体的な操作活動を行いながら、同じ数のまとまりに着目して、数を表現できることに気付く。	乗法の意味の理解を確実にできるようにする。「（一つ分の数）×（幾つ分）＝（全部の数）」	乗法の答えは同数累加で求められることに気付く。	乗法の意味を拡張して、「基準とする量の幾つ分」という、倍概念の基礎となる考え方に成長する。乗法を生活の中で活用していく。

3. 単元に関わる内容と見方・考え方の系統

学年	幼児期	第1学年	第2学年	第3学年
A「数と計算」領域 　①数の概念について理解し、その表し方や数の性質について考察すること　②計算の意味と方法について考察すること					
内容	日常生活の中で幼児自身の必要感に基づく体験を大切にし、数量や文字などに関する興味や関心、感覚が養われるようにすること。	個数を比べること／個数を数えること／十を単位とした数の見方／まとめて数えたり等分したりすること／加法、減法	十進位取り記数法／数の相対的な大きさ／一つの数をほかの数の積としてみること／簡単な分数／加法や減法に関して成り立つ性質／乗法が用いられる場合とその意味	数の相対的な大きさ／乗法に関して成り立つ性質／除法が用いられる場合とその意味／小数の意味と表し方／分数の意味とその表し方／単位分数の幾つ分
見方		ものの数	数とその表現や数量の関係	
考え方		具体物や図などを用いて数の数え方や計算の仕方を考える	必要に応じて具体物や図などを用いて数の表し方や計算の仕方などを考察する	

C「測定」領域
①量の概念を理解し、その大きさの比べ方を見いだすこと
②目的に応じた単位で量の大きさを的確に表現したり比べたりすること
③単位の関係を統合的に考察すること　④量とその測定の方法を日常生活に生かすこと

内容		量の大きさの直接比較、間接比較／任意単位を用いた大きさの比べ方	長さやかさの単位と測定／適切な単位	長さや重さの単位と測定／適切な単位
見方		身の回りにあるものの特徴を量に着目して捉え		
考え方		量の大きさの比べ方を考える	量の単位を用いて的確に表現する	

単元の主張

　割合が捉えられないことの課題は，もとにする量が分からないことがあげられる。基にする量が分からないことの要因として，下学年から３項関係で乗法や除法を見てきていないことが考えられる。割合は，１年生から十進位取り記数法などで，10のまとまりが幾つとみてきている。本提案では，３項関係を見いだしてから乗法に入る。それは，割合の見方・考え方は下学年からしっかりと系統立てて指導していく必要がある。かけ算の導入の際に，包含除の見方と等分除の見方ができる場面が透けて見えることで，単元の導入から乗除の関係が見えるようにしたい。また，いろいろなまとまりの幾つ分で見ることができることは，２のまとまりでみることが，将来的に二進法にもつながっているなど，重要な見方だと考える。

②未知の状況にも対応できる「思考力・判断力・表現力等」	③学びを人生や社会に生かそうとする「学びに向かう力・人間性等」
（ア）　数量の関係に着目し，計算の意味や計算の仕方を考えたり計算に関して成り立つ性質を見いだしたりするとともに，その性質を活用して，計算を工夫したり計算の確かめをしたりすること。 （イ）　数量の関係に着目し，計算を日常生活に生かすこと。	数量や図形に進んで関わり，数学的に表現・処理したことを振り返り，数理的な処理のよさに気付き生活や学習に活用しようとする態度
まとまりにする一つ分の数とその幾つ分の数に着目し，乗法の意味に基づいて式に表すことを考える。また，まとまりの数に着目してアレイ図をもとに，①乗数が１増えたときの積の和の増加②被乗数が１増えたときの積は乗数の数分増える③結合法則④分配法則⑤交換法則などのかけ算の性質について，九九を構成する中で気付くようにする。同数累加だけでなく，発見したきまりを用いて九九を構成する経験を通して，主体的に九九を構成することができるようにする。	まとまりに着目し，「かける数が１増えると積はかけられる数の分だけ増える」や，「かけられる数が１増えると積はかける数の分だけ増える」のようなかけ算のきまりを九九の構成の中から見いだし，それを用いて次の段を自ら構成するような態度を育成したい。また，自分たちが表現したかけ算について，アレイ図や九九表などで構造をつかみ，発展的な場面にもかけ算のきまりを用いようとする態度も養いたい。

⑧⑨⑩⑪⑫⑬	⑭⑮⑯	⑰⑱⑲	⑳㉑
２の段の九九の構成 ３の段の九九の構成	４の段の九九の構成	５の段の九九の構成	乗法九九の性質
２の段を２とびや同数累加，アレイ図を用いて積を求め，九九を構成する。乗数が１増えると，積は被乗数分だけ増えることに気付く。３の段を同数累加やアレイ図を用いて積の求め方を考える。２の段＋乗数分の数であることや乗数が１増えると，積は被乗数分だけ増えることに気付く。暗唱し，「一つ分の数」「幾つ分の数」を的確に捉え式に表すことを意識する。	４の段を同数累加や倍で見る同じ段の組み合わせであることに気付く。乗法の意味や倍の見方を確かにしていく。アレイ図をもとに「乗数と被乗数を交換しても積は同じになる」こと（乗法の交換法則）を見つける。	５の段は，アレイ図をもとに同数累加や２の段と３の段，４の段＋乗数分の数など，合成に気付く。これまでの九九の構成に用いたきまりを使うと，５の段も九九の構成ができることに気付く。	２～５の段の九九の構成で用いた性質やきまりを使うと，他の段の九九も求められそうだという見通しをもつ $2n + 3m$ の学習につなぐ。

第４学年	第５学年	第６学年	中学
式に表したり式に表されている関係を考察したりすること　④数とその計算を日常生活に生かすこと			
被除数，除数，商及び余りの間の関係／除法に関して成り立つ性質／小数を用いた倍／小数と数の相対的な大きさ／大きさの等しい分数／分数の加法，減法／数量の関係を表す式／四則に関して成り立つ性質	約数，倍数／小数の乗法，除法／分数と整数，小数の関係／除法の結果と分数／同じ大きさを表す分数／分数の相等と大小／異分母分数の加法，減法／数量の関係を表す式	分数の乗法及び除法の意味／計算に関して成り立つ性質の分数への適用／文字を用いた式	文字を用いた式／一元一次方程式／連立二元一次方程式／平方根／因数分解／二次方程式
	数とその表現や計算の意味		数の範囲
目的に合った表現方法を用いて計算の仕方などを考察する	目的に合った表現方法を用いて数の性質や計算の仕方などを考察する	発展的に考察して問題を見いだすとともに，目的に応じて多様な表現方法を用いながら数の表し方や計算の仕方などを考察する	数の性質や計算について考察したり，文字を用いて数量の関係や法則などを考察したりする
「変化と関係」領域 伴って変わる二つの数量の変化や対応の特徴を考察すること ある二つの数量の関係と別の二つの数量の関係を比べること 二つの数量の関係の考察を日常生活に生かすこと			C「関数」領域 具体的な事象の中から二つの数量を取り出し，それらの変化や対応を調べることを通して，関数関係を見いだし考察し表現する
変化の様子と表や式／折れ線グラフ／簡単な場合についての割合	簡単な場合の比例の関係／速さなど単位量当たりの大きさ／割合／百分率	比例の関係の意味や性質／比例の関係を用いた問題解決／反比例／比	比例，反比例と表，式，グラフ／一次関数／関数 $y = ax^2$
伴って変わる二つの数量やそれらの関係			数量の変化や対応，関数関係
変化や対応の特徴を見いだして，二つの数量の関係を表や式を用いて考察する		変化や対応の特徴を見いだして，二つの数量の関係を表や式，グラフを用いて考察する	その特徴を式，表，グラフを相互に関連付けて考察する

２年「かけ算」　　175

4．本時について

本時における	知識・技能：数を一つ分の大きさの幾つ分で表現ができることを知る。 思考・判断・表現：数の表し方を単位である数のまとまりに着目することで，一つ分の大きさの幾つ分で表現できることに気付く。 学びに向かう力：同じ割合のものが何個あると全体の量になるのかという数量の関係を捉えていこうとする。		
○本時の主旨 　3項関係を見いだしてから乗法の学習に入るため，10ずつのまとまりが幾つあるかで位に着目して見ていた数を見直す。その際に，割合の見方である同じ割合のものが何個あるかという「10を1とみると4が40」などの3つの関係で，数を表現することができるようになることで，数を割合の見方・考え方の素地を培うようにしたい。	**1　既習をもとに位に着目し，問題場面を把握する** ○問題場面の把握 ・位に着目して10を1と見ると4が40であるという3項関係に気付く。 ・ぴったりになる場合とそうでない場合があることに気付く。 「どうやったらぴったりうまくいく四角囲みができるのかな」		**2　単位となる数のまとまりを整理して表現する** ○単位となる数のまとまりへの着目 ・同じ数ずつとなるまとまりに着目し，40を多面的に捉える。 「どんなまとまりにしたらいいかな」 「他にもできるかな」

見方：着眼点	数を位に着目して捉える

5．教材の価値

　1年生では，10のまとまりがいくつと考える。これは，すでに割合の見方をしている。この見方を2年生では，一つ分の大きさが決まっているときに，その幾つ分かに当たる大きさを求める場合に，乗法を用いて考えられるようにする。3項関係を2年の乗法の導入から見せていくことも割合の見方・考え方の素地を培うのに重要である。割合を考える上で，アレイ図を用いて，二量の関係を見ていくことが重要であるので，乗法と除法の両面で見るだけでなく，等分除と包含除の両面の見方で思考していけるようにする。そのことが高学年で異種の割合と同種の割合を統合していくための素地を培うと考える。また，整数を用いた倍の意味について知ることで，「もとにする量の何倍」という割合の見方が成長し，分数においても「もとの大きさの」という割合の見方につながっていく。

　この見方は，「C測定」の領域でも，測定の意味において，単位の幾つ分かを考える割合の見方の基礎が身に付く。そのことが，4年の簡単な場合の割合や5年の異種の二つの量の割合につながると考える。

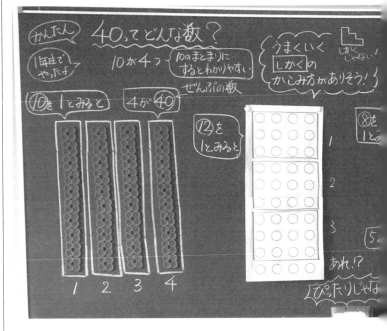

見方・考え方の成長	単位となる数を1とみたときに，そのどれだけに当たるかが総数である3つの関係を見いだす

本時目標	10が幾つで見ていた数について，同じ数のまとまりに着目して3項関係を見いだす。

3　単位となる数のまとまりの関係性を捉える	4　表現方法について振り返る
○まとまりで見ることでの広がり ・〜を1とすると〜で全部の数は40という3項関係で表現できることに気付く。 ・図を見て，何を1とみたのか，それが幾つあるのか考える。	○数の見方の変容に気付く ・これまで40を10が4つとしか見ていなかったことから，3項関係で表現できることに気付く。
「全部3つのことで言えるね」 「ぴったりいく数を1とみる」	「ぴったりの数を見つけて1とみる」 「1に対してどれだけに当たるか」 「全部の数」 「3つで考えたらいろいろな見方ができた」

考え方：思考・認知，表現方法	○統合・発展：アレイ図を使って，数を多面的に表現する

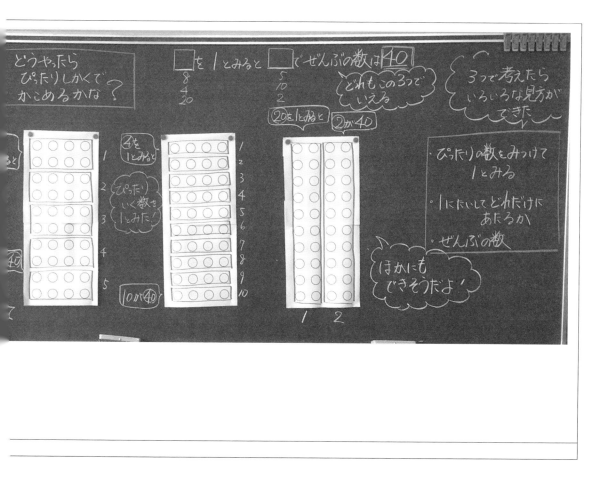

2年「かけ算」　177

3年「分数」

1. 単元で育成する資質・能力

① 生きて働く「知識・技能」

（ア）　等分してできる部分の大きさや端数部分の大きさを表すのに分数を用いることを知ること。また，分数の表し方について知ること。
（イ）　分数が単位分数の幾つ分かで表すことができることを知ること。

　第3学年では，分数の学習の前に「わり算」そして「余りのあるわり算」を学習している。学習を通して，ある数を等分してできた大きさを表したり，割り切れない「はした」があることに気付いたりする。そのような数の大きさを表す表現として「分数」があることを知る。これまで整数で様々な大きさを表してきた子供にとって，分数を用いて1より小さな数を表すことができたり，数を分数として表現したりすることで，数の意味や表現の拡張が行われる。
　また，分数は $\frac{1}{3}$ や $\frac{1}{4}$ など，単位として都合のよい大きさを選ぶことができる。適切な単位分数の大きさを見いだし，分数をその幾つ分かで捉えたり表現したりできるようにする。

2. 単元デザイン

◇分割分数	①もととなる大きさが普遍単位としたときの分数の大きさやその表し方について考える	②単位分数の幾つ分かで，分数の大きさを捉える	③分割分数と量分数の表す大きさの違いについて考える
ある具体物や数量を分割したものを，$\frac{1}{2}$，$\frac{1}{3}$，$\frac{1}{4}$ などの簡単な分数で表す。	【本時】 1mを2等分，4等分した一つ分の大きさや，2mを2等分，4等分した一つ分の大きさについて，考察する。	分数の大きさは，単位分数の幾つ分かで表すことを，具体物や図などを用いて考える。	もととなる大きさ（基準）を的確に捉え，何を1とみるかによって分数が表す大きさが変わることに気付く。mなどの普遍単位が付くときには，分数が表す大きさが決まっていることを，具体物などを用いて確かめたり比べたりする。

3. 単元に関わる内容と見方・考え方の系統

学年	第1学年	第2学年	第3学年
A「数と計算」領域	①数の概念について理解し，その表し方や数の性質について考察すること	②計算の意味と方法について考察すること	
内容	個数を比べること／個数を数えること／十を単位とした数の見方／まとめて数えたり等分したりすること／加法，減法	十進位取り記数法／数の相対的な大きさ／一つの数をほかの数の積としてみること／簡単な分数／加法や減法に関して成り立つ性質／乗法が用いられる場合とその意味	数の相対的な大きさ／乗法に関して成り立つ性質／除法が用いられる場合とその意味／小数の意味と表し方／分数の意味とその表し方／単位分数の幾つ分
見方	ものの数	数とその表現や数量の関係	
考え方	具体物や図などを用いて数の数え方や計算の仕方を考える	必要に応じて具体物や図などを用いて数の表し方や計算の仕方などを考察する	

C「測定」領域
①量の概念を理解し，その大きさの比べ方を見いだすこと
②目的に応じた単位で量の大きさを的確に表現したり比べたりすること
③単位の関係を統合的に考察すること
④量とその測定の方法を日常生活に生かすこと

内容	量の大きさの直接比較，間接比較／任意単位を用いた大きさの比べ方	長さやかさの単位と測定／適切な単位	長さや重さの単位と測定／適切な単位
見方	身の回りにあるものの特徴を量に着目して捉え		
考え方	量の大きさの比べ方を考える	量の単位を用いて的確に表現する	

178　第3章　挑戦

単元の主張

　分数は，２つの数によって表される数という性質をもっており，それ自体が割合を表すことにもなる。分数で表された数量の，もととなる大きさを捉え，もととなる大きさのどれくらいに当たるかを考察したり，単位となる分数の幾つ分かで表現したりすることを通して，分数の概念を育むとともに，割合的な見方で数量を捉えそれを分数を用いて表現したりできるようにする。これまで無自覚的に用いていた表現やものの見方の中にも，分数としての表現やその考えを活用している場面に気付き，身の回りの事象を改めて見つめ直したり，思考したりできるようにする。

② 未知の状況にも対応できる「思考力・判断力・表現力等」	③ 学びを人生や社会に生かそうとする「学びに向かう力・人間性等」
	数量や図形に進んで関わり，数学的に表現・処理したことを振り返り，数理的な処理のよさに気付き生活や学習に活用しようとする態度
(ア) 数のまとまりに着目し，分数でも数の大きさを比べたり計算したりできるかどうかを考えるとともに，分数を日常生活に生かすこと。	
分数の学習における，「数のまとまり」は，大きく２つあると考える。一つ目は，分数が表す大きさを捉えるための「もととなる大きさ」としての数のまとまりであると考える。何の$\frac{1}{2}$なのか，そのもととなる大きさによって，同じ分数でも大きさが変化していくことを考えられるようにしたい。二つ目は，単位分数という数のまとまりであると考える。単位分数の個数に着目することによって，分子の大きさを比べたり，計算できるようになったりする。この単位の考えをもとにすると，整数や小数などの既習の計算と同じ手続きで，分数の大きさを比べたり計算したりできることに気付かせる。 　子供が無自覚的に用いている分数の表現やその考えを活用している場面に気付き，身の回りの事象を改めて分数として表現したり，思考したりできるようにする。	第２学年では，分数の大きさを表すために折り紙などの具体物を用いて確かめ理解してきた。第３学年でも具体物の操作などによって，分数が表す大きさを自分で考え，正しいかどうかを確かめ判断し，具体物や身の回りの様々な数量を，分数を用いて表そうとする姿を目指す。本単元では，分割分数（$\frac{1}{3}$）と量分数（$\frac{2}{3}$m）の意味の混同が課題としてある。もととなる大きさとその$\frac{2}{3}$の大きさを，具体物をもとにした実感を伴った結果の検討をすることで理解の深まりにもつながる。 　また，「思考力・判断力・表現力等」で明らかになった無自覚的に用いている分数を，身の回りの様々な場面や状況に汎用させていく態度を育むというよりも，分数の学習で育成した表現や考え方そのものを生活に生かしていったり，身の回りの事象が分数を用いて表すことができることに気付いたりする子供を育成したい。

④「分母」や「分子」などの意味を理解し，分数の構成を捉える	⑤⑥分数を多面的に見る	⑦小数と分数との関係について考える	⑧身の回りの事象を，分数を用いて表現したり考察したりする	⑨⑩分数の加法及び減法の計算の仕方について考える	⑪学習内容への理解を深める
もととなる大きさが１Ｌなどの液量についても，端数部分の大きさを分数で表すことができることを通して，「分母」や「分子」の意味について理解する。	分数を，もととなる大きさから見たり，単位分数の幾つ分かで見たりと多面的に考察することを通して，分数の大小を捉えたり，構成について理解を深めたりする。	分母が10の分数と，$\frac{1}{10}$の位までの小数の関係を比較し，どちらも１を10等分したものの幾つ分で表す構成になっていることに気付く。	分数を日常で用いたり表現したりしている場面をもとに，もととなる大きさを分割した大きさとして活用したり，割合的な見方で分数を用いたり表現していることに気付く。また，改めて身の回りの事象を捉え直し，分数で思考したり表現したりしようとする。	分数も，整数や小数と同じようにたし算やひき算ができることを，単位分数の幾つ分かに着目し，既習の仕方と関連付けて考えることができる。	学習を通してできるようになったことを振り返り，これからの学習や生活に生かそうとする。

	第４学年	第５学年	第６学年	中学
	式に表したり式に表されている関係を考察したりすること　④数とその計算を日常生活に生かすこと			
	除数，除数，商及び余りの間の関係／余法に関して成り立つ性質／小数を用いた倍／小数と小数の相対的な大きさ／大きさの等しい分数／分数の加法，減法／数量の関係を表す式／四則に関して成り立つ性質	約数，倍数／小数の乗法，除法／分数と整数，小数の関係／除法の結果と分数／同じ大きさを表す分数／分数の相等と大小／異分母分数の加法，減法／数量の関係を表す式	分数の乗法及び除法の意味／計算に関して成り立つ性質の分数への適用／文字を用いた式	文字を用いた式／一元一次方程式／連立二元一次方程式／平方根／因数分解／二次方程式
		数とその表現や計算の意味		数の範囲
	的に合った表現方法を用いて計算の仕方などを考察する	目的に合った表現方法を用いて数の性質や計算の仕方などを考察する	発展的に考察して問題を見いだすとともに，目的に応じて多様な表現方法を用いながら数の表し方や計算の仕方などを考察する	数の性質や計算について考察したり，文字を用いて数量の関係や法則などを考察したりする
	「変化と関係」領域 伴って変わる二つの数量の変化や対応の特徴を考察すること ある二つの数量の関係と別の二つの数量の関係を比べること 二つの数量の関係の考察を日常生活に生かすこと			C「関数」領域 具体的な事象の中から二つの数量を取り出し，それらの変化や対応を調べることを通して，関数関係を見いだし考察し表現する
	化の様子と表や式／折れ線グラフ／簡単な場合についての割合	簡単な場合の比例の関係／速さなど単位量当たりの大きさ／割合／百分率	比例の関係の意味や性質／比例の関係を用いた問題解決／反比例／比	比例，反比例と表，式，グラフ／一次関数／関数 $y=ax^2$
	って変わる二つの数量やそれらの関係			数量の変化や対応，関数関係
	化や対応の特徴を見いだして，二つの数量の関係を表や式を用いて考察する	変化や対応の特徴を見いだして，二つの数量の関係を表や式，グラフを用いて考察する		その特徴を式，表，グラフを相互に関連付けて考察する

3年「分数」　179

4. 本時について

本時における	知識・技能：1mや2mなどを等分してできる部分の大きさを表すのに分数を用いることを知る。また、その表し方について知る。 思考・判断・表現：もととなる大きさに着目し、その数量を1とみたときの分数が表す量を的確に捉え、表し方について考察する。 学びに向かう力：分数によって表された大きさを比べたり確かめたりして、結果を振り返る。	
○本時の主旨 　第2学年で、もととなる大きさが「1」ではない場合も、その数量を「1としてみる」という学習を行っている。本時は、任意の単位で表現が可能な「分割分数」と普遍単位を基にした「量分数」のつながりを担う学習と言える。何を「1としてみる」のかを明確に示しながら、等分された量を捉えたり、また分数を用いて表現したりすることを、図や具体物の操作を行いながら学習していく。「2mを4等分した一つ分の大きさ」を表現することの困難さを問題解決に位置付け、結果の検討を行いながら解決していく学習過程を描いていく。	1　問題場面を把握し、量の表し方について考える ○問題場面の把握 ・2mを2等分した一つ分の大きさや、1mを2等分した一つ分の大きさの表し方を考える。 ・表された大きさの関係を図や具体物で確かめる。 「1mを2等分した一つ分の大きさは、50cmとも言えるし、$\frac{1}{2}$mとも言えるね」	2　基準量に着目して、量の大きさを捉え表し方を考察する ○基準量への着目 ・1mを4等分、2mを4等分した一つ分の大きさについて捉える際、何を基準として表現するのか、mという普遍単位を用いる際には何を基準としたらよいのかなどについて考察する。 「2mを4等分した一つ分の大きさは、どのように表したらいいのかな」

| 見方：着眼点 | 分数で表す際の元の大きさ（基準量を何とするか） |

5. 教材の価値

　分数は、2つの数によって表される数という性質をもっており、それ自体が割合を表すことにもなる。あるものの数量を等分してできた大きさを表す「分数」という認識だけでなく、分数を学習することで、「何を1として数量を捉えるか」という割合的な見方を育むことができる。また、第2学年で学習した「分割分数」から第3学年で学習する「量分数」につながるときには、これまで「同じ$\frac{1}{2}$でも大きさが違う」ということが、子供の知識として存在している。しかし、それはあくまでも「元の大きさ」が違えばということが前提で、普遍単位が付く場合には、その元の大きさが決まり、分数が表す大きさも決まるということを、言葉だけでなく具体物の操作や図などを、自分で考え判断するための根拠として用いることができるようにしていく。基準となる等分される前の数量からだけでなく、等分された後の数量からも相互に数量関係を捉えることで、より割合的な見方や考え方を豊かにすることができる。

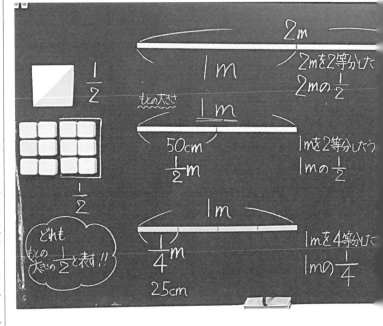

| 見方・考え方の成長 | 着目するもととなる大きさによって、等分されたものの数量の捉えや大きさの表し方が広がることに気付く |

本時目標	1mを2等分，4等分した一つ分の大きさをもとに，2mを4等分した一つ分の大きさについて，その大きさを捉え表し方について考察する。

3　表された量の大きさを比べたり確かめたりする	4　分数での表現について振り返る
○図や具体物などを用いた結果の検討	○分数での表現の発展性に気付く
・2mを4等分した一つ分の大きさが，「2mの$\frac{1}{4}$」であることや，「$\frac{1}{2}$m」であることを，図や具体物の操作などを，実感を伴った結果の検討を通して考察する。	・これまで表すことが難しかった数量も分数を用いることで表現が可能になったり，同じものの数量でも，様々な表現の仕方があると分かったりし，これから出合うものの数量の表現への意欲を高める。
「$\frac{1}{2}$mを幾つ合わせると1mや2mになるのかな」	「同じ長さ（大きさ）でも，50cmや$\frac{1}{2}$mと表せたり，1mの$\frac{1}{2}$や2mの$\frac{1}{4}$と表したりすることができる」 「mが付くものは，元の大きさが1mになっているね」

考え方：思考・認知，表現方法　○等分されたものの数量の大きさを捉え，その表し方について考察する

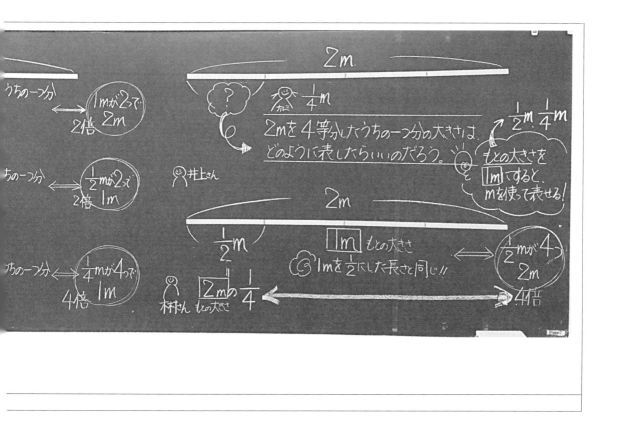

3年「分数」

6年「比と比の値」

1．単元で育成する資質・能力

> **①生きて働く「知識・技能」**
> 比の意味や表し方を理解し，数量の関係を比で表したり，等しい比をつくったりすること。

　二つの数量の大きさを比較しその割合を表す場合に，どちらか一方を基準量とすることなく，簡単な整数の組を用いて表す方法が比である。
　第5学年までに，倍や割合に関する指導，分数の指導，比例関係に関する指導などの中で，比の素地を指導してきている。
　第6学年では，これらの上に，$a:b$という比の表し方を指導する。比の相等（等しい比）及びそれらの意味を明らかにし，比について理解できるようにする。これに関連し，$\frac{a}{b}$を$a:b$の比の値ということや，比の値を用いると比の相等（等しい比）を確かめることができることを理解できるようにする。このようなことから，数量の関係を比で表したり，等しい比をつくったりすることができるようにする。

2．単元デザイン

①②	③
二つの数量の関係についての考察 比を用いた表現	比の値の表し方と，割合との関連の考察
二量を比較する際に，既習を生かし，割合を用いて考える場面かどうかを判断する。そして，二量の割合を表す場合に「$a:b$」という比の表し方について理解する。	比の値の表し方とその意味について知る。 比の値を，基準にする量（後項）を1としたときの比較する量（前項）の数値であると捉え，割合との関連を図る。

3．単元に関わる内容と見方・考え方の系統

学年	幼児期	第1学年	第2学年	第3学年
A「数と計算」領域		①数の概念について理解し，その表し方や数の性質について考察すること　②計算の意味と方法について考察すること		
内容	日常生活の中で幼児自身の必要感に基づく体験を大切にし，数量や文字などに関する興味や関心，感覚が養われるようにすること。	個数を比べること／個数を数えること／十を単位とした数の見方／まとめて数えたり等分したりすること／加法，減法	十進位取り記数法／数の相対的な大きさ／一つの数をほかの数の積としてみること／簡単な分数／加法や減法に関して成り立つ性質／乗法が用いられる場合とその意味	数の相対的な大きさ／乗法に関して成り立つ性質／除法が用いられる場合とその意味／小数の意味と表し方／分数の意味とその表し方／単位分数の幾つ分
見方		ものの数	数とその表現や数量の関係	
考え方		具体物や図などを用いて数の数え方や計算の仕方を考える	必要に応じて具体物や図などを用いて数の表し方や計算の仕方などを考察する	
C「測定」領域 ①量の概念を理解し，その大きさの比べ方を見いだすこと ②目的に応じた単位で量の大きさを的確に表現したり比べたりすること ③単位の関係を統合的に考察すること ④量とその測定の方法を日常生活に生かすこと				
内容		量の大きさの直接比較，間接比較／任意単位を用いた大きさの比べ方	長さやかさの単位と測定／適切な単位	長さや重さの単位と測定／適切な単位
見方		身の回りにあるものの特徴を量に着目して捉え		
考え方		量の大きさの比べ方を考える	量の単位を用いて的確に表現する	

182　第3章　挑戦

単元の主張

子供たちは，本単元の学習を通して，ものを分けたり大きさを比べたりする際に，違いやその程度を簡単な整数の組を用いて簡潔に表すことができるようになる。比の学習では，比と除法を関連付け，目的に応じて時には比を考えたり，比の値を考えたりすることが重要である。本単元では，同種の量の比を単元の冒頭から扱っていくが，途中で異種の量の比も単元計画に位置付けることで，比と除法，比例の学習との関連を図っていきたい。また，具体的な日常生活の問題解決に比を活用し，その結果を振り返ることで，既習との関連を明らかにし，比を用いて能率的な処理ができる便利さを味わっていけるようにしたい。

②未知の状況にも対応できる「思考力・判断力・表現力等」	③学びを人生や社会に生かそうとする「学びに向かう力・人間性等」
日常の事象における数量の関係に着目し，図や式などを用いて数量の関係の比べ方を考察し，それを日常生活に生かすこと。	数学的に表現・処理したことを振り返り，多面的に捉え検討してよりよいものを求めて粘り強く考える態度，数学のよさに気付き学習したことを生活や学習に活用しようとする態度
二つの数量の関係どうしを比べる際に，比べるために必要となる二つの数量の関係を，割合でみてよいかを判断し，どちらか一方を基準にすることなく，簡単な整数の組としての二つの数量の関係に着目する。そして，簡単な二つの整数の組を用いて表した二つの数量に，比例関係がその背後にあることを使って，数量の関係を考察していく。 数量の関係を考察する上では，関係を図や式などを用いて表したり，それらを読み取ったりすることが有効である。これまでの学年と同様に，目的に応じて，図や式を関連付けたり用いたりしながら，数量の関係を考察し，結論を導いていきたい。また，考察によって得られた結果を，日常の事象に戻して，その意味を考え，必要に応じて，考察の方法や表現方法を見直すことが大切である。さらに，これまで学習してきた割合による比べ方の考察と比較することで，比を用いて物事を処理することの特徴やよさを振り返ることも大切である。	比を用いて日常生活の問題解決ができることを味わわせるだけではなく，その問題解決過程や結果を振り返ることで，比と分数や除法，比例との関連を明らかにしていきたい。 また，比の相等などの学習を通し，比の値を用いたり，比例の考えを用いたりするなど，複数の解決策があることに気付き，それどうしを関連付けることで，統合的に考え，数学のよさやおもしろさを感得させていきたいと考えている。 そして，別の数量関係を比を用いて表したり，解決したりできそうだという発展への意欲をもたせていくことも大切である。このようにして，比が様々な場面での問題解決に有効なものであることを味わわせ，進んで比を活用しようとする態度の育成につなげる。

④	⑤本時　⑥
比の相等の考察，分数・除法の性質との関連の考察	比を活用した問題解決とそのよさの実感
二つの数量の関係どうしの関係を比で表し，その比が等しいかどうかを比例の考えや比の値を用いて調べる。その際に，比は前項と後項の相対的な大きさを問題にしているから，比の値には分数の性質がそのまま使えることを明らかにし，分数との関係を統合的に考える。それにより，$a:b$ が $a \div b$ と意味づけられ，$a:b$ が $a \div b = \dfrac{a}{b}$ とおさえられる。	日常生活の中から比が用いられている事象を探したり，それらを活用して物事を処理したりする。 ・異種の二量の数量関係の比を用いた考察 ・比例配分

	第4学年	第5学年	第6学年	中学
	③式に表したり式に表されている関係を考察したりすること　④数とその計算を日常生活に生かすこと			
	被除数，除数，商及び余りの間の関係／除法に関して成り立つ性質／小数を用いた倍／小数と数の相対的な大きさ／大きさの等しい分数／分数の加法，減法／数量の関係を表す式／四則に関して成り立つ性質	約数，倍数／小数の乗法，除法／分数と整数，小数の関係／除法の結果と分数／同じ大きさを表す分数／分数の相等と大小／異分母分数の加法，減法／数量の関係を表す式	分数の乗法及び除法の意味／計算に関して成り立つ性質の分数への適用／文字を用いた式	文字を用いた式／一元一次方程式／連立二元一次方程式／平方根／因数分解／二次方程式
		数とその表現や計算の意味		数の範囲
	目的に合った表現方法を用いて計算の仕方などを考察する	目的に合った表現方法を用いて数の性質や計算の仕方などを考察する	発展的に考察して問題を見いだすとともに，目的に応じて多様な表現方法を用いながら数の表し方や計算の仕方などを考察する	数の性質や計算について考察したり，文字を用いて数量の関係や法則などを考察したりする
	C「変化と関係」領域 ①伴って変わる二つの数量の変化や対応の特徴を考察すること ②ある二つの数量の関係と別の二つの数量の関係を比べること ③二つの数量の関係の考察を日常生活に生かすこと			C「関数」領域 具体的な事象の中から二つの数量を取り出し，それらの変化や対応を調べることを通して，関数関係を見いだし考察し表現する
	変化の様子と表や式／折れ線グラフ／簡単な場合についての割合	簡単な場合の比例の関係／速さなど単位量当たりの大きさ／割合／百分率	比例の関係の意味や性質／比例の関係を用いた問題解決／反比例／比	比例，反比例と表，式，グラフ／一次関数／関数 $y = ax^2$
	伴って変わる二つの数量やそれらの関係			数量の変化や対応，関数関係
	変化や対応の特徴を見いだして，二つの数量の関係を表や式を用いて考察する		変化や対応の特徴を見いだして，二つの数量の関係を表や式，グラフを用いて考察する	その特徴を式，表，グラフを相互に関連付けて考察する

6年「比と比の値」　183

4. 本時について

本時における	知識・技能：二量の関係を比を用いて表せることを知る。 思考・判断・表現：二量の関係について考察し，解決過程を表や式に整理して表し，振り返ることで，比と比例を関連付けて考える。 学びに向かう力：比を用いて能率的に処理できるよさを味わい，他の場面でも適用できるか考えようとする。		
○本時の主旨 　本時では，異種の二量の関係の考察を扱う。その解決場面を比を用いて表現することで，右項と左項に同種どうし，異種どうしの2つの表現方法があることに気付く。それがどのような関係を表しているかを表を用いて考察し，表の横と縦の関係を表していることに気付かせる。そしてその処理にどちらも除法が使われていることに気付かせ，比と除法・割合を関連付ける。それにより，比を用いた能率的な処理のよさを実感させていきたい。	1　問題解決過程を考察 ○問いの生起 ・割合でみてよい場面かを判断。 ・問題場面を比で表現。 ・2通りの表現があることに気付き，相違点に関心をもたせ，問いを生む。 「比例を使えば解決できるね」 「あれ？表し方が2つある」 「2つの表し方の違いは何かな？」		2　表をもとに数量関係を考察・関連付け ○表と比の表現，除法との関連を整理 ・比の数量関係が，表のどこに表れているかを考える。 ・除法と表に表された関係を関連付ける。 ・比と除法，比例を関連付ける。 「5や2って何かな」 「Bは1本当たりの重さを表していたんだね」 「Bの比の値は，1g当たりの本数だ」 「Aは表を横に見ている。Bは縦に見ていた」

見方：着眼点　　着眼点　基準量と比較量・割合の関係

5. 教材の価値

　新学習指導要領において，「変化と関係」領域が新設された。数量の関係を捉えて問題解決をすることに子供たちの課題が見られることを踏まえ，二つの数量の関係に着目し，比べることに関わる資質・能力を育成することが新設の主な理由の一つである。これは，この領域の主な内容の一つが割合に関わる内容である。

　割合とは，同種であろうと異種であろうと，二つの量を見比べるときに生まれてくる観念である。これまでの学習で，単位の大きさを任意にして測定することや，ある量の大きさを測るのに他の数量の大きさを使用して測定する学習などを通して，その素地を培ってきた。

　同種の量の比とは，一方が他方の何倍になるかという関係を表している。異種の量の比とは，一方の単位量当たりの他方の量を表す。本学習では，同種の二量の関係の考察だけではなく，異種の二量の関係も比を用いて考察することで，比と除法や比例を関連付け，目的に応じて時には表を縦に見たり横に見たり自在にできるような子供の育成を目指していけると考えた。

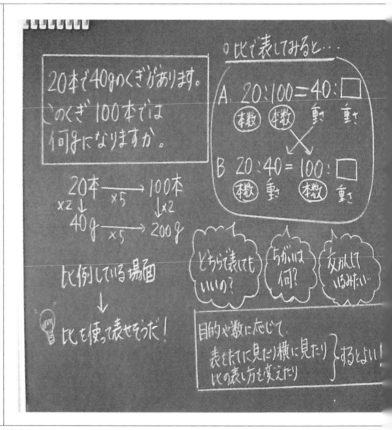

見方・考え方の成長　比・除法・割合を関連付けて考える

| 本時目標 | 異種の二量を比で表現し，その関係を考察することを通して比と比例・除法を関連付けて考えることができる。 |

3　よさの実感	4　解決過程を振り返る
○他の数まで発展 ・他の数も表せることに気付き，その数値を出すまでに表の縦と横のどちらの関係を使ったのかを確認する。 ・能率的に処理できたよさを実感する。 「50本のときは，表を縦に見た方がやりやすいな」 「60本のときは，どちらでもよさそうだね」	○統合的・発展的に振り返る ・これまでに学習したカルピスと水の関係など，既習の場面でも同じことが言えるのか，新たな問いをもつ。 「数に応じて表を縦に見たり，横に見たりすればいいんだね」 「今までの場面も同じかな？」

| 考え方：思考・認知，表現方法 | 比・数・式・表を関連付けて，論理的に考察する |

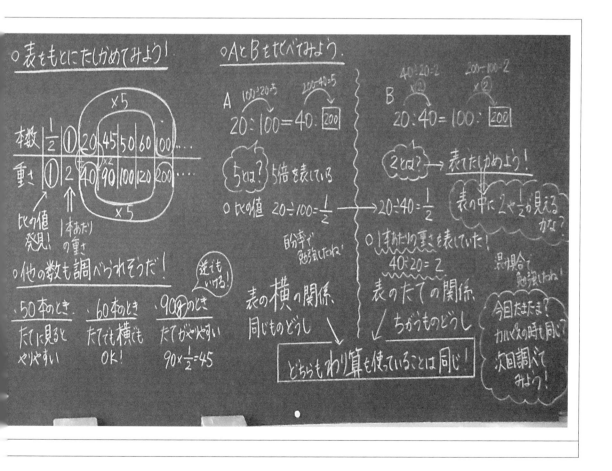

6年「比と比の値」　185

数学的に考える資質・能力を育成する授業の在り方
「割合」における数学的な見方・考え方の成長

2年「かけ算」　3年「分数」　6年「比と比の値」

○ 割合の見方・考え方の成長を考える～二つの数量の関係・関係の関係をつかまえる～

　割合は，二つの数量を比較するときに用いられる考えであり，その関係を表現する数でもある。割合ができない，難しいということは，二つの数量の間に成り立つ関係を捉えて，問題を解決することに課題があるということである。つまり4年生と5年生で割合を扱うことになっているが，その前後の学年が大切になる。割合の見方・考え方について2年では乗除法，3年では分数で素地を培う必要がある。

　6年生では，日常事象における数量関係の考察を通し，既習の除法や比例等との関連を図り，中学校でも比を自在に活用できるようにしていく。割合の見方・考え方の成長を描き，ターゲットでない学年において二つの数量の関係をどのようにつかまえていくのかにフォーカスした授業を提案する。

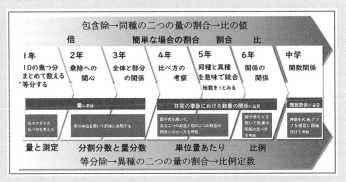

実践の位置（2年）

割合の素地を培う3項関係

　2年生では，一つ分の大きさが決まっているときに，その幾つ分に当たる大きさを求める場合に，乗法を用いる。3項関係を乗法の導入から見せていくことが割合の見方・考え方の素地を培うものとなる。割合を考える上で，アレイ図を用いて，二量の関係を見ていくことが重要であり，乗法と除法の両面で見るだけでなく，等分除と包含除の両面の見方で思考していけるようにする。

実践の位置（3年）

分数における二つの数量の関係

　3年生では，「分数」の学習を通して，もととなる数量と分数によって表された数量との関係を捉えることが大切である。これまで量分数を教えることが中心となってしまっている学習から，乗法及び除法の意味理解を深め，二つの数量関係を捉えて割合的な見方で分数を考察していく学習を目指す。これにより「割合」を学習していく上で，素地となる見方・考え方となるようにする。

実践の位置（6年）

異種の二量の比の考察

　これまでの学習で，単位の大きさを任意にして測定することや，ある量の大きさを測るのに他の数量の大きさを利用して測定する学習などを通して，割合の素地を養ってきた。本学習では，同種の二量の関係だけではなく，異種の二量の関係も比を用いて考察することで，比と除法や比例を関連付け，目的に応じて時には表を縦に見たり横に見たり自在にできる子供の育成を目指し，中学へつないでいく。

ミニシンポジウム
割合の見方・考え方の成長を描く

清水 美憲
（筑波大学）

齊藤 一弥
（島根県立大学）

池田 敏和
（横浜国立大学）

蒔苗 直道
（筑波大学）

齊藤（司会） 今回は「見方・考え方をどのように捉えてこれから授業づくりをしていけばよいか」という視点で横浜支部では，特に割合というものにスポットを当て，この見方・考え方がどのように成長し，なおかつ我々が教材として組織しながら子供たちに授業という場で触れさせていくかを3つの授業で示しました。このシンポジウムでは，3つの協議会での報告を踏まえ，割合の学習の中で「いかに関係をつかまえるか」そして，「二つの数量の関係の関係をつかまえるか」この2つに焦点を当て協議を進めていきたいと思います。

まず「関係をつかまえる」ということからすると，簡単に言えば，「Aという数量，Bという数量」これの関係性というものをつかまえる。どちらかが基準になったとすれば，どちらかが比較対象になるわけですが，この考え方が5年生では多くの子ができていない。今日の2年生と3年生の授業では，どちらもそれにつながる授業でした。2年生では，「素地的を培う」という視点から，いつごろどのような指導をしていけばよいか，さらに3年生では「分数」の授業が割合とどう関係しているのか。つまり，割合の見方・考え方がどういう内容でどういう方法で系統的に指導していけるかを考えていきたいと思います。

もう一つの「二つの数量の関係の関係をつかまえる」ということについては，今回の「比」の授業では，同種の二量を扱うことが多い中で，異種の二量で関係を捉えることをしていた。そして，この授業で4年生や5年生で育った割合の見方・考え方がどのように生かされていたのか，または生かすにはどうすればよかったのかをみなさんと考えていきたいと思います。

割合の見方・考え方の素地を培う

蒔苗 今回は，まだかけ算の導入で，40個の○の数をどうやったらぴったり四角で囲めるかなということで割合の考えで見てみようというものでした。そもそも，この見方はかけ算をやらずにできるのでしょうか。かけ算の見方ができるようになって初めて割合の見方も身に付きます。もし，かけ算の導入場面で行うとしたら，カリキュラム改革です。

齊藤 なるほど。つまりかけ算の指導が終わってから「割合の素地を培う」授業を行っていくべきだということですね。3年生でも，分数の場面で割合の見方・考え方を育てていく授業が展開されていたわけですが，池田先生は，どのような形で割合の見方を育てていくべきだとお考えでしょうか。

池田 2年生，3年生での割合の素地を培うことが重要であると考えます。低学年では，任意単位での測定の場面があります。ここでは，自分で単位を自由に決めることができる。そして，その単位が決まるとそれが幾つ分あるかと考える。まさにこれは，割合の見方につながるのではないでしょうか。今日の場合は，色紙やテープなどを使い1としてみるものはなんでもよく，その1をどうみるかも自由性があった。しかし，量分数になると1とみるものが1mと固定されてしまう。割合につながる素地的な見方を育てていく場面としては，1を自由に見て考える方がつながりやすいのではないか。低学年のはじめの方では，1を自由に見ることができた。それも曖昧な自由。しかし，子供たちはこれを，言語化せず明確になっていない。ただ，経験を積み重ねていることが重要で，この経験が4年生，5年生での目に見えない行為が視覚化されていくことにつながります。

齊藤 池田先生は，3年生での指導が割合の見方・考え方とどうつながっているかの見解を述べられたわけですが，清水先生は，今回の2年生のかけ算の授業に対しては，どのようにお考えですか。

清水 今回は3年生での分数の前に数を捉える見方を膨らませているので，そういう経験は必要かなと思いました。

蒔苗 今回の授業で「○を1とみると○○が40」と明示的に指導したわけですが，この見方は教師が知っておくべきことであって，子供に今日の学習において教える必要があったのでしょうか。

齊藤 そうですね。今日も話題になった。「〜を1とみると」という見方は，教師はやらせたいことであっても，それを授業にすることで子供は今日の学習で理解できるのか。というのが，蒔苗先生の見解と言ってよろしいでしょうか。

蒔苗 かけ算の導入の学習課題において，割合の見方をさせる必要性です。

齊藤 いろいろなご意見がありますが，絶対に譲れないところは明示的に指導していくことに問題があるということでしょうか。

蒔苗 2年生のかけ算の導入で割合の見方をさせるというのは，この割合の研究のためにお願いした課題で，そもそも，この課題に無理があったと思います。

齊藤 このことに関しては，池田先生はどのようにお考えでしょうか。

池田 授業は見ていないのですが，「40ってどんな数？」という内容でやっていて，はじめに12を3つに分けるとあるが，なぜそのような見方をさせる必要があったのでしょうか。また，8を5つに分けるという見方についても文脈が分からないので，なんとも言えませんが意図が知りたいなと。

齊藤 たぶん授業者も途中からよく分かってなかったと思います。

池田 例えば,「一つ分がこうなんだよね」と言わないとすっきりしないという状況であればよいが,そのような状況ではなく,教師が押し付けてしまっていては学びにはつながらないと思います。

齊藤 子供にとって必要感のある文脈をつくることが大切になってくるということですね。ですが,そういった細かな部分に関してそれぞれお考えがあってよいとは思いますが。素地的な見方を育てるということに関しては,新学習指導要領では,4年生で「簡単な割合」という単元が下りてきました。そして,5年生では,「割合」を学習します。それに向けて何を習得できたかという点では,今回の見方は重要であったと言えるのではないでしょうか。3年生の「分数」では,「2mから見て$\frac{1}{2}$は?」「$\frac{1}{2}$から見て2mは?」というように,基準にするものを双方向から見ることになりました。今日の分数の授業をもう一度振り返ってこれから4年生までの間に大事にすべきこととは何でしょうか。実践から離れていただいても構いません。

池田 今回は,量分数にいくまでの時間に,どのくらい時間をかけられるか。「1mの$\frac{1}{4}$は$\frac{1}{4}$」「2mの$\frac{1}{4}$は$\frac{1}{4}$」ということを子供たちは,操作をしながら捉えていた。あるものがあって,それを4等分するとその一つ分が$\frac{1}{4}$。これは割合の見方につながるものである。この辺をしっかりとおさえながら,特殊なものとして「1mのときだけ」$\frac{1}{4}$にmを付けるだけで表すことができるということを特質的に見せるのであれ

ば,これは割合の見方の素地(ここでいう素地というのは体験)。言葉として概念化するのではなく,経験として体験させておき,今後振り返る状況にさせておくことはとても重要なことであると考えます。

齊藤 4年生に割合が入ってきた以上,それまでの学習活動が大変重要になってきますが,清水先生はどのようにお考えでしょうか。

清水 かつては,「のつき分数」について批判的な意見もありましたが,割合に関しては,わり算が重要であると感じています。包含徐的に見たときには,全体に対する部分を測りとっているわけで,5年生での割合の見方につながる奥深い内容ではないでしょうか。比に関しては,異種の二量でありましたが,等分徐の比例関係を使っています。

齊藤 そう考えると,今日の2年生のかけ算の導入では,わり算につながる見方としては大切な意味合いがあって,その見方がさらに割合につながっていくというようにも思えますが,蒔苗先生いかがでしょうか。

蒔苗 わり算につながる割合の見方の課題を,かけ算の導入にしたいという事です。

割合の見方・考え方をつなげる授業

齊藤 3年生の分数というのは,案外さらっと流れてしまうのですが,ここについてはこれから研究していかなければならない課題であります。もう一つは,割合の学習までに何をやるべきかということに関しては多くの議論がなされます。その割には,5年生で割合を学習した後,それがどのように生かされていくかということについては,あまり語られていません。中学になると,もっと薄れていきます。このような現状の中で,6年生ではどのような指導をしていくことが大切だと清水先生はお考えでしょうか。

清水 5年生で,大騒ぎした割合の祭りの後に割合の見方ができる不思議メガネを買ったので,6年生の学習でかけてみた…というのが今回の学習でした。他にも,拡大図・縮図や中学校で

は，変化の割合という学習もあります。この学習に関しては，まさにわり算そのものです。わり算で二つの数量の関係でものを表現するのは，まさに数学の中心でそれを比でどうしていくのかを考えたのが今日の授業でした。
齊藤 そのあたりで，今日の授業の価値というのはどのようにお考えでしょうか。
清水 5年生での「速さ」の授業でも，比を使って求めることはないのでしょうか。例えば，時速何キロメートルで走れば，目的地まで着くことができるかを考えるときに，関数と捉えず数の関係で捉えて考える。そういう比例関係を使った比の場面というものはないのかと考えていました。今回の比の授業では，どちらかというと関数の問題なので，どうしても変化の方にいってしまう。
齊藤 中学校に入ると，関数になってきます。私たちが考えなければならないのは，その橋渡しをどうしていくかです。そこについて，池田先生はどのようにお考えですか。
池田 5年生で割合を行い，6年生で比の学習をしていく中で，この2つをどのように区別していくのか。一般的に割合は，「全体と部分の関係」，比は「部分と部分の関係」と捉えることが強い。また，割合は同種を求めることが多いが，比では異種を求めることが多い。もう一つあるのが，比の場合は，同値を求めることが多い。割合の場合は，大小関係を求めることが多い。このように，なんとなく割合と比を使うときでは，問題場面に違いがある。子供たちにも，場面が違っていても結局は同じ見方であるということに気付かせるためにはそのような授業を行うべきか，今後考えていくべき課題であると思います。
蒔苗 そういうことを考えさせるのであれば，比例関係がキーワードになってくると思います。それが，成り立ってくると全てを通すことができる。ただ，その中で「割合」という言葉は必要なのでしょうか。もちろん，割合の系統性を教師が知っておくことも大切ですし，子供もそ

のつながりを実感することも大切です。ですが，割合という言葉を使って，表現する必要があるのでしょうか。
清水 比例関係とみなすということは，私も大事だと思います。もしかしたら，ミルクとコーヒーが均一になっているかどうかは，大人は分かっていても，子供は理解した状態で学習を進めているかは分かりません。割合を考えるときは，比例とみなすということは非常に大切です。
齊藤 これは，中学校の指導要領にも比例の学習において，「比例とみなす」ということが重要であると明記されています。それが，前提となって一次関数も学んでいきます。数量の関係をどのような形でみるのか，さらに言えば，縮図・拡大図の場合も関係の関係をどのように捉えるのか。それが，割合という言葉でつなげていこうとせず，その考え方を比例や比の考えに根付かせて，中学校でも自在に使っていけるような子供を育てていく必要があります。
池田 少し質問がありまして。比や割合を統合的に見る必要がありますが，今回の実践で，Bの本数：重さの捉えはどうでしたか。
齊藤 6年生で比例の学習はまだやっていないが，これまでの経験的な積み重ねとして縦に見たり，横に見たりすることができていた。
池田 もちろん文章としては書かれていたが，本当にその意味を捉えられていたかをおさえる場面があるとよかった。
齊藤 今回の比の授業の中で，同種と異種というものを小学校では，厳密にこだわりながら授業をつくっていく傾向にありますが，ふたを開

けてみれば，子供たちはそこまで実感できていなかったりもします。この先，中学校の数学とのつながりを考えたときに，同種と異種をどのように扱っていけばよいかと清水先生はお考えですか。

清水 比というのは，数学の話だと思います。数と数の関係だけだということ。それがそういう場面からきて，どういう関係を位置付けるかが小学校では大事である。今のBの場合は，本数と重さ，関数関係が比に表されている。Aは，同じ本数どうしの関係をみているので，倍の捉え方になっているので，2つを比べると全く違うことが分かります。ですが，それを比の形式に表すと同じように表すことができる。子供たちには，その意味を理解して使いこなせるようにしていく必要がある。

齊藤 先ほど冒頭にもありましたが，子供たちの直感的に分かっていることの裏側にあることを大切にしながら，将来的には，概念化・言語化していきます。そのあたりは，どのように取り扱えばよいか。

清水 Aは包含除，Bは等分除という関係で見ることができて，あとは自由に使いこなしてxを求める展開にしていくとよいと思いました。

見方・考え方を育てる授業づくり

齊藤 最後に「見方・考え方を育てていく上でどのようなことを大切にしていけばよいか」ということについて3人の先生方にお話しいただければと思います。よろしくお願いします。

蒔苗 オートマチックに練習させるのではなく，その背景にあるものをしっかりと考えさせることが大切だと考えます。特に，割合の指導に入る前には，比例関係が前提になっているということをどの段階で気付かせるかもしっかりと考えていかなければならないと感じました。

池田 見方・考え方ということで，割合に限定すると自由な操作があり，そこには割合の素地がある。しかし，困難にぶつかって量分数的な固定的な見方をする。だが，それだと範囲が狭いのでまた，自由な見方になっていく。そういった見方・考え方が広がっていく。見方・考え方を働かせるという意識を強調するという意味では，子供がどう考えているのかを見取ることが大事です。また，先生の投げかけで見方を変えていくことも大事であると考えています。

清水 比較ということが大事であると考えています。C領域では，下の学年では，割合という言葉は使わないにしても，ものを比べる・つかまえる目を育てていくことは大切であると，今日の授業を通して感じました。

齊藤 今日の授業を通して，教科目標に書かれていることをどのように捉えて進めていくかをみなさんで考えていければと思いました。ありがとうございました。

あとがき

これからの市算研

　本書の校正をしていると，まだまだやれることがあったのでは，と考えてしまう。横浜市小学校算数教育研究会が，ここ数年取り組んできた「数学的に考える資質・能力を育成する算数科学習」の実現は，始まったばかりの感がある。

　平成8年7月の中央教育審議会答申「21世紀を展望した我が国の教育のあり方について」を踏まえた「生きる力」を受け，平成19年6月に公布された学校教育法の一部改正に伴う学力の3つの要素。今回の学習指導要領では，3つの資質・能力として位置付けられた。20年以上前からその指導の重要性を叫ばれながら，なかなか算数の授業は変わらなかった。いや，そもそも変えようとしてきたのだろうか。私たちが受けてきた算数の授業，先輩から見せてもらった授業，教科書を教える授業，知識の量や技能の確実さにとらわれ，考える力，学習意欲を高めようとしてきたのだろうか。そのような振り返りから研究が始まっているのだが，それでは，思考力・判断力・表現力等を育成するとは？学びに向かう力，人間性の涵養とは？どのような授業で実現できるのか，まだまだ分からないことばかりである。しかし，暗中模索の状態であろうが，始めなければ，挑戦しなければ，実現はしない。まずは，自分たちの授業から変えてみよう，やってみようと始めた3年間をまとめることができた。

　2019年度の市算研のキャッチフレーズは，上記の Evolution—進化×深化—である。
　これまでの研究をさらに進め，さらに深めていきたい思いで設定されている。

　これまでの研究では，育成する資質・能力を明らかにし，育成された子供の姿で語ることが授業づくりの前提になると考えた。そして，育成すべき資質・能力を「ゴール」とし，それを子供から引き出すための文脈をどう描き，数学的な価値のある「問い」をどう生み出し，共有し，変容させていくかを課題としてきた。そのために目の前の子供たちの実態，思いをどう引き出し，どうとらえる必要があるのかが研究を進める上で，重要な内容であった。

　本書では1単位時間の授業について Before After を示したが，数学的な見方・考え方を働かせ，その成長を図るためには，単元全体のデザインを考えていく必要がある。その際，今までのような内容ベイスで1単位時間ごとに単元を描くのではなく，資質・能力ベイスで単元を描いていく必要があると考えている。

　一つの問題場面から問いが生まれ，見方・考え方を働かせて，一つの解決をする。すると，そこから新たな問いが見いだされ，さらに，追究が続いていく。一人での活動から対話を伴った解決に向かい，さらに，見方・考え方が深まっていく。様々な考えが出される中，統合的に考えたり，既習のものと比較して，そのよさを実感しながら，発展的に考えたりしていくこともある。そうすることで，もとの問題場面も変容し，さらに，見方・考え方も発展，成長していくことになる。このような学習活動を45分という単位に縛られて行うのは無理がある。すると，今までのように一つの問題を45分で

終わらせたり，知識・技能のくくりで1単位時間を捉えたりするのではなく，育成する資質・能力に応じた学習活動を組織し，それに応じた時間，指導計画を立てることが望まれる。つまり，45分単位で枠を決めるのではなく，資質・能力で単元をデザインしていくことがこれからの研究課題となろう。

さらに，これらのデザインされた単元において，子供はどのような資質・能力を育成することができたのか，単元終末だけではない，学習過程における評価のあり方とそれを学習プロセスにどう反映させていくべきか，まさに資質・能力の指導と評価の一体化をどう図るのかも，これからの研究課題である。

2019年，令和元年度は，これまでの研究を生かしつつ，これらの研究課題に向けて取り組んでいく時期である。本書は，その研究のEvolution—進化×深化—の一躍を担ってくれることを期待している。

本書には，多くの市算研の会員，OBの方々の思いや願いが込められ，たくさんの教師の時間をかけた話し合いと実践，さらにその省察をもとに作成された。関わった教師の名前を掲載したいと話したら，市算研の会員すべてを載せる必要があると言われ，断念した。ここに改めて市算研に関わり，様々な面でご協力いただいた方々に，深く感謝し，お礼申し上げ，あとがきとさせていただく。

執筆・編集等協力者

平成30年度〜令和元年度　役員・部会長・副部会長

小林　広昭	福田　善行
柳澤　潤	柴田　浩行
石川　秀子	帆足　雄斗
菊地　信明	西野　恵
和田　晋治	梅本　樹徳
小山　雅史	三塚　大亮
田中　秋人	黒澤　震哉
元田　光二	石川　亜矢子
八田　安史	亀岡　亜由子
三上　顕	村上　友美
諸角　勇志	横地　健一郎
純岡　尚史	三浦　恵
小島　康弘	池上　真哉
小畠　政博	辻岡　梨江
成水　亜季	髙橋　莉菜
渡邊　将道	佐藤　香寿江
黒木　正人	杉原　裕文
能登谷　亮	堀野　洋七郎
	葛谷　勲
	山本　唯
	山田　薫
	太田　博英
	三木　雄太
	高島　洋

指導案，授業実践，研究会等で関わっていただいた，市研会員の皆様

Before・After で分かる！
数学的に考える資質・能力を育成する算数の授業

2019（令和元）年11月3日　初版第1刷発行

編著者：横浜市小学校算数教育研究会
発行者：錦織圭之介
発行所：株式会社 東洋館出版社
　　　　〒113-0021　東京都文京区本駒込 5-16-7
　　　　営業部　TEL 03-3823-9206／FAX 03-3823-9208
　　　　編集部　TEL 03-3823-9207／FAX 03-3823-9209
　　　　振　替　00180-7-96823
　　　　ＵＲＬ　http://www.toyokan.co.jp

装幀：國枝達也
印刷・製本：藤原印刷株式会社
ISBN978-4-491-03951-0 ／ Printed in Japan